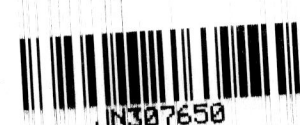

How to create products and
services customers want.
Get started with... 顧客が欲しがる製品やサービスを創る

Value Proposition Design

バリュー・プロポジション・デザイン

Written by
アレックス・オスターワルダー 著 _ Alex Osterwalder
イヴ・ピニュール 著 _Yves Pigneur
グレッグ・バーナーダ 著 _ Greg Bernarda
アラン・スミス 著 _ Alan Smith

Translated by
関 美和 訳 _ Miwa Seki

SE
SHOEISHA

顧客に提供する価値の本質を凝縮して表現したもの、それがバリュー・プロポジションである。「本当のところ誰に何を売るのか」に対する答え、と言ってもよい。バリュー・プロポジションは戦略ストーリーの起点にあるコンセプトを定義する。コンセプトが優れていればストーリーが自然に動き出す。しかし、それだけにバリュー・プロポジションの決定は容易ではない。戦略構想においてもっとも個人の洞察と創造性を必要とする仕事である。「こうやればできますよ」というような法則や定型的な手法はあり得ない。

しかし、もしあなたに意志があり、頭の中にもやもやとした「アイデアの原石」がありさえすれば、ぜひこの本を読んでほしい。それを洗練されたバリュー・プロポジションへと磨きあげるツールがここにある。

楠木 建_Ken Kusunoki　一橋大学大学院国際企業戦略研究科教授

解説

本書は強い「バリュー・プロポジション」を創り上げるための、実践的で秀逸なガイドだ。ただこの概念は重要であるにも関わらず、日本国内では一般的には知られていない。
「価値提案」と訳されることも多いが、いまひとつわからない人も多いだろう。
そこでこの解説では、本書に触れつつ、私の経験に基づいてバリュー・プロポジションについて述べてみたい。

バリュー・プロポジションをひと言で言えば、「自社だけが提供でき、他社が提供できない、お客様が求める価値」。つまり「**お客様が買う理由**」だ。

15年前の2000年頃、日本IBMの戦略マーケティングマネージャーだった私は、IBM本社の事業戦略の中に「バリュー・プロポジション」という概念があるのを知った。その後、さまざまな事業戦略や製品戦略の策定を通じ徹底的にバリュー・プロポジションを考えるようになった。強いバリュー・プロポジションは大きな差別化を実現し、成果に直結することを身をもって経験した。
そして、「この考え方こそ価格競争で疲弊する多くの日本企業に必要だ」と考え、会社勤務の傍ら、2006年から社外向けブログ、2008年からは著書執筆で、バリュー・プロポジションの考え方を情報発信し始めた。2013年に日本IBMを退職・独立後は、著作・講演・研修を通じ「まず、お客様が買う理由を考えましょう」と提言している。

そんな中、2014年に米国で本書が出版され「これでバリュー・プロポジション普及が加速する」と嬉しく思っていたところ、翔泳社様よりありがたいことに日本語版の解説を書く機会をいただいた。深いご縁を感じている。

本書を読み、改めて「わが意を得たり」と感じている。強いバリュー・プロポジション策定には、ターゲット顧客とニーズを絞り込み、仮説を立て顧客へ検証する仮説検証を通して、早い段階で「ぜひ買いたい」という顧客を特定することが必要だ、と私は経験を通じて実感してきた。そこでエリック・リースのリーンスタートアップ、スティーブン・G・ブランクの顧客開発プロセス、ティム・ハーフォードのアダプト思考、さらにIDEOのデビット・ケリーらのデザイン思考などと組み合わせ、バリュー・プロポジション構築の方法論を構築し、提唱してきた。
本書を読み感銘を受けたのは、私が日本企業の現場で学び提唱してきた「お客様が買う理由」と本書の方法論が同じ視点であり、さらに職人技に頼らず万人が実践できる方法論として構築され体系化されていることだ。まさに米国流プラグマティズムの真骨頂と言える。ぜひ多くの日本企業の現場でも、本書を縦横に活用してほしい。

ここで日本企業が本書を活用する際の考慮点を3つ述べたい。

1つ目は、「自社ならではの強み」の検討だ。1990年、ゲリー・ハメルはコア・コンピタンスという概念を提唱し、「自社ならではの強み」を徹底的に活かした多くの日本企業を成功事例として紹介した。しかし25年が経過し、日本企業の多くが強みを見失っている。飽和する市場で「お客様は神様」と考えるあまり、「すべての顧客のあらゆる要望に、廉価に応えよう」として顧客の言いなりになり、差別化なき価格勝負に陥っている。

脱却するひとつの方法が、自分ではなかなか気づかない「自社ならではの強み」を徹底的に考えること。そしてその強みを必要とするターゲット顧客を見定め、顧客の課題に対し「自社ならではの強み」を活かした商品・サービスを提供するのだ。実際、「改めて自社ならではの強みを考えたい」という日本企業の経営者も少なくない。

しかし本書の方法論では「自社ならではの強み」の検討が十分とは言えないのだ。潜在的に数多くの「自社ならではの強み」を持つ日本企業こそ、自社の強みを考えることが出発点になるはずだ。

2つ目は、「顧客への検証」だ。多くの日本企業は「モノつくり」を追求し、職人気質で徹底的にこだわった製品を作ったうえで、顧客にお披露目してきた。「発表前に顧客に製品を見せるべきではない」と考える開発部門も多い。しかし変化が激しく顧客が多様化する現代に必要なのは、商品企画段階において、想定する顧客課題と解決策で本当にリアルな顧客がお金を出すのかを検証し、検証結果で柔軟に戦略を修正することだ。

ただ、ものは考えようだ。持っている技術はそのまま活かせる。変えるべきは開発手順。必要なのは、本書にあるように思考を柔軟に変え、心理的な壁を乗り越えることだ。

3つ目は、顧客への仮説検証が生み出す可能性だ。顧客から新たな学びを得ることで、仮説検証は回り始める。これは言い換えれば、仕事を通じた学びのプロセスだ。働く社員のモチベーションが多くの企業で課題になっているが、顧客から新たな自分だけの学びを得るとき、多くの人は「学ぶ喜び」を得て、仕事が「やらされていること」から「やりたいこと」に変わっていく。ダニエル・ピンクが著書『モチベーション3.0』で述べたように、仕事が「やりたいこと」になると仕事の知的生産性は格段に高まる。そして企業はより高い価値を生み出せるようになるのだ。

本書が、より多くの日本企業がバリュー・プロポジションの大切さを学び、世の中に高い価値を提供し続ける企業に進化していく契機になればと願っている。

永井孝尚
Takahisa Nagai
マーケティング戦略アドバイザー／
ウォンツアンドバリュー株式会社代表

1. Canvas キャンバス

2. Design デザイン

3. Test テスト

4. Evolve 進化する

You'll love *Value Proposition Design* if you've been...

こんな皆さんにバリュー・プロポジションをお勧めします

価値創造という仕事のプレッシャーに押しつぶされそう

こんな気持ちになったことはありませんか？

- 顧客にも自社のビジネスにも、価値創造のためのもっといいツールがあるはずだと感じている
- いまのやり方が間違っているように思え、次の一歩になんとなく自信がない
- 顧客の本当の望みがわからない
- 顧客（見込み客）の情報やデータが多すぎて整理できない
- 製品や機能以外に、どうしたら顧客価値を創造できるのかを深く理解できていない
- こま切れの情報をどうまとめて全体像を掴んだらいいかわからない

実のない会議やばらばらなチームにうんざり

こんなチームで仕事をしたことはありませんか？

- 顧客価値の創造についての共通言語も共通の理解もない
- 会議では「あーでもない、こーでもない」とみんなが勝手に話すだけ
- 明確なプロセスもツールもない
- お客様そっちのけで、技術や製品や機能ばかりに目が向いている
- チームの方向性がばらばら

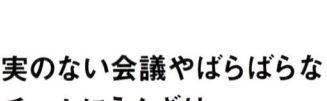

期待された目玉プロジェクトで大失敗してしまった

こんなプロジェクトに参加したことはありませんか？

- 大胆で大掛かりな賭けに失敗して大金を失ってしまった
- 力を入れてビジネスプランを磨きあげた結果、あたかも成功しそうな妄想を広めてしまった
- 時間をかけて詳しいスプレッドシートを作り上げたものの、すべて取らぬ狸の皮算用だった
- 発想と議論ばかりに時間をつぎ込んで、顧客や関係者の反応を見ていなかった
- 意見を重視して現場の事実を見失っていた
- リスクを軽減するプロセスもツールもなかった
- 既存事業にとらわれ、新しいアイデアを生み出すプロセスがなかった

いいアイデアだったのに うまくいかなかった…… がっかり

「失敗を成功に」をダウンロードしましょう

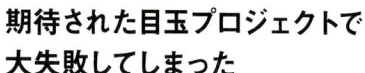

Value Proposition Design will help you successfully...

バリュー・プロポジション・デザインはこんなことに役立ちます

価値創造のパターンを理解する

顧客が何を求めているかについての情報をシンプルな形に整理して、価値創造のパターンを目に見えるようにしましょう。そうすることで、顧客にとってなにより大切な、やるべき仕事、ペイン（悩み）、ゲイン（恩恵）をズバリと解決するようなバリュー・プロポジション（価値提案）と、利益の出るビジネスモデルを上手にデザインすることができるでしょう。

はっきりとした見通しを持ちましょう

仲間の経験とスキルを活用する

「あーでもない、こーでもない」といった堂々巡りはやめて、チームに共通言語を取り入れ、戦略的に話し合い、創造的な演習を行ない、方向性を一致させましょう。そうすれば、会議はより楽しくなり、活気が生まれ、技術や製品や機能を超えて顧客や事業に目を向けるような実行可能な計画が生まれるでしょう。

チームの方向性を一致させましょう

うまくいかないアイデアに時間を浪費しない

失敗のリスクを出来る限り軽減するために、事業アイデアを裏付ける最も重要な仮説を徹底的に検証しましょう。そうすれば、コストを抑えながら大掛かりで大胆なアイデアを追いかけることができます。このプロセスは新規アイデアを形にするという目的にぴったりですし、既存事業の運営プロセスを補完することにもなるでしょう。

失敗のリスクを出来る限り減らしましょう

顧客の望むものをデザインし、テストし、届けましょう

「失敗を成功に」をダウンロードしましょう

Our Value Proposition to You

私たちのバリュー・プロポジション

各ページの左端に示したリンクは、
オンライン版の支援ツールを
示しています

ストラテジャイザーのロゴに注意して、
次のリンクを参考にしてください

- オンライン演習
- ツール／テンプレート
- ポスター、などなど

注：オンライン版の支援ツールにアクセスするには、アカウントが必要です。アカウントをお持ちでない場合は、Strategyzerのサイトにアクセスし、アカウント登録（Sign up）を行ってから、ログインしてください。なお、サイトおよび支援ツールはすべて英語表記となります。ご了承ください。

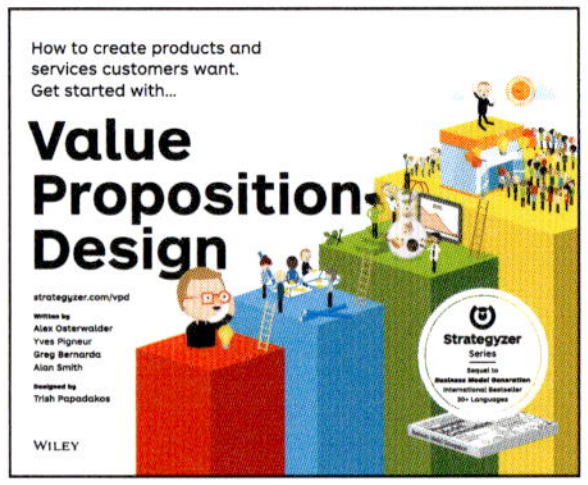

VPD ブック（本書）
+
オンライン版支援ツール

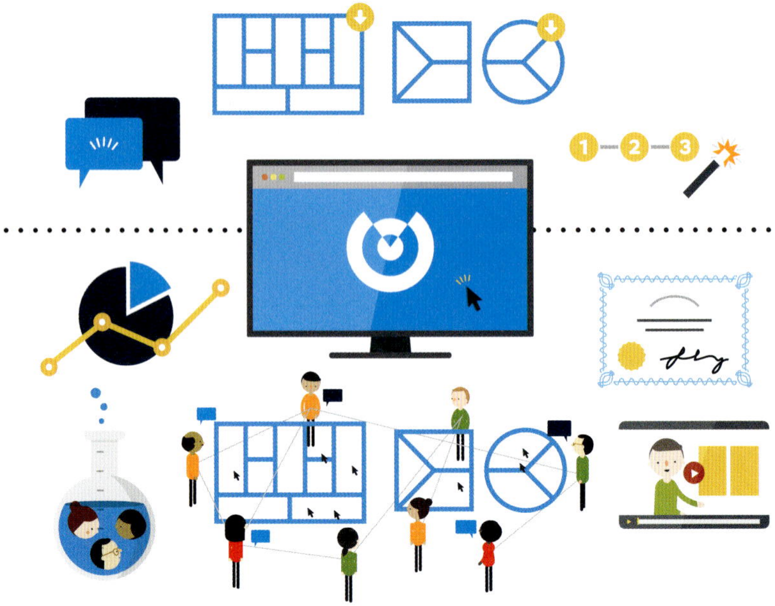

ウェブのアプリ + オンラインコース

プロ用のツールとオンラインコースで、さらに深く学びましょう。

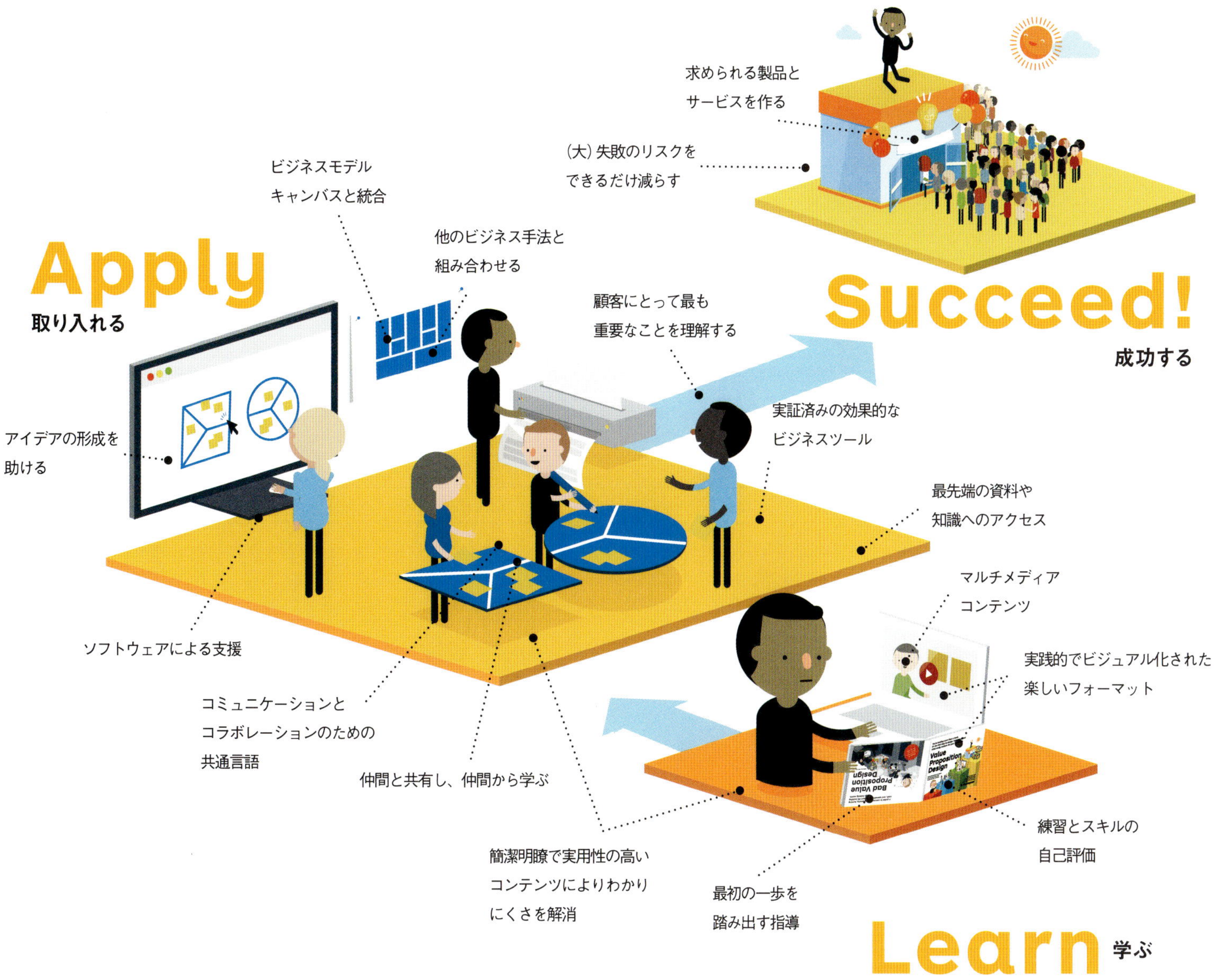
求められる製品と
サービスを作る
(大) 失敗のリスクを
できるだけ減らす
ビジネスモデル
キャンバスと統合
他のビジネス手法と
組み合わせる
Apply
取り入れる
Succeed!
成功する
顧客にとって最も
重要なことを理解する
実証済みの効果的な
ビジネスツール
アイデアの形成を
助ける
最先端の資料や
知識へのアクセス
マルチメディア
コンテンツ
実践的でビジュアル化された
楽しいフォーマット
ソフトウェアによる支援
コミュニケーションと
コラボレーションのための
共通言語
仲間と共有し、仲間から学ぶ
練習とスキルの
自己評価
簡潔明瞭で実用性の高い
コンテンツによりわかり
にくさを解消
最初の一歩を
踏み出す指導
Learn 学ぶ
Value Proposition Design
Bad Value Proposition Design

The Tools and Process of *Value Proposition Design*

バリュー・プロポジション・デザインのツールとプロセス

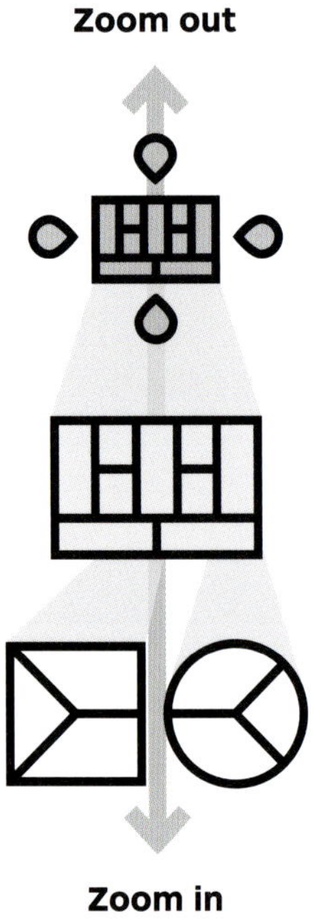

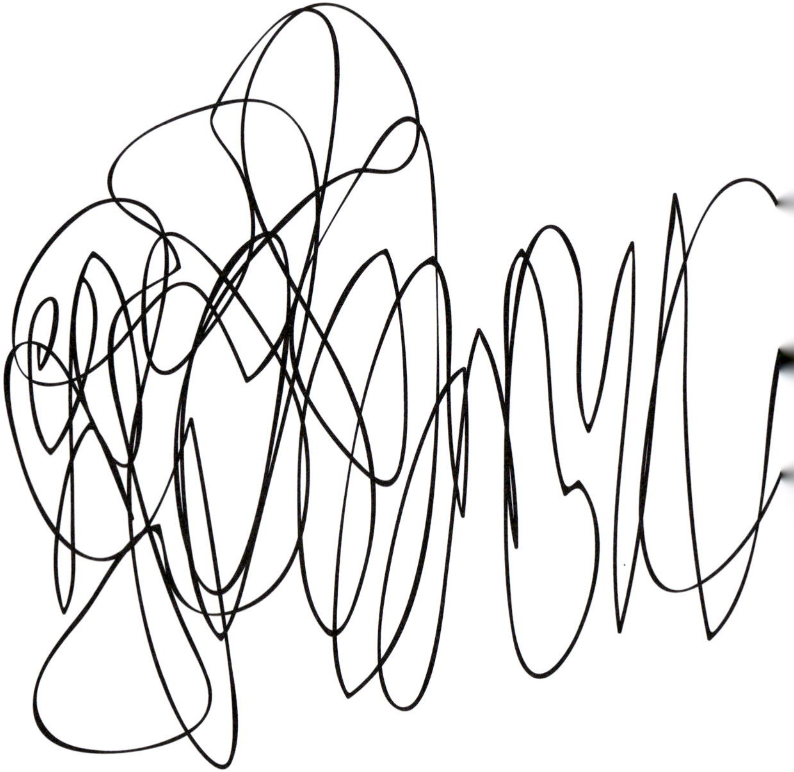

Canvas キャンバス

Tools ツール

Design / **Test** デザイン／検証

Search 調査

『バリュー・プロポジション・デザイン』の核心は、顧客の求める価値提案の面倒な**探索**に**「ツール」**を取り入れ、**探索後**にも価値提案と顧客の求めることとの方向性を一致させることです。

『バリュー・プロポジション・デザイン』は、顧客の求めるものを反復的にデザインし検証するための、**「バリュー・プロポジションキャンバス」**の使い方を皆さんに紹介します。バリュー・プロポジション・デザインとは、価値提案を顧客に合わせて進化させ続ける、終わりのないプロセスです。

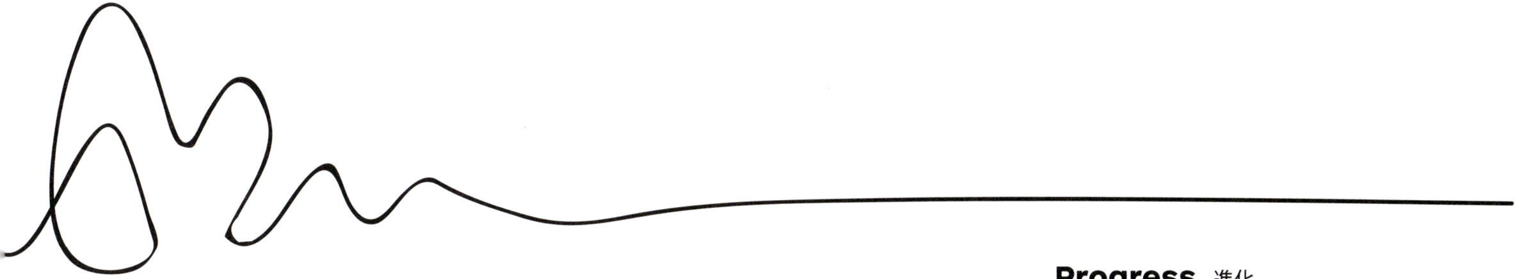

Progress 進化

適切なツールとプロセスを体系的に取り入れることで、面倒なバリュー・プロポジション・デザインのプロセスを管理し、リスクを低減しましょう。

Evolve 進化

Post search 調査後

An Integrated Suite of Tools

統合されたツール

この本の核になるツールがバリュー・プロポジションキャンバスです。価値提案を見える形にし、議論と管理を助けるのが、このツールです。バリュー・プロポジションキャンバスは、姉妹本の『ビジネスモデル・ジェネレーション』※で詳しく紹介した、ビジネスモデルキャンバスと環境マップという２つのツールと完璧に統合することが可能です。すべてを統合することで、ビジネスツールの土台が出来上がります。

バリュー・プロポジションキャンバスは、ビジネスモデルキャンバスの構築ブロックのうちの２つの要素をくわしく描いたものです。

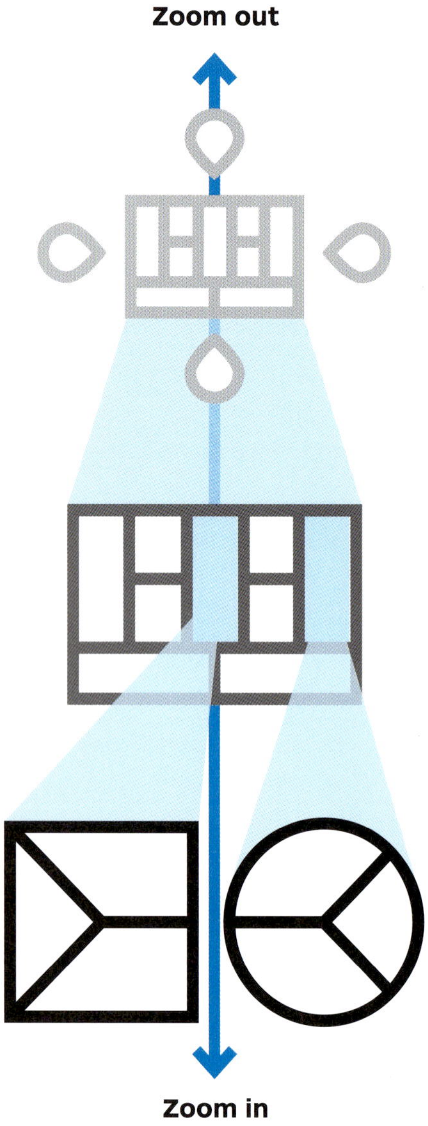

※アレックス・オスターワルダー＆イヴ・ピニュール著『ビジネスモデル・ジェネレーション』、翔泳社、2012年

環境マップは、
価値創造におけるコンテクスト（文脈）を
理解することを助けます

ビジネスモデルキャンバスは、
事業の価値創造を助けます

バリュー・プロポジションキャンバスは
顧客の価値創造を助けます

Refresher: The Business Model Canvas

復習しましょう：ビジネスモデルキャンバス

組織内に価値を取り込むためには、価値提案をビジネスモデルに組み入れなければなりません。そのために利用出来るのが、価値を創造し、実現し、取り込む方法を描いたビジネスモデルキャンバスです。顧客価値の創造方法を詳細に描いたバリュー・プロポジションキャンバスをビジネスモデルキャンバスに組み入れることで、２つのツールを完全に統合することが可能です。

ビジネスモデルキャンバスと価値提案の復習は、この本で充分です。さらに深く知りたい場合には、オンラインツールに飛ぶこともできますし、姉妹本の『ビジネスモデル・ジェネレーション』※をお求めいただいてもいいでしょう。

顧客セグメント

特定のバリュー・プロポジション（価値提案）を通して価値を創造し届けたいターゲットの集団または組織

バリュー・プロポジション（価値提案）

製品とサービスの組み合わせに基づき、特定の顧客セグメントにとって価値のあるもの

チャネル

特定の顧客セグメントにバリュー・プロポジション（価値提案）を伝え、届けるためのコミュニケーション、流通、販売の方法

顧客との関係

各顧客セグメントとどのような関係を構築し維持するか、どう顧客を獲得し維持するかについての枠組み

収入の流れ

ターゲットとする顧客セグメントにバリュー・プロポジション（価値提案）が受け入れられた結果生まれるもの。顧客が喜んで支払う価格で組織に価値を取り込む方法

主なリソース

先ほど述べた要素を顧客に提供し届けるためにかならず必要とされる資産

主な活動

組織がうまく実行しなければならない重要な活動

主なパートナー

外部のリソースと活動を担うサプライヤーとパートナーのネットワーク

コスト構造

ビジネスモデルの運用で発生するすべてのコスト

利益

総収入から、総コストを差し引いたもの

※アレックス・オスターワルダー＆イヴ・ピニュール著『ビジネスモデル・ジェネレーション』、翔泳社、2012年

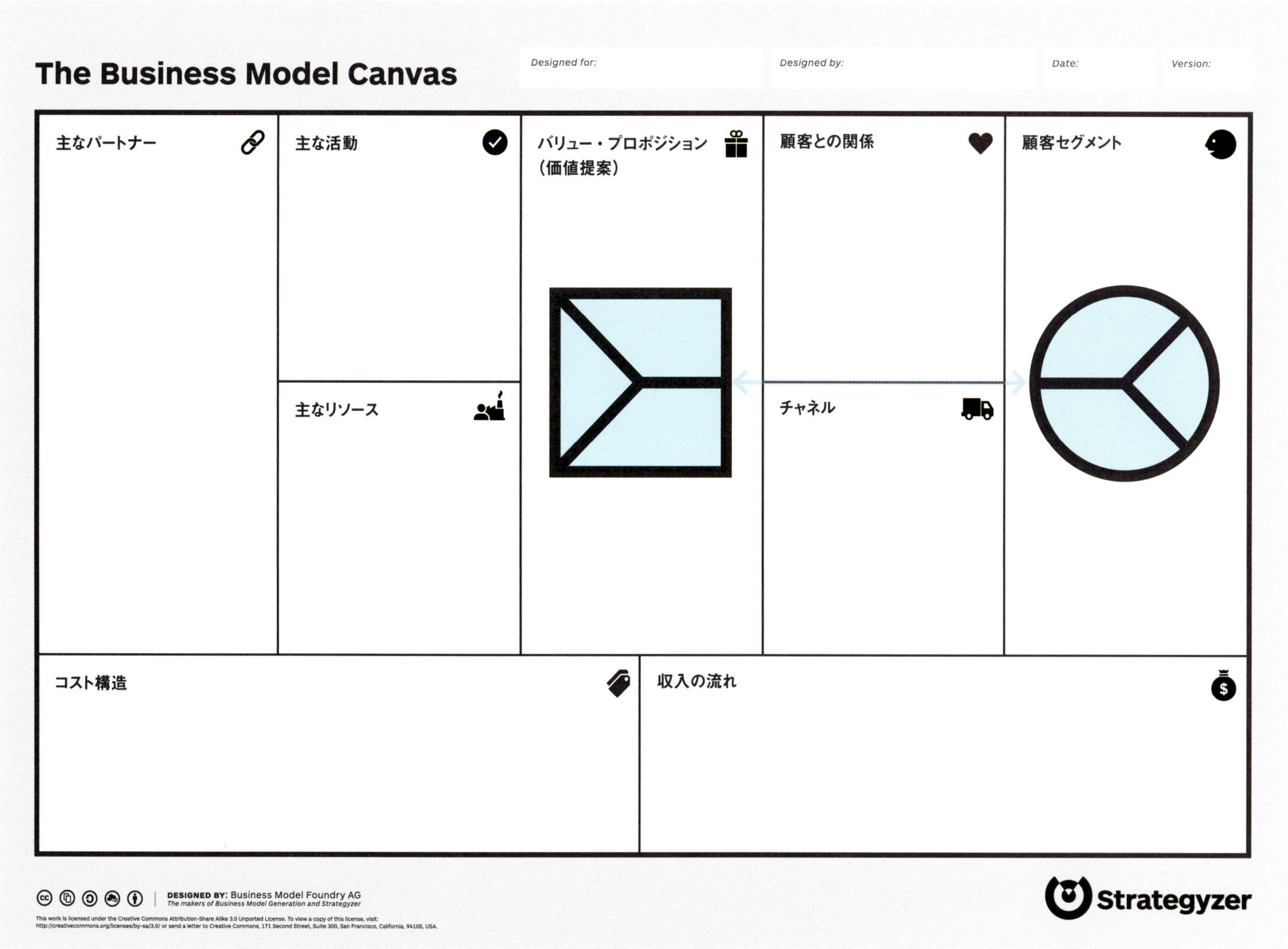

ビジネスモデルキャンバスの説明とビジネスモデルキャンバスのPDFはダウンロード可能

Value Proposition Design works for...

バリュー・プロポジション・デザインはこんな人たちにぴったりです

独力でゼロから何かを作ろうとしていますか？　それとも既存組織に属していますか？　戦略的な立ち位置によって、物事の難易度は違います。

スタートアップを経営する起業家は、既存組織における新規事業のプロジェクトリーダーとは異なる制約に対処しなければなりません。どちらの立ち位置の人にも、この本で紹介するツールを取り入れることができます。出発点の違いによって、それぞれのやり方で異なる強みを活かし、異なる障害を克服していきましょう。

スタートアップ

魅力的な価値提案やビジネスモデルをゼロから生み出そうとしている人やチーム

制約

・限られた予算でアイデアが実現できると証明しなければならない
・投資家とのつながりを管理しなければならない（規模拡大を目指す場合）
・魅力ある価値提案とビジネスモデルを見つける前に資金切れになってしまうかもしれない

長所

・意思決定が早く小回りが利く
・株式を成功のモチベーションとして利用できる

既存組織

既存企業の中で価値提案とビジネスモデルを改善・開発するチーム

「既存組織でイノベーションを起こす」をダウンロードしましょう

長所

- 既存の価値提案とビジネスモデルの上に積み上げることができる
- 既存資産を活用できる（販売、流通、ブランドなど）
- ビジネスモデルと価値提案のポートフォリオを構築できる

制約

- 経営陣の承認を得なければならない
- 既存の経営資源を獲得しなければならない
- カニバリゼーション（共食い）を防がなければならない
- リスク回避の傾向を克服しなければならない
- 手続きが厳格で動きが遅い
- 組織を動かすには大きな勝利が必要になる
- イノベーターはキャリアリスクを負うことになる

Use *Value Proposition Design* to...

バリュー・プロポジション・デザインを使って……

価値提案を生み出し、改善しましょう。このツールは、既存の価値提案（とビジネスモデル）の管理と改善にも、新しい価値提案の創造にも役立ちます。価値創造の共通言語にもつながります。このツールで、顧客プロフィールに合う価値提案を発見し改善していきましょう。

Invent 発明する

顧客の求める新たな価値提案と、利益の出るビジネスモデルを作り出す

Improve 改善する

既存の価値提案とビジネスモデルを運用し、測定し、
挑戦し、改善し、再構築する

Assess Your Value Proposition Design Skills

バリュー・プロポジションのデザインスキルを自己評価してみましょう

オンラインのテストを受け、バリュー・プロポジション・デザインの成功に必要なスキルと姿勢が備わっているかどうかを調べましょう。この本を精読する前と後とにテストを受けて、進捗を測りましょう。

オンライン上でスキルテストを受けてみましょう

Entrepreneurial Knowledge 起業家精神

新しい挑戦を楽しめる。失敗をリスクと考えず、学びと前進のチャンスと捉える。戦略と戦術を切り替えられる。

Tool Skills ツールのスキル

バリュー・プロポジションキャンバス、ビジネスモデルキャンバス、その他のツールを体系的に利用し、魅力的な価値提案とビジネスモデルを探すためのプロセスに活用できる。

Design Thinking Skills デザイン思考のスキル

方向性を決める前に複数の選択肢を探ることができる。非直線的で反復的な価値創造のプロセスに違和感がない。

Customer Empathy 顧客への共感

常にお客様目線に立ち、売り込みよりも顧客の声に耳を傾けることに努力する。

Experimentation Skills 実験スキル

アイデアを裏付けるエビデンス（証拠）を探し、ビジョンを検証する。何がうまくいって何がうまくいかないかを発見するため、できるだけ早い段階で実験する。

Sell Your Colleagues on Value Proposition Design

バリュー・プロポジション・デザインを仲間に売り込む

新しい価値提案とビジネスモデルの開発の進捗を追跡する方法がないことを懸念している

製品や機能に注力しすぎて顧客価値の創造に目が向いていないことを心配している

新たな価値提案となると、製品開発と販売とマーケティングの足並みが揃わないことに驚いている

アイデアも志もいいのに、誰も欲しがらないようなものを作ってしまうことにびっくりしている

I am...

私は…

いつも価値提案とビジネスモデルについて話し合いながら、目に見える結果を出せていないことにがっかりしている

新しい価値提案とビジネスモデルのプレゼンテーションがお粗末すぎてどうしようもないと思っている

魅力的だと思われたアイデアを検証しなかったために、ビジネスプランが大失敗し貴重な経営資源を浪費してしまったことに失望している

製品開発のプロセスが顧客目線でないことを心配している

研究開発に巨額の投資をしながら、価値提案とビジネスモデルの開発に投資していないことに驚いている

魅力的な価値提案とはどのようなものかについて、チームメンバーが理解を共有しているかどうか自信がない

バリュー・プロポジションキャンバスとビジネスモデルキャンバスを補足する10項目のスライドデッキをダウンロードしましょう

can

vas キャンバス

1

価値創造キャンバスには2つの面があります。
顧客プロフィール p. 10 はお客様をよりはっきりと
理解するためのもの。バリューマップ p. 26 は
顧客のためにどう価値を創造するかを描くものです。
その2つが重なり合うところに、
フィット（合致）p. 40 が生まれます。

Create Value 価値を創造する

顧客を惹きつけるようにデザインされた価値提案のベネフィット

定義

バリュー・プロポジション（価値提案）

あなたの製品やサービスから顧客が期待するベネフィット

フィット

it

顧客を観察する Observe Customers

あなたが想定し、観察し、市場で検証した顧客特性

Value Map

バリューマップ

ビジネスモデルの中の特定の価値提案を、より整理された形で細かく描いたものがバリュー（提案）マップです。これは、製品とサービス、ペインリリーバー（悩みを取り除くもの）、ゲインクリエーター（恩恵をもたらすもの）の3つに分類されます。

製品とサービスがどのように
顧客の恩恵になるかを描きます

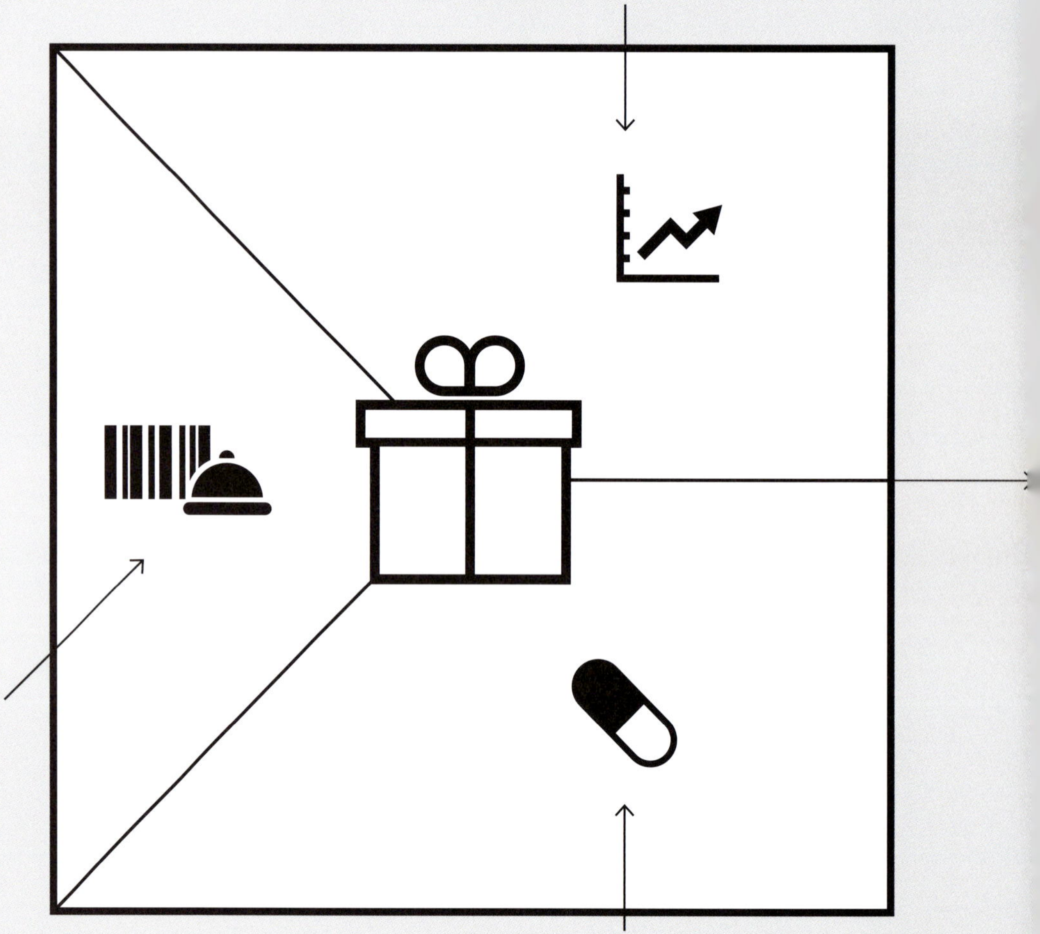

価値提案を基に作られる**製品とサービス**のリストです

製品とサービスがどのように
顧客の悩みを取り除くかを描きます

Customer Profile

顧客プロフィール

ビジネスモデルにおける特定の顧客セグメントを、より整理された形で詳しく描いたものが顧客（セグメント）プロフィールです。これは、顧客の仕事、ペイン、ゲインの3つに分類されます。

「**ゲイン**」とは、顧客が達成したいこと、または顧客が求める具体的な恩恵です

「**顧客の仕事**」とは、顧客が人生や職業を通して成し遂げたいことを自分の言葉で表現したものです

「**ペイン**」とは、顧客の仕事に関係する悪い結果、リスク、障害です

バリューマップと顧客プロフィールの重なるところが、「**フィット（合致）**」です。つまり、あなたの製品とサービスが、顧客にとって大切な仕事、ペイン、ゲインにぴたりと対応し、顧客のペインを解消しゲインを生み出す場合に、フィットがあるということです。

1.1

Customer Profile

顧客プロフィール

Customer Jobs 顧客の仕事

「仕事」とは、顧客が職業や人生で成し遂げようとしていることです。例えば、完了したい任務、解決したい問題、満たしたいニーズなどが、この「仕事」にあたります。かならず顧客の目線に立って、「仕事」が何かを探りましょう。あなたにとって大切なことと、顧客が達成したいことは違うかもしれません。
顧客の仕事は主に次の3種類に分けられますが、その他にサポート的な仕事があります。

機能的な仕事
顧客が果たそうとしている具体的な任務または解決したい特定の問題。例えば、芝を刈る、健康な食生活を送る、レポートを書く、クライアントを助ける、などがそれにあたります。

社会的な仕事
顧客がそれをすることで周囲からよく見られたり、権力やステータスを得られるようなこと。例えば、何かを持つことでトレンディーに見えるとか、それを行なうことで仕事ができると思われるなどの、他人の自分に対する見方に関わることです。

個人的／感情的な仕事
それをすることで、顧客の気分が上向いたり安心したりするようなこと。例えば、いい買い物をしたと感じたり、職場でクビになる心配をせずにすむといった、心を平穏にするようなことです。

サポート的な仕事
仕事や私生活で何かを購入したり消費したりする場合に、顧客が果たすサポート的な役割。

・価値の買い手:商品を比較したり、製品を選んだり、レジの列に並んだり、実際に買い物をしたり、製品やサービスを届けてもらうことに関係する仕事

・価値の創り手：レビューやフィードバックを書いたり、製品やサービスのデザインに参加するといった、企業との共創に関係する仕事

・価値の転移者:購読をやめたり、製品を廃棄したり、誰かにそれを譲ったり、転売したりといった、プロダクトサイクルを終わらせることに関係する仕事

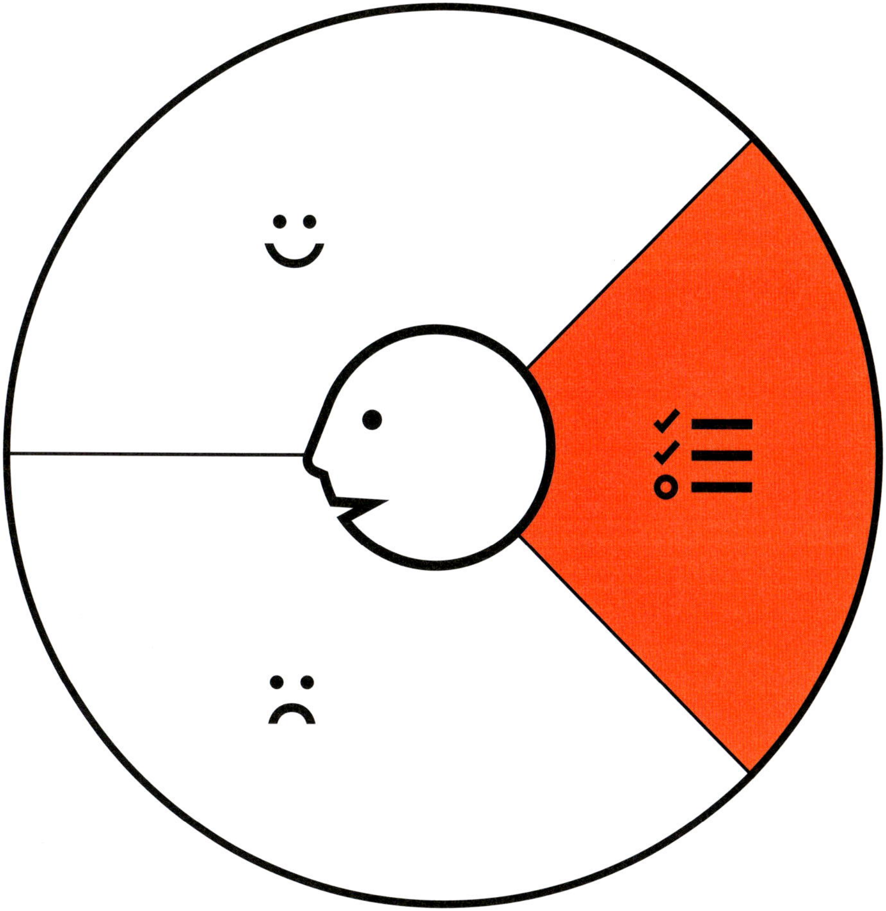

仕事の環境

顧客の仕事は、それを行なう状況や背景によって大きく左右されます。環境によっては、特定の制約や制限を強いられる場合もあるでしょう。例えば、誰かに電話をかける場合、電車で移動しているか、車を運転しているかによって、かけ方が違います。また、映画を見にいく場合にも、子供と一緒か、配偶者と一緒かでは違うでしょう。

仕事の重要性

顧客にとってすべての仕事が同じくらい重要というわけではありません。失敗すると取り返しのつかないことになる場合は、重要度も高いはずです。反対に、あまり気にかけない仕事もあるでしょう。頻度が高いから重要だと感じられる仕事もあれば、いい結果が出そうだから、あるいは悪い結果になりそうだからという理由で、重要だと見なされる仕事もあるでしょう。

「きっかけとなる質問」をダウンロードして顧客の仕事を見つけましょう

Customer Pains 顧客のペイン

ペインとは、仕事をする前、最中、し終わった後に顧客を悩ませることや、達成の障害となるものです。また、悪い結果につながるようなリスク、仕事の完成を妨げたり、全くできなくしてしまうようなリスクもこれに含まれます。

次の3種類のペインを特定し、顧客の悩みの強さを見分けましょう。

望ましくない結果、問題、特徴

ペインには、機能的なもの（機能しないソリューション、あまりうまくいかないソリューション、副作用のあるソリューション）、感情的なもの（「これをする度にいやな気分になる」など）、または付随的なもの（「これがあるから店にいくのが面倒だ」など）があります。顧客の気に入らない特徴もまた、ペインと言えるでしょう（例えば、「このジムで走るのは退屈だ」とか「このデザインは醜悪だ」など）。

障害

顧客が仕事にとりかかることを妨げるものや、遅らせるもの（「正確にやるには時間が足りない」、「既存のソリューションは値段が高すぎる」など）がこれにあたります。

リスク（望まない結果をもたらす可能性のあるもの）

失敗の原因になるかもしれないものや、負の側面をもたらしかねないもの（例えば「こんなことをしたら信頼を失いかねない」、「機密保護違反は命取りだ」など）がこれにあたります。

悩みの深刻さ

仕事の重要性と同じように、ペインもまた極めて深刻な悩みからほどほどの悩みまで、さまざまです。

＋
Extreme
深刻
↕
Moderate
ほどほど
−

アドバイス：悩みを具体的に表しましょう

仕事とペインとゲインを明確に分けるために、出来る限りそれらを具体的に表しましょう。例えば、「順番待ちは時間の無駄だ」という顧客がいたら、何分待たされると「時間の無駄」と感じるようになるのかを訊ねましょう。そうすれば、「順番待ちがX分を超えないように」気を付けることが可能になります。顧客の悩みの程度を正確に知ることで、効果的なペインリリーバーを価値提案に取り入れることができるのです。

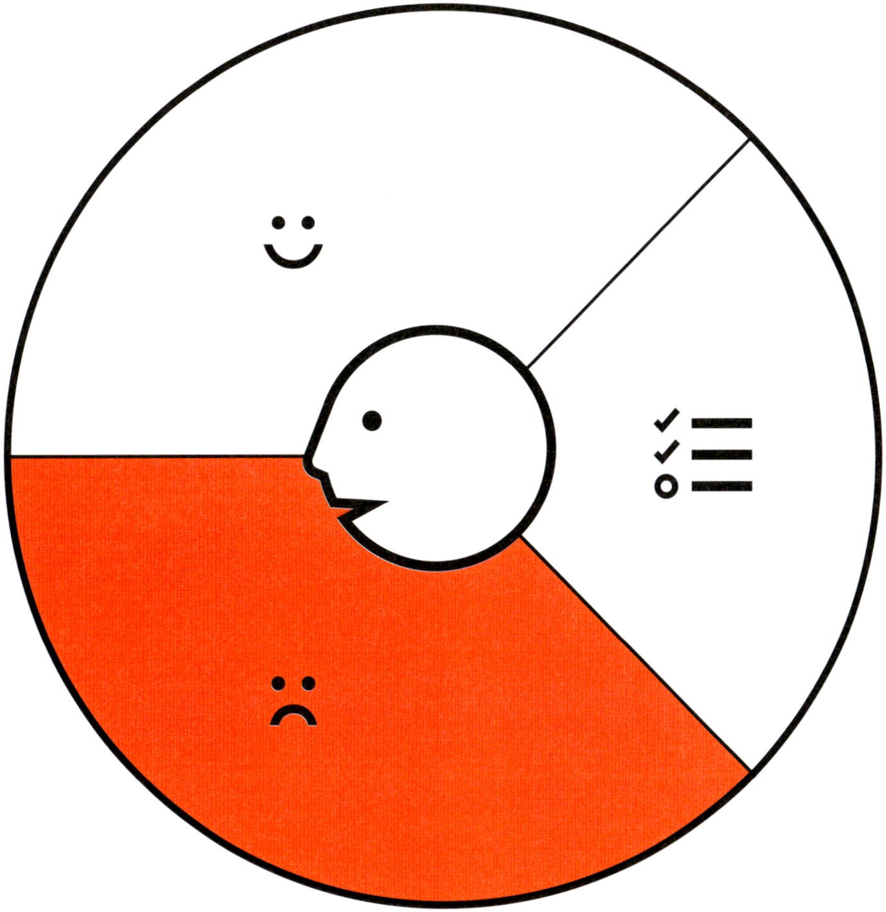

「きっかけとなる質問」をダウンロードしましょう

次の質問が、さまざまな顧客のペインを考える助けになるでしょう

・顧客にとって「高すぎる」とはどんな意味でしょう？「時間がかかりすぎる」ということか、「お金がかかりすぎる」という意味か、「相当の努力が必要になる」という意味でしょうか？

・顧客をいやな気分にさせるものは何でしょう？　不満、迷惑だと感じること、頭痛の種は何でしょう？

・現在の価値提案に足りないものは何でしょう？ どんな機能が欠けているでしょう？　顧客をいらいらさせる問題点や欠陥は何でしょう？

・顧客が直面する主な問題や挑戦は何でしょう？　物事のしくみを理解することが大変なのでしょうか？　達成の障害になっているのは何でしょう？　特定の理由からしたくない仕事があるのでしょうか？

・顧客が抱えている、または恐れている社会的な負の影響は何でしょう？　面目を失うことでしょうか？　権力や信頼やステータスをなくすことでしょうか？

・顧客が恐れるリスクは何でしょう？　彼らの財務的、社会的、または技術的なリスクは何でしょう？　失敗につながりそうなリスクは何でしょう？

・顧客の一番の心配は何でしょう？　大きな課題、懸念、不安は何でしょう？

・顧客がよくおかす失敗はどんなものでしょう？　ソリューションのあてはめ方が悪いのでしょうか？

・顧客が価値提案を取り入れる妨げになっているものは何でしょう？　初期投資でしょうか？　学習の必要性でしょうか？　その他の障害でしょうか？

Customer Gains 顧客のゲイン

ゲインとは、顧客の望む結果や恩恵のことです。顧客が求め、期待し、望むゲインもあれば、予想外のゲインもあります。機能面での利便性、社会的な恩恵、前向きな感情、費用の削減などがゲインに含まれます。

結果とベネフィットの観点から、次の4種類のゲインを特定しましょう。

必要不可欠なゲイン
それなしではソリューションが成り立たないもの。例えば、通話機能はスマートフォンに欠かせません。

期待されるゲイン
必要不可欠とは言えないまでも、比較的当たり前だと思われるもの。例えば、iPhone発売後は誰もがデザインと見栄えを気にかけるようになりました。

望ましいゲイン
基本的な機能に加えて、もしあればありがたいもの。これらは通常、訊ねれば顧客が教えてくれるでしょう。例えば、スマートフォンが他の電子機器とシームレスにつながることは、望ましいゲインと言えます。

予想外のゲイン
顧客の期待や要望を超えるもの。これらは顧客に訊ねてもわかりません。例えば、Appleがタッチスクリーンを発売し、AppStoreが主流になる前には、それが電話に組み込まれると想像した人はいませんでした。

ゲインの必要性
ペインにも極めて深刻な悩みから軽い悩みまであるように、ゲインにも必要不可欠からあれば便利というものまで、その必要性はさまざまです。

+
Essential
必要不可欠
↕
Nice to have
あれば便利
−

アドバイス：ゲインを具体的に表しましょう
ペインと同じように、ゲインもできるだけ具体的に表すことが大切です。顧客が望ましいゲインとして「よりよい性能」を挙げたら、期待や要求の改善度合いを訊ねましょう。そうすれば、「X以上の性能」と記すことができます。顧客がゲイン（結果や恩恵）をどう具体的に測っているかを知れば、より優れたゲインクリエーターを価値提案に組み入れることができるでしょう。

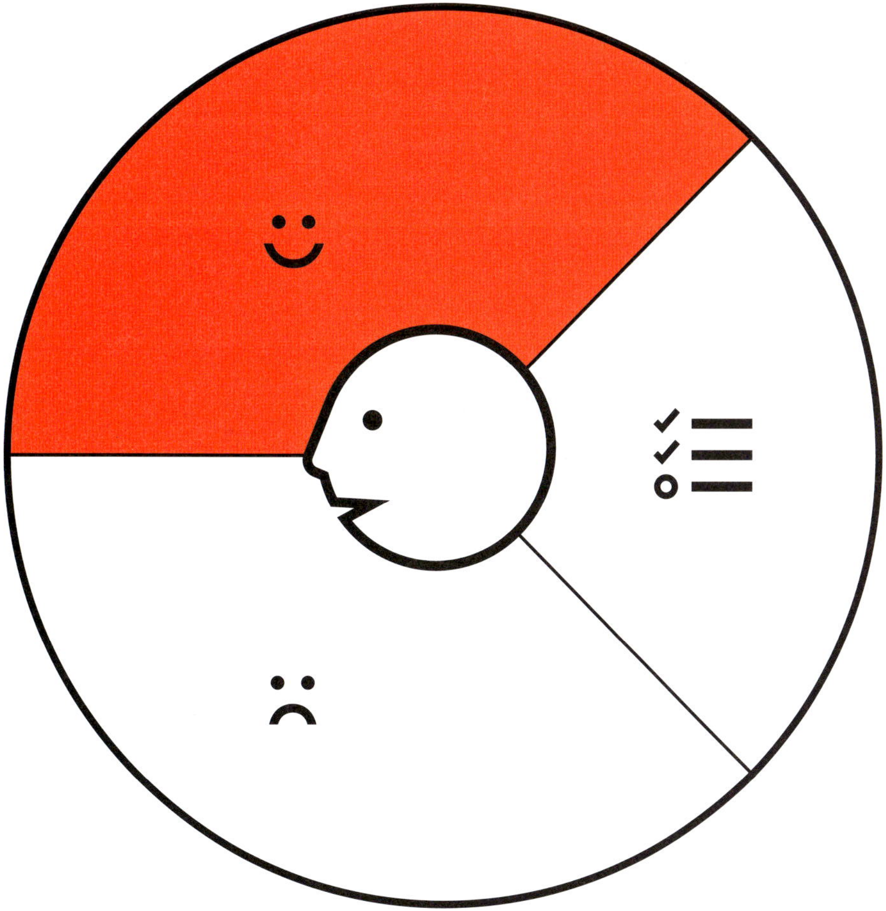

「きっかけとなる質問」をダウンロードしましょう

次の質問は、さまざまな顧客のゲインを考えるきっかけになるでしょう。

・あなたの顧客は何を節約できれば一番喜ぶでしょう？　時間ですか？　お金ですか？　それとも労力ですか？

・顧客はどの水準の品質を期待していますか？　あれば便利と思うものは何でしょう？

・顧客は現在の価値提案にどの程度満足していますか？　一番喜ばれる特徴は何でしょう？　どの程度の性能と品質を顧客は求めているでしょう？

・顧客の仕事や生活に役立つものは何でしょう？　覚えやすいもの、より便利なもの、負担の少ないものとは何でしょう？

・顧客の社会性を助けるものは何でしょう？　どんなものが顧客をよく見せるでしょう？　権力やステータスを上げるものは何でしょう？

・顧客が一番求めているものは何でしょう？　デザインでしょうか？　保証でしょうか？　それとも特定の機能、または機能の多さでしょうか？

・顧客が夢見ているもの、成し遂げたいことは何でしょう？　どうしたら安心するでしょう？

・顧客にとって何が失敗で何が成功でしょう？　成果やコストはどのように測られるでしょう？

・どうしたら顧客があなたの価値提案を取り入れやすくなるでしょう？　コストや初期投資の低減ですか？　リスクの低減ですか？　品質の向上ですか？

Profile of a “Business Book Reader”

「ビジネス本読者」のプロフィール

顧客プロフィールの例として、この本の潜在的な読者を描いてみます。ここでは、あえて書籍の域を超えた仕事とペインとゲインを挙げています。一般的なビジネスマン向けに、斬新で包括的な価値提案をデザインすることが、ここでの目的だからです。

右ページに描かれた顧客プロフィールは、私たちが行なった取材とワークショップ参加者との対話に基づいています。ですが、かならずしも既存顧客の知識から始める必要はありません。あなたの思う潜在的な顧客像を基にプロフィールを描いてみてもいいでしょう。これは、顧客の仕事、ペイン、ゲインに対してあなたが抱く前提を検証するためのインタビュー準備にうってつけです。

ゲインとは顧客が求める、または望む恩恵、結果、特徴です。それが、仕事の結果という場合もあれば、仕事の達成に役立つバリュー・プロポジションの特徴という場合もあります。

ペインとゲインは、より明確で具体的であるほどいいでしょう。例えば、「自分たちの業界の事例」のほうが「なんとなく関わりがある」ものよりも具体性があります。顧客にペインとゲインの測定方法を訊ねましょう。また、仕事の成功と失敗をどう測るかを調べましょう。

自分が顧客を深く理解しているかどうかを確かめましょう。プロフィール表にポストイットが少ししか貼られていないようなら、顧客への理解が足りないということです。出来る限り多くの仕事、ペイン、ゲインを掘り起こしましょう。価値提案と直接に関係するものを超えて、それらを探り出しましょう。

機能的な仕事は特定しやすいですが、その他の顧客にとっての社会的な仕事や感情的な仕事も発見しなければなりません。

表面的に仕事を理解するだけではいません。顧客はなぜ新しい知識を学びたいのでしょう？　それは組織に新しい手法を取り入れたいからかもしれません。「なぜ」と繰り返し訊ね、一番大切な仕事を探し出しましょう。

現在考慮中の価値提案や製品とは直接関係のないような仕事、ペイン、ゲインについても見逃さないようにしましょう。それら（「ビジネス本は長すぎる」など）を見つけると同時に、深刻なペインも特定しましょう（「時間がない」または「上司の関心を惹きつける」など）。

Ranking Jobs, Pains, and Gains

仕事、ペイン、ゲインを順位付けする

顧客の嗜好には幅がありますが、大まかな優先順位を知ることは必要です。ほとんどの顧客にとってどの仕事の重要性が高いのか、または低いのかを探し出しましょう。どのペインが極めて深刻で、どれが比較的軽いのかを見つけましょう。どのゲインが不可欠で、あれば便利なのはどれかを学びましょう。

顧客にとって本当に重要な課題に応えるような価値提案をデザインするには、仕事、ペイン、ゲインの順位付けが欠かせません。もちろん、顧客にとって何が本当に重要かを探り出すのは難しいことですが、それを理解することで、顧客との交流と実験が改善されるでしょう。

あなたが考える顧客にとっての重要性に添って順位付けを始めてもかまいませんが、顧客の本当の考えが反映されていることをかならず検証した上で順位を付けましょう。

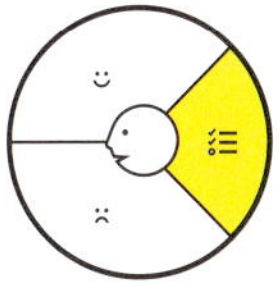

仕事の重要性

顧客にとっての重要性に従って
仕事を順位付けしましょう

+
Important
重要

- スキルやキャリアを向上させる
- 日常業務をうまく行なう
- 事業を改善する、または構築する
- リスクを査定し、減らす
- 他者と協力する、または助ける
- 方法を見つけ、学び、取り入れる

- 仲間や上司やクライアントによく見られる
- 自信を持って決定する
- アイデアを伝え、売り込む
- 人々が欲しがるものを作る
- 好ましい方法を取り入れるよう周囲を説得する
- 時代に乗り遅れない

Insignificant
些細
−

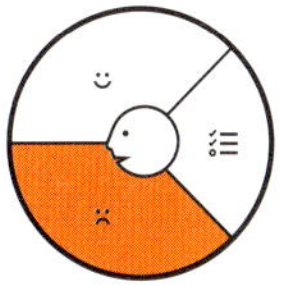

ペインの深刻さ

顧客にとっての深刻度によって
ペインを順位付けしましょう

+
Extreme
極めて深刻

- キャリアが頭打ちになる、または破壊される
- 間違った道に進む
- 経営陣が理解してくれない
- リスクや不確実性に対処する
- ダメなアイデアに時間を使う
- 方法論を自分たちに都合よく「翻訳する」
- 理論ばかり

- 大失敗につながる
- 予算不足
- 誰も欲しがらないようなものを作ってしまう
- 時間がない
- 手法の取り入れ方がわからない
- 内容が退屈すぎて読了できない

Moderate
ほどほど
−

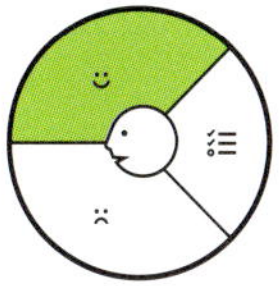

ゲインの必要性

顧客にとっての必要性に従って、
ゲインを順位付けしましょう

+
Essential
必要不可欠

- 昇進や昇給に役立つ
- 経営陣からのお墨付き
- チームメンバーに認められる
- 助けになる
- 実用性のあるアイデア
- 自信を持って取り入れられる
- わかりやすい

- ホームランになりそうな価値提案
- 結果につながる（できればすぐに成功できる）
- 自分のアイデアをはっきり伝える
- 行き詰まった時に役立つ
- 進捗を測る明確な指標
- よりよい協力体制につながる
- 具体的なコツ（リスクを減らすための）

Nice to have
あれば便利
−

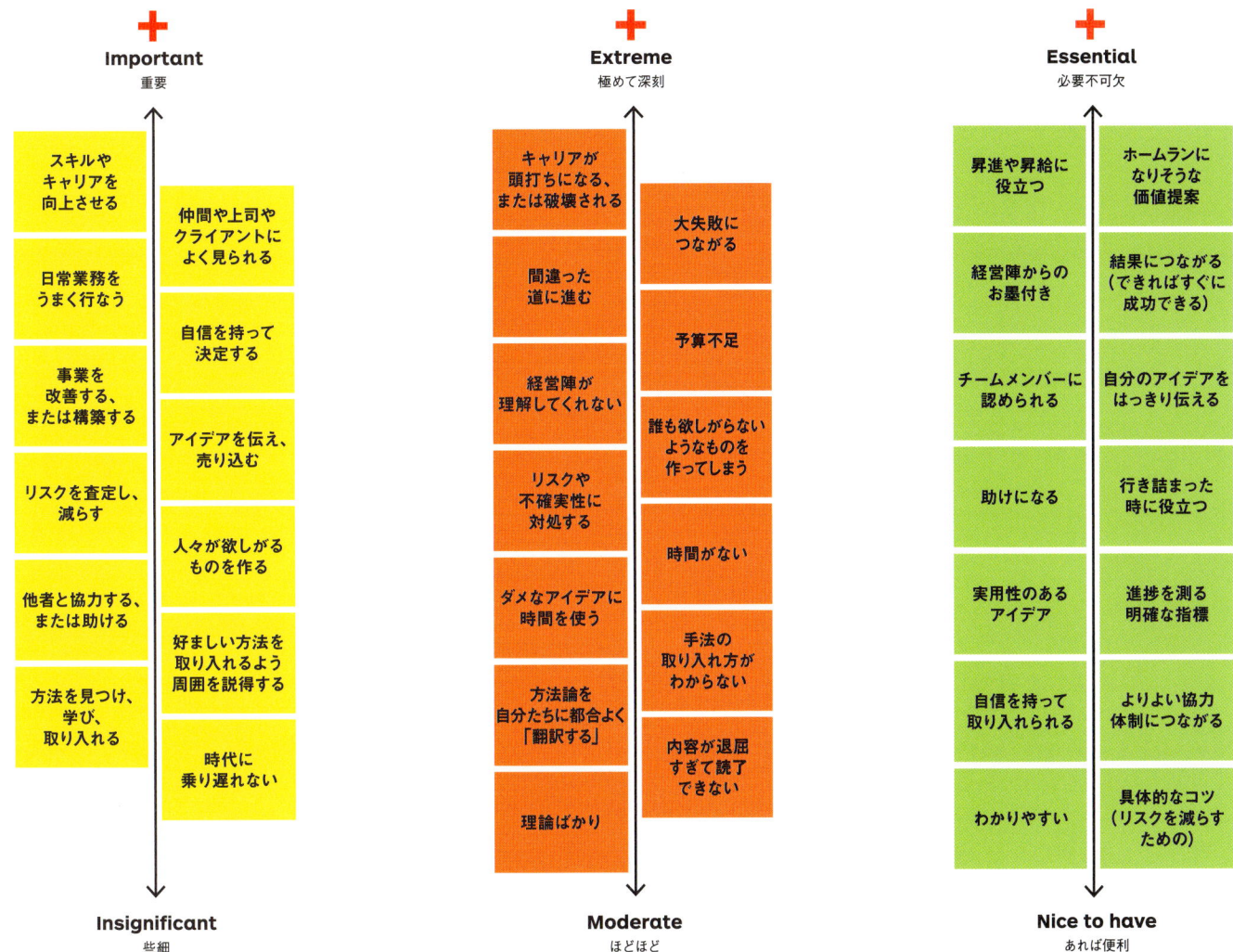

Step into Your Customers' Shoes

顧客の立場で考える

目的
顧客にとって大切なことを共有できる形でビジュアル化する

結果
1ページにまとまった実践的な顧客プロフィール

顧客の仕事、ペイン、ゲインについて本当に理解していますか？顧客プロフィールを作りましょう。

やってみよう

まず試しに、既存顧客セグメントのひとつを選んでプロフィールを描いてみましょう。新しいアイデアを開発中なら、価値創造のターゲットになる顧客セグメントを描きましょう。

1. 顧客プロフィールキャンバスをダウンロードする
2. ポストイットを1冊準備する
3. 顧客プロフィールを描く

1

顧客セグメントを選ぶ

プロフィールを描く顧客セグメントを選びましょう。

2

顧客の仕事を書き出す

その顧客が成し遂げようとしている仕事は何かを自問しましょう。それぞれをポストイットに書き出して、すべて貼り出しましょう。

3

ペインを書き出す

その顧客のペインは何でしょう？　障害やリスクも含めて思いつく限りすべてを書き出しましょう。

4

ゲインを書き出す

その顧客が手に入れたい結果や恩恵は何でしょう？　思いつく限りすべてのゲインを書き出しましょう。

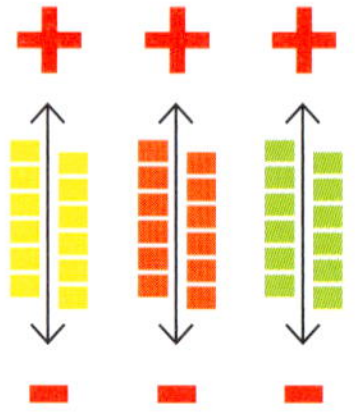

5

仕事、ペイン、ゲインを順位付けする

仕事、ペイン、ゲインをそれぞれ重要性、深刻度、必要性にしたがって、上から順に並べましょう。

インターネット上でも実習ができます

Customer Profile 顧客プロフィール

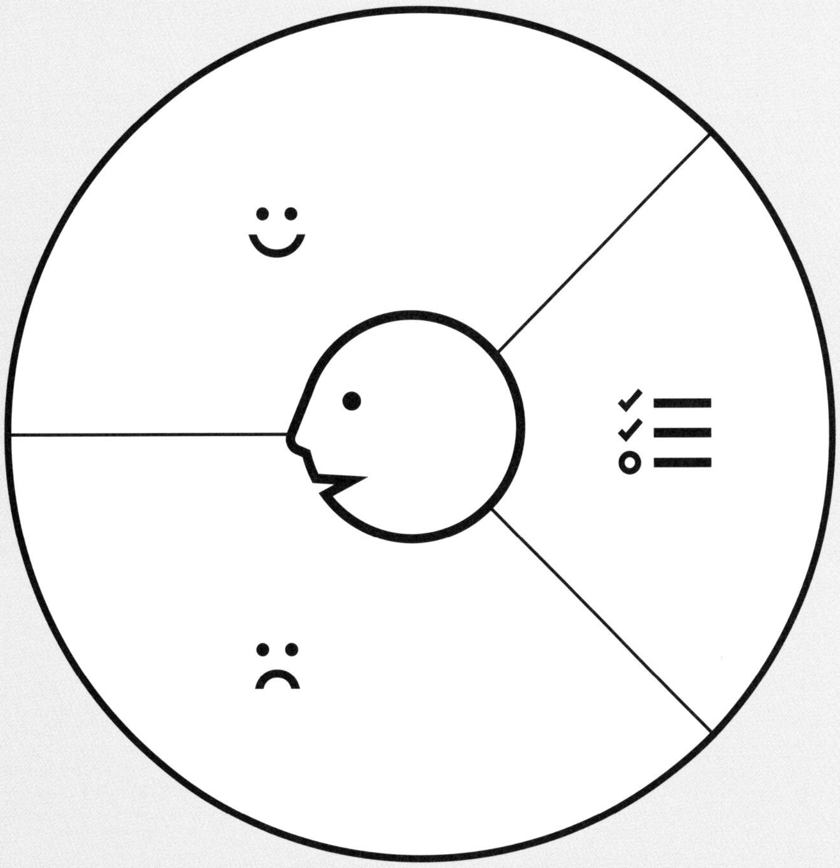

Strategyzer

顧客プロフィールのPDFをダウンロードしましょう

Best Practices for Mapping Jobs,Pains, and Gains
仕事、ペイン、ゲインを描くためのベスト・プラクティス

顧客プロフィールを作る時におかしがちな失敗を避け、ベスト・プラクティスに従いましょう。

✕ Common Mistakes よくある失敗

ひとつのプロフィール上に複数の顧客セグメントをごちゃ混ぜにしてしまう。

仕事と結果を混同する。

機能的な仕事だけに注目し、社会面と感情面を忘れてしまう。

自分のバリュー・プロポジションを念頭に置いて仕事とペインとゲインを書き出す。

思いつく仕事とペインとゲインが少なすぎる。

ペインとゲインが具体的に描かれていない。

✓ Best Practices ベスト・プラクティス

異なる顧客セグメントごとにバリュー・プロポジションキャンバスを作りましょう。企業をターゲットにする場合、それぞれの企業内に異なる顧客（例えばユーザー、バイヤーなど）がいるかどうかを自問しましょう。

「仕事」とは、顧客が行おうとしているタスク、解決したい問題、満たそうとするニーズです。一方、「ゲイン」とは、顧客が求める結果であり、「ペイン」とは避けたい結果、または排除したいものです。

顧客にとって、社会的な仕事や感情的な仕事が「目に見える」機能的な仕事よりも重要なこともあります。仕事の達成に役立つような優れた技術的ソリューションよりも、重要になることもあるでしょう。

顧客を描く時には、自分の提案を脇に置き、人類学者のように進めなければなりません。例えば、ビジネス本の編集者は本に関係する仕事、ペイン、ゲインを挙げるだけではいけません。読者にはコンサルタント、YouTubeの動画、MBAや研修というも選択肢もあるからです。あなたの価値提案を超えた、仕事、ペイン、ゲインを考えましょう。

ポストイットで埋め尽くされるのが優れた顧客プロフィールです。というのも、ほとんどの顧客は多くのペインを抱えていますし、多くのゲインを期待したり熱望したりしているからです。あなたの顧客（見込み客）の仕事、ペイン、ゲインのすべてを書き出しましょう。

ペインとゲインをはっきりと具体的に描きましょう。例えば、単なる「昇給」ではなく、顧客がいくらの昇給を望んでいるのかを書くのです。「時間がかかりすぎる」ではなく、実際にどのくらいの時間が「長すぎる」のかを書き出しましょう。そうすることで、顧客が成功と失敗をどう測っているのかを理解できるはずです。

ペイン 対 ゲイン

顧客プロフィールを作る際に、同じペインとゲインを同時に書き込んでしまうかもしれません。例えば、顧客の仕事が「もっと金を稼ぐこと」なら、ゲインには「昇給」、ペインには「減給」と書き入れてしまうことがあります。

ですが、こうしたほうがいいでしょう。

・顧客がいくらの昇給ならゲインと感じるか、いくらの減給ならペインと感じるかを正確に調べましょう

・仕事の妨げになるような障害物をペインに加えましょう。ここでは、「給料が上がらない」ことがペインかもしれません。

・また、仕事を達成できないことに関係するリスクもペインに加えましょう。この例では「子供の大学の学費を払えない」ことがペインになるかもしれません。

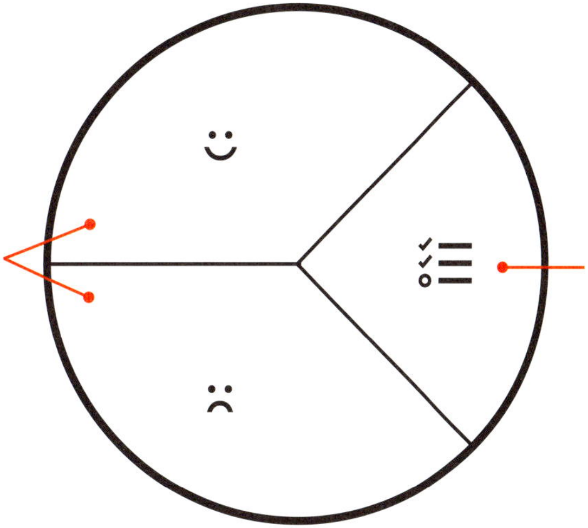

顧客の本当の「仕事」が何なのかを理解するために、「なぜ」と繰り返し自問しましょう。

顧客プロフィールを描き始めても、その「仕事」についてうわべだけの理解に終わってしまうかもしれません。そうならないためには、顧客がなぜその仕事をしたいのかを自問し、本当の動機を深く掘り下げなければなりません。

例えば、顧客が外国語を習いたいのはなぜでしょう？　その「本当の」理由は、履歴書の見栄えをよくすることかもしれません。では、なぜ履歴書の見栄えをよくしたいのでしょう？　それは、もっとお金を稼ぎたいからかもしれません。

顧客を本当に動かしている、隠れた「仕事」を理解するまで、探索を続けましょう。

1.2

Value Map

バリューマップ

Products and Services

製品とサービス

これは、あなたが提供するもののリストです。たとえて言うと、あなたのショーウィンドゥに並べてある品物すべてだと思ってください。あなたのバリュー・プロポジション（価値提案）の基礎になる、すべての製品とサービスの目録と言ってもいいでしょう。この製品とサービスの組み合わせが、顧客の機能的、社会的、感情的な仕事を達成する助けになるか、顧客の基本的なニーズを満たすことにつながります。ですが、製品とサービスそのものが価値を生み出すわけではありません。それが特定の顧客セグメントとの関係の中での仕事、ペイン、ゲインに応えてはじめて価値が生み出されるのです。

また、製品とサービスのリストには、買い手（提案を比較し、決定し、購入する）として、作り手として（価値提案を共創する）、譲り手（製品を乗り換える）としての顧客を助けるためのものやサービスも含まれます。

価値提案はさまざまな種類の製品とサービスから成り立っています。

物理的なもの・目に見えるもの

製造物など、何らかの品物

目に見えないもの

著作権やアフターサービスの保証など

デジタルなもの

音楽ダウンロードやオンラインの推奨など

金融商品

投資信託や保険または金融サービスといった商品としての金融

重要性

すべての製品とサービスが顧客にとって同じ重要性を持つわけではありません。あなたの価値提案に欠かせない製品とサービスもあります。どうしても必要というわけではないがあったほうがいい、という程度のものもあるでしょう。

+
Essential
必要不可欠
↕
Nice to have
あれば便利
−

Pain Relievers
ペインリリーバー

ペインリリーバーとは、製品とサービスによって顧客のペインを取り除くための、具体的な解決法です。仕事を成し遂げる前後とその最中に顧客を悩ませていることや、仕事の障害となることを取り除いたり減らしたりする方法をはっきりと描いたものとも言えるでしょう。

優れた価値提案は、顧客の気になる悩み、とりわけ深刻な悩みに対応しています。顧客プロフィールの中に挙げたすべての悩みに対応する必要はありません。どんな価値提案であっても、それは不可能です。優れた価値提案はいくつかの悩みに的を絞り、それらをうまく取り除いています。

次の質問は、製品とサービスが顧客のペインをどのように取り除くかを考えるきっかけになるでしょう。

自問してみましょう。
あなたの製品とサービスは……

・時間、お金、または労力の節約になっていますか？
・顧客の気分を晴らしていますか？　顧客の不満や悩みや頭痛の種を取り除いていますか？
・ダメなソリューションを改善していますか？　新しい特徴、よりよい性能や品質を取り入れていますか？
・顧客の抱える問題点や課題を処理していますか？　物事を簡単にしたり、障害を取り除いていますか？
・顧客の恐れる負の社会的影響を取り除いていますか？　面目を失くしたり、権力を信頼やステータスを失ったりすることが避けられますか？
・リスクを排除できますか？　財務的、社会的、技術的なリスクや、物事がうまくいかない可能性を軽減できますか？
・顧客の安心に役立っていますか？　深刻な問題に対応し、懸念を減らし、心配を取り除いていますか？
・顧客のおかしがちな間違いを減らしたり、なくしたりできますか？　ソリューションを正しく使うよう顧客を助けていますか？
・価値提案の妨げになるものを取り除いていますか？　初期費用を減らすか、なくしたり、学びやすくしたり、その他の障害を排除したりしていますか？

必要性

顧客にとって重要なペインリリーバーもあれば、それほどでないものもあります。必要不可欠なものと、あれば便利なものとをはっきりと区別しましょう。顧客の深刻な悩みを斬新な方法で取り除き、大きな価値を生み出すのが、「必要不可欠なペインリリーバー」です。軽い悩みを取り除くのが、「あれば便利なペインリリーバー」と言えるでしょう。

+
Essential
必要不可欠
↕
Nice to have
あれば便利
−

「きっかけとなる質問」をダウンロードしましょう

Gain Creators

ゲインクリエーター

ゲインクリエーターとは、製品とサービスを通して顧客のゲインを生み出す、具体的な方法です。顧客が期待し、望み、時には驚くような結果や恩恵を生み出す、はっきりとした手法とも言えるでしょう。機能的な利便性、社会的な利得、前向きな感情、費用の節約などもこれに含まれます。

ペインリリーバーと同じように、ゲインクリエーターもすべてのゲインに対応する必要はありません。顧客にとって大切なゲインと、あなたの製品とサービスが特に役立つゲインに目を向けましょう。

自問しましょう。
あなたの製品とサービスは……

・顧客の時間、お金、労力の節約になっているでしょうか？
・顧客の期待通りの、またはそれ以上の結果を生み出しているでしょうか？　品質は期待を上回っていますか、それとも下回っていますか？
・既存の価値提案を上回り、顧客を喜ばせることができますか？　特定の機能、性能、品質の面で、どうでしょう？
・顧客の仕事や生活を楽にしていますか？　利便性、アクセス、サービスレベル、所有コストは改善されますか？
・社会的に前向きな影響をもたらしますか？　顧客の評判を上げたり、権力やステータスをもたらしますか？
・顧客の特定の求めに応じていますか？　例えばデザインのよさ、保証、特定の機能やより多い機能などを備えていますか？
・顧客の夢を叶えていますか？　目標の達成に役立ったり、深刻な悩みを取り除いたりしていますか？
・顧客の成功と失敗の基準に合うような、前向きな結果を生み出していますか？　性能の向上や費用の削減を叶えていますか？
・導入しやすく工夫されていますか？　低コスト、少額の投資、リスクの低減、よりよい品質、改善された性能、優れたデザインなどが叶えられますか？

重要性

ペインリリーバーと同じように、顧客の結果と利得にきわめて大きく関わるゲインクリエーターもあれば、それほどでないものもあります。必要不可欠なものと、あれば便利なものとをはっきりと分けることを心がけましょう。

＋
Essential
必要不可欠
↕
Nice to have
あれば便利
－

「きっかけとなる質問」をダウンロードしましょう

Mapping the Value Proposition of Value Proposition Design

バリュー・プロポジションを描く

優れた価値提案は顧客にとって大切な仕事、ペイン、ゲインに注目し、それらにうまく対応しています。繰り返しになりますが、すべてのペインとゲインに対応する必要はありません。顧客にとって重要なものに目を向けましょう。

いくつかの価値提案をひとつにまとめてもいいでしょう。

特定の顧客セグメントに訴求する、製品とサービスを羅列した「生の」バリュー・プロポジションリスト。

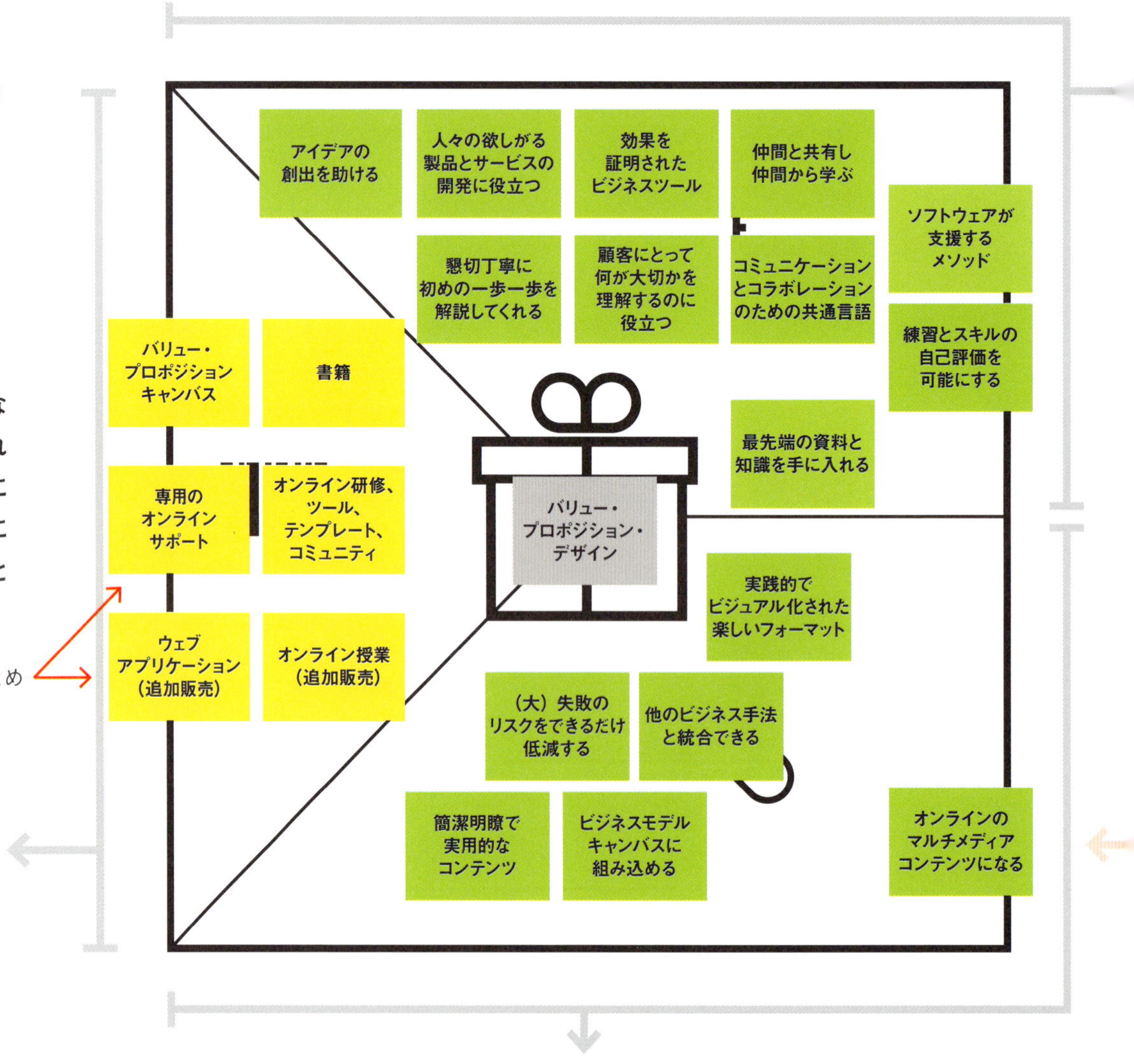

ペインリリーバーは、製品とサービスがどのように顧客の悩みを取り除くかを具体的に説明するものです。それぞれのペインリリーバーは、ひとつまたはいくつかのペインまたはゲインに対応しています。製品とサービスをここに入れてはいけません。

ゲインクリエーターは、製品とサービスがどのように顧客のゲインを創出するかを具体的に説明するものです。それぞれのゲインクリエーターは、ひとつまたはいくつかのペインまたはゲインに対応しています。製品とサービスをここに入れてはいけません。

本書の製品とサービスがどのように顧客の価値を創造するかを描いた正式なマップ

Map How Your Products and Services Create Value

あなたの製品とサービスがどのように価値を創造するかを描きましょう

目的　製品とサービスがどのように価値を創造するかを具体的に書き出す

結果　1ページの価値創造マップ

方法

既存の価値提案を選んでバリューマップを描いてみましょう。例えば、さきほどの演習でプロフィールを作った顧客セグメント向けの価値提案を使います。既存の価値提案からのほうが始めやすいでしょう。もし既存の提案がなければ新しいアイデアを用いてどのように価値を創造するかを描いてみましょう。新しい価値提案をどう作るかについては、のちほど取り上げます。

ここでは、

1. 先ほど完成させた顧客プロフィールを使います
2. バリューマップをダウンロードしてください
3. ポストイットを準備しましょう
4. 顧客への価値をどのように創造するかを描きましょう

バリューマップのPDFをダウンロードしましょう

The Value Map バリューマップ

Strategyzer

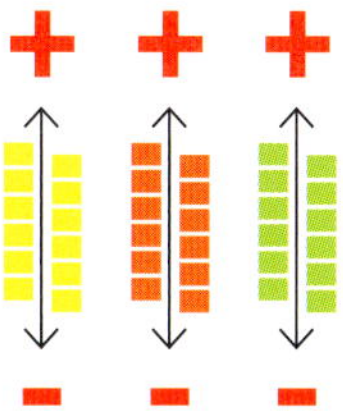

1

製品とサービスを書き出す

既存の価値提案を用いたすべての製品をサービスをリストアップしましょう。

2

ペインリリーバーを書き出す

製品とサービスが、どのように望ましくない結果や障害やリスクを取り除いて顧客のペインを和らげるかを描きましょう。1枚のポストイットにつき、ひとつのペインリリーバーを書き出しましょう。

3

ゲインクリエーターを書き出す

製品とサービスが、顧客の期待する結果や恩恵を生むことにどう役立つかを描きましょう。 1枚のポストイットにつき、ひとつのゲインクリエーターを書き、出しましょう。

4

重要度で順位付けする

製品とサービス、ペインリリーバー、ゲインクリエーターを顧客から見た重要度に従って順位付けしましょう。

インターネット上でも実習ができます

ペインリリーバー　対
ゲインクリエーター

ペインリリーバーとゲインクリエーターは、異なる形で顧客に価値を生み出します。ペインリリーバーは顧客の悩みを和らげ、ゲインクリエーターは利得をもたらします。ペインとゲインの両方を同時に解決するものもあります。製品やサービスの顧客価値を具体的に表現することを目的として、この2つを描きましょう。

この2つと、顧客プロフィール中のペインやゲインとの違いは何でしょう？

ペインリリーバーとゲインクリエーターは、ペインやゲインそのものとは全く違います。ペインやゲインをコントロールすることはできませんが、ペインリリーバーとゲインクリエーターはコントロール可能です。特定の仕事、ペイン、ゲインに対応するような価値をどう創造するかを、あなたが決める（デザインする）ことができるからです。ですが、顧客がどんな仕事やペインやゲインを抱えているかを、あなたが決めることはできません。顧客にとって最も重要なペインとゲインに対応し、効果的にそれらを解決するのが、優れたペインリリーバーとゲインクリエーターです。

Best Practices for Mapping Value Creation

価値創造マッピングのベスト・プラクティス

✕ Common Mistakes よくある失敗

特定の顧客セグメントを狙ったものではなく、すべての製品とサービスを列挙してしまう。

ペインリリーバーとゲインクリエーターを書くべき場所に製品とサービスを書いてしまう。

顧客プロフィール上のペインとゲインに全く関係のないペインリリーバーとゲインクリエーターを書き出してしまう。

すべてのペインとゲインに対応するような非現実的な目標を掲げてしまう。

✓ Best Practices ベスト・プラクティス

特定の顧客セグメントに対して価値を創造するような製品とサービスを挙げましょう。特定の顧客セグメントに価値提案を行なうような製品とサービスの組み合わせだけをリストアップしましょう。

製品とサービスが創造する価値を具体的に表に出すようなペインリリーバーとゲインクリエーターを挙げましょう。例えば、「時短に役立つ」とか、「デザインがいい」といった特徴です。

製品とサービス自体は絶対的な価値を生み出すわけではありません。顧客の仕事、ペイン、ゲインに対応することで価値が生まれるのです。

重要性の高い仕事、ペイン、ゲインに対応し、低いものを切り捨てるのが、優れた価値提案です。すべての問題に対応できる価値提案はありません。あなたのバリューマップがすべてに対応しているとしたら、顧客プロフィール上に本当の仕事、ペイン、ゲインが書き出されていないからでしょう。

1.3

Fit フィット（合致）

Fit
フィット（合致）

あなたのバリュー・プロポジション（価値提案）が顧客の大切な仕事に役立ち、深刻な悩みを和らげ、必要な恩恵を与えてくれることで顧客が喜べば、価値提案が顧客に「フィット」したことになります。本書でもくり返し述べているように、フィットを発見し維持することは簡単ではありません。価値提案のデザインにおいて、フィットを探し続けることが欠かせません。

顧客は製品とサービスに多くを期待し望むものですが、すべてを手に入れることは不可能だということも知っています。顧客にとって最も重要なゲインに目を向けることで、一番役立つ価値を提案しましょう。

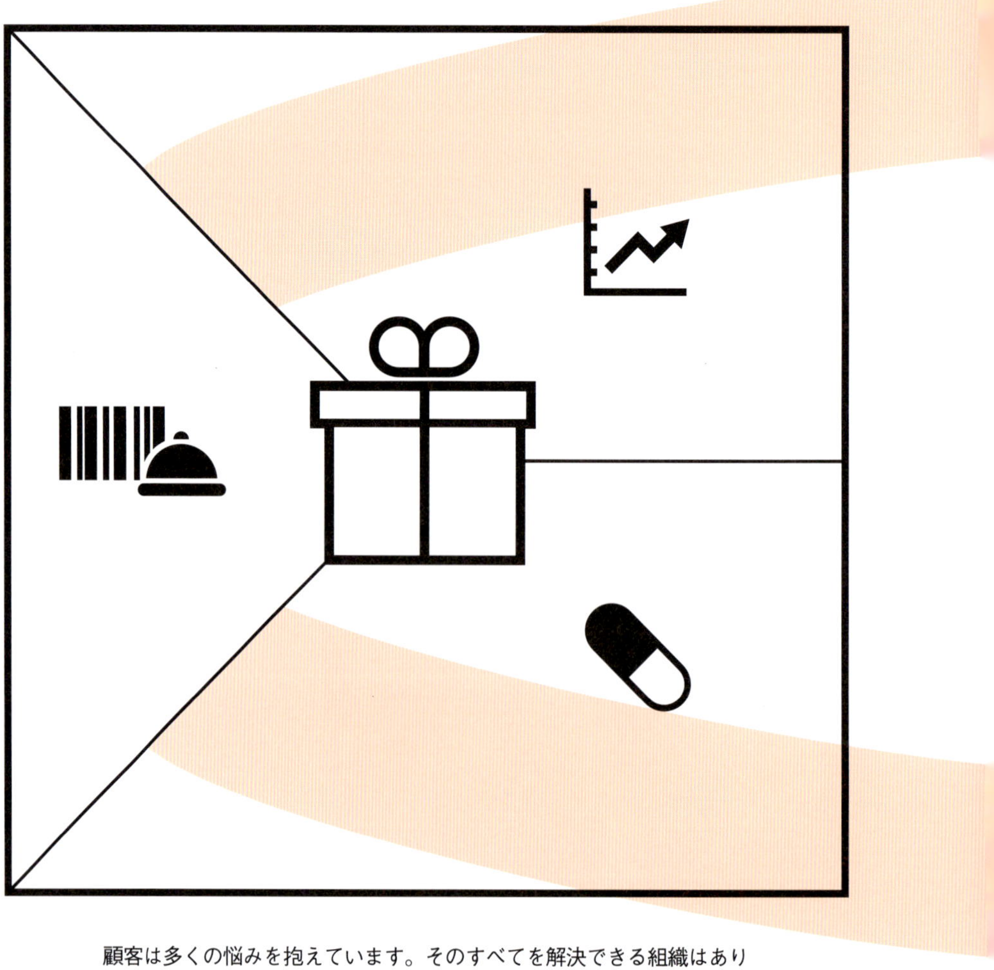

顧客は多くの悩みを抱えています。そのすべてを解決できる組織はありません。解決されていない顧客の一番の頭痛の種に注目しましょう。

顧客は価値提案の裁判官であり、陪審員であり執行者でもあります。顧客はフィットのない提案を容赦なく切り捨てるでしょう。

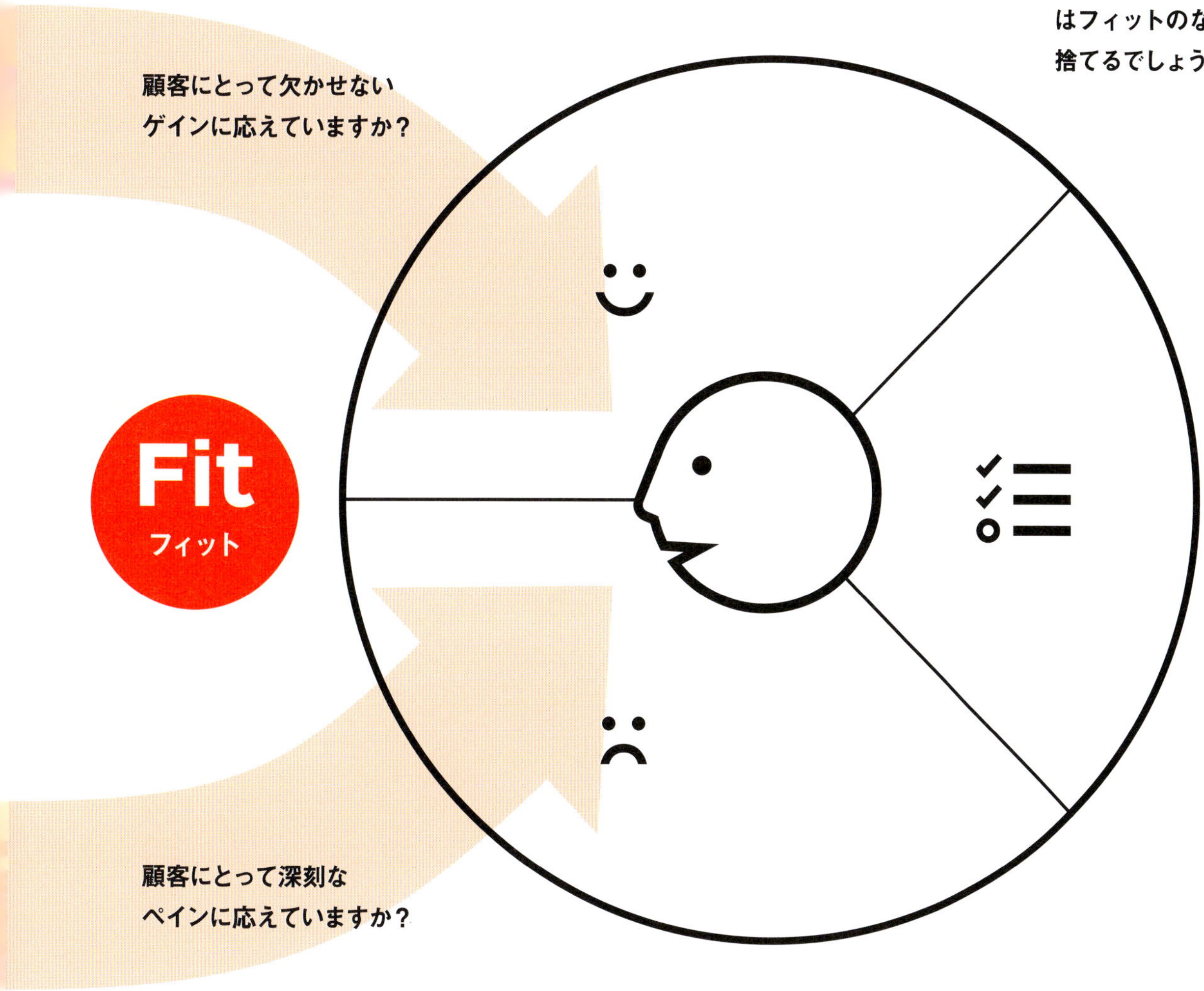
顧客にとって欠かせない
ゲインに応えていますか？
Fit
フィット
顧客にとって深刻な
ペインに応えていますか？

Fit?

フィットしていますか？

この本の価値提案をデザインするにあたっては、既存のビジネス本が対応しきれていない、潜在的な読者の一番大切な仕事、ペイン、ゲインのいくつかに対応することを心がけました。

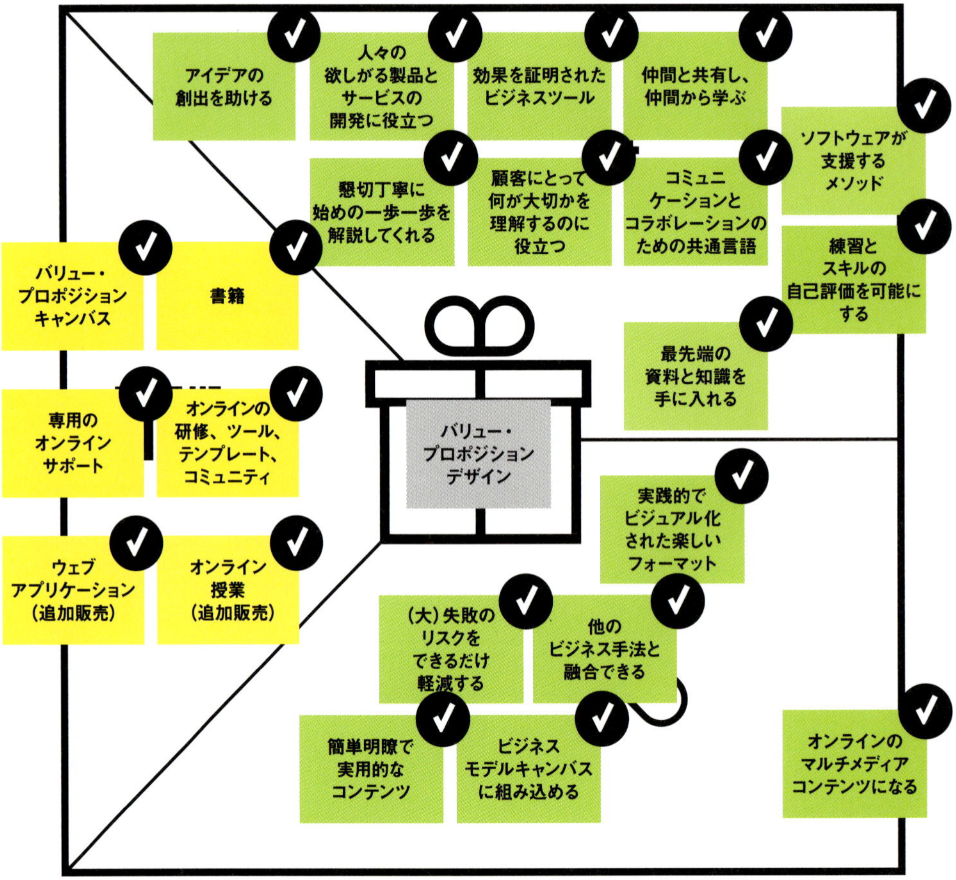

チェックマークは、この製品とサービスが、顧客の悩みを和らげるか、恩恵をもたらすことで、顧客の仕事やペインやゲインに直接対応していることを表しています。

結果につながる（できればすぐに成功する）
進捗を測る明確な指標
チームメンバーに認められる
自信を持って導入できる
わかりやすい
行き詰まった時に役立つ
経営陣からのお墨付き
同じ志を持った人たちとつながる
仲間、上司、クライアントによく見られる
実用的なアイデア
昇進と昇給を助ける
アイデアをはっきりと伝える助けになる
よりよい協力体制につながる
スキルとキャリアを向上させる
人々の欲しがるものを作る
ホームランになりそうなバリュー・プロポジション
具体的なコツ（リスクを減らすなど）
ビジネス本の読者（一般）
メソッドを見つけ、学び、取り入れる
事業を改善する、または立ち上げる
仲間を説得してよりよい方法を導入する
時間がない
理論ばかり
アイデアを伝える
自信を持って決断を下す
他者と協力する、または助ける
キャリアが頭打ちになる、または破壊される
内容が退屈すぎて読了できない
誰も欲しがらないようなものを作ってしまう
リスクや不確実性に対処する
最新の情報を取り入れる
日常業務を効率的に行なう
予算不足
間違った道に進む
経営陣が理解してくれない
方法論を自分に都合よく「翻訳」する
リスクを査定し減らす
ダメなアイデアに時間を浪費する
手法の取り入れ方がわからない

バツ印は、私たちの価値提案が対応できない仕事、ペイン、ゲインを表しています。

Check Your Fit

フィットを確かめましょう

目的
顧客にとって重要なことに対応しているかを確かめる

結果
あなたの製品とサービスが、顧客の仕事、ペイン、ゲインと結びつく

インターネット上でも実習できます

1

方法

先ほど完成させたバリュー・プロポジションマップと顧客プロフィールを持ち寄りましょう。ペインリリーバーとゲインクリエーターをひとつずつ調べ、それぞれが顧客の仕事、ペイン、またはゲインに対応しているかを確かめましょう。フィットを確認できたものには、チェックマークを付けましょう。

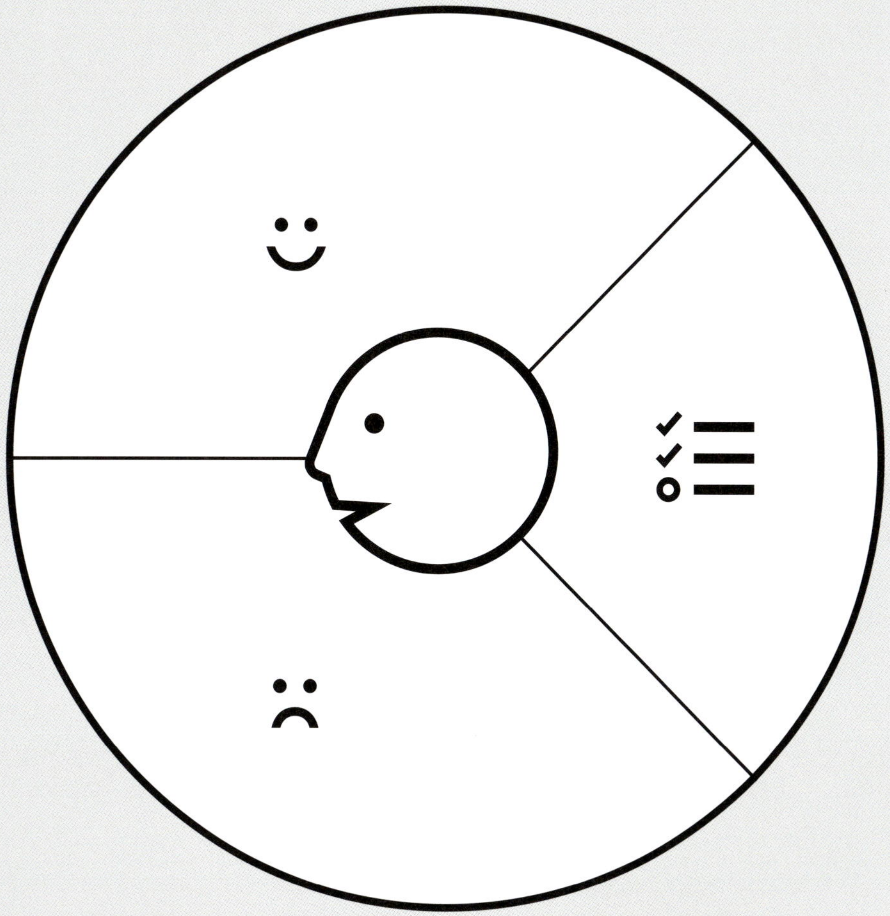

2

結果

ペインリリーバーまたはゲインクリエーターがどれにもフィットしない場合、それは顧客への価値を創造していないのかもしれません。すべてのペインとゲインに対応できなくても、問題ありません。すべてを満たすことはできないのですから。あなたの価値提案が顧客にどのくらいぴったりとフィットしているかを自問しましょう。

バリュー・プロポジションキャンバスのPDFをダウンロードしましょう

Three Kinds of Fit

3種類のフィット

フィット探しは、製品とサービスを通して本当に重要な顧客の仕事、ペイン、ゲインに応える価値提案をデザインするプロセスの一部です。企業が提供するものと顧客の欲しいものとが一致しなければ、優れた価値提案は生まれません。

フィットは、3つの段階を経て起こります。まず最初は、あなたの価値提案によって解決できる顧客の仕事、ペイン、ゲインを見つける段階。次に、顧客があなたの価値提案に前向きに反応し、それが市場で人気を集める段階。そして最後に、規模と利益が拡大できるようなビジネスモデルを見つける段階です。

フィット（合致）をダウンロードしましょう

理論

1　問題と解決のフィット

問題と解決のフィットが生まれるのは……

・顧客にとって特定の仕事、ペイン、ゲインが重要だというエビデンスを見つけた時

・それらの仕事、ペイン、ゲインを解決するような価値提案をデザインできた時

この段階では、顧客があなたの価値提案を気に入っているというエビデンスはありません。顧客にとって最も重要な仕事、ペイン、ゲインを見つけ、それに添って価値提案をデザインするのが、この段階です。複数の異なる価値提案を試作し、最適なフィットを見つけましょう。そのフィットは、まだ証明されておらず、紙の上だけに存在するものです。顧客があなたの価値提案を気に入っているというエビデンスを見つけるのが次の段階です。それが見つからなければ、新しい価値提案をデザインし直しましょう。

市場

2　製品と市場のフィット

製品と市場のフィットが生まれるのは……

・あなたの製品とサービス、ペインリリーバー、ゲインクリエーターが実際に顧客価値を生み出し、市場で求められているというエビデンスが見つかった時

第二段階では、価値提案の背後にある前提が正しいかどうかを検証しなければなりません。初期のアイデアは顧客価値を生み出さないものも多く（顧客がそれを気に入らないことも多々あるのです）、たいていは新しい価値提案を作り直すことになるでしょう。第二のフィット探しのプロセスは長く、繰り返しの連続です。一晩でフィットが見つかることはありません。

利益

3　ビジネスモデルのフィット

ビジネスモデルのフィットが生まれるのは……

・あなたの価値提案が利益創出と規模拡大が可能なビジネスモデルに組み入れられるというエビデンスが見つかった時

優れた価値提案も、優れたビジネスモデルなしには財務的にあまり成功しないか、失敗に終わることもあります。どれほど優れた価値提案でも、健全なビジネスモデルなしには成り立ちません。

ビジネスモデルのフィット探しは、顧客に価値を創出するような価値提案をデザインすることと、企業に利益をもたらすビジネスモデルを作り出すことの間を反復する、面倒なプロセスです。あなたの価値提案を届けるためのコストを超える収入を生み出すことができなければ、ビジネスモデルのフィットはありません（相互に依存する複数の価値提案を持つプラットフォームモデルの場合には、それらを届けるコスト以上の収入を生み出すモデルが必要です）。

Customer Profiles in B2B

B2B 企業の顧客プロフィール

B2B取引における価値提案には、製品とサービスを探す人、評価する人、購入する人、利用する人といった複数のステークホルダーが関係しています。そして、関係者それぞれが異なる仕事、ペイン、ゲインを抱えています。また、それぞれが購買の方向性に影響を与えています。各関係者にとって最も重要な仕事、ペイン、ゲインを見つけ、それぞれについてバリュー・プロポジションキャンバスを作りましょう。

プロフィールは業界や組織の規模によってさまざまですが、たいていは次の役割に分かれています。

組み合わせ

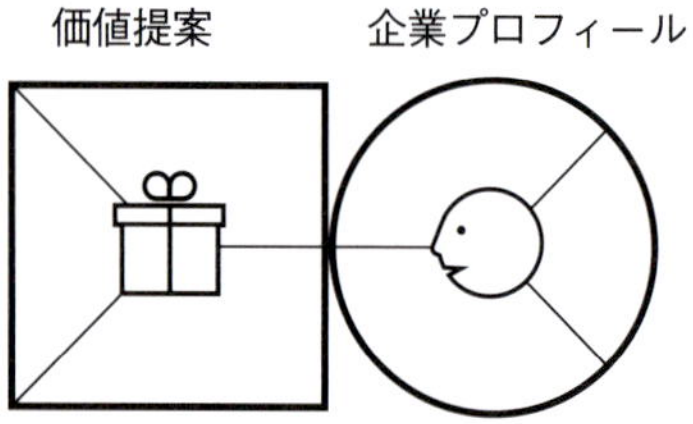

スティーブン・G・ブランク著『アントレプレナーの教科書』、翔泳社、2009年 より引用

分解しましょう　その事業に関わるステークホルダーへの価値提案

組織と顧客は異なる関係者から成り立っていて、それぞれが異なる仕事とペインとゲインを抱えています。それぞれにあてたバリュー・プロポジションキャンバスを作りましょう。

影響者

影響力のある個人やグループ、また意思決定者が耳を傾ける個人やグループ。正式な意見ではないこともあります。

推奨者

製品やサービスを探して評価し、購入について正式に推奨する人たち。

購買者

予算を管理し、実際に購入する人またはグループ。経済合理性や効率を気にかけます。

決定者

製品やサービスの選択を最終的に決定し、購入の注文を行なう人。たいていは最終的な予算の決定権も持っています。

利用者（エンドユーザー）

製品やサービスの恩恵を受ける人。企業の場合、利用者は自社内にいることもあれば（製造メーカーがデザイナーのためにソフトウェアを買う）、外部にいることもあります（携帯電話の製造メーカーが消費者向けスマートフォンに組み込む半導体を買う）。購入の決定とプロセスにどれだけの発言力があるかによって、エンドユーザーが受け身の場合もあれば、積極的に影響を与える場合もあります。

妨害者

製品とサービスの検索、評価、購入のプロセスを妨害したり足を引っ張ったりする個人またはグループ。

決定者は顧客の組織内にいる場合がほとんどですが、影響者、推奨者、購入者、利用者、妨害者は組織の中にいることもあれば、外にいることもあります。

Unbundling the Family

家族を分解する

製品とサービスを探す人、評価する人、購入する人、使用する人が異なる場合、価値提案のターゲットも複数になります。例えば、ゲーム機を買おうとしている家族を考えてみましょう。その場合、購入者と影響者と決定者と利用者と妨害者はそれぞれ違っています。ですから、それぞれのターゲットに異なるバリュー・プロポジションキャンバスを作るほうがいいでしょう。

Multiple Fits

複数フィット

複数の価値提案と顧客セグメントを組み合わせることで、はじめて成功するビジネスモデルもあります。その場合、価値提案がそれぞれのターゲットの顧客セグメントにフィットしなければなりません。

複数フィットによって成功するビジネスモデルの代表例が、仲介とプラットフォームです。

仲介

仲介者を通して製品やサービスを販売する場合には、実質的に顧客が二通り存在することになります。エンドユーザーと仲介者です。仲介者への明確な価値提案がなければ、製品やサービスがエンドユーザーに届かないこともありますし、少なくとも同じインパクトを与えることはないでしょう。

中国企業のハイアールは家電製品をグローバルに販売する企業です。カルフール、ウォルマートその他の量販店を通して製品を流通しています。ここで成功するには、家庭（エンドユーザー）と仲介者である小売チェーンに魅力のある価値提案を提案しなければなりません。

ハイアール

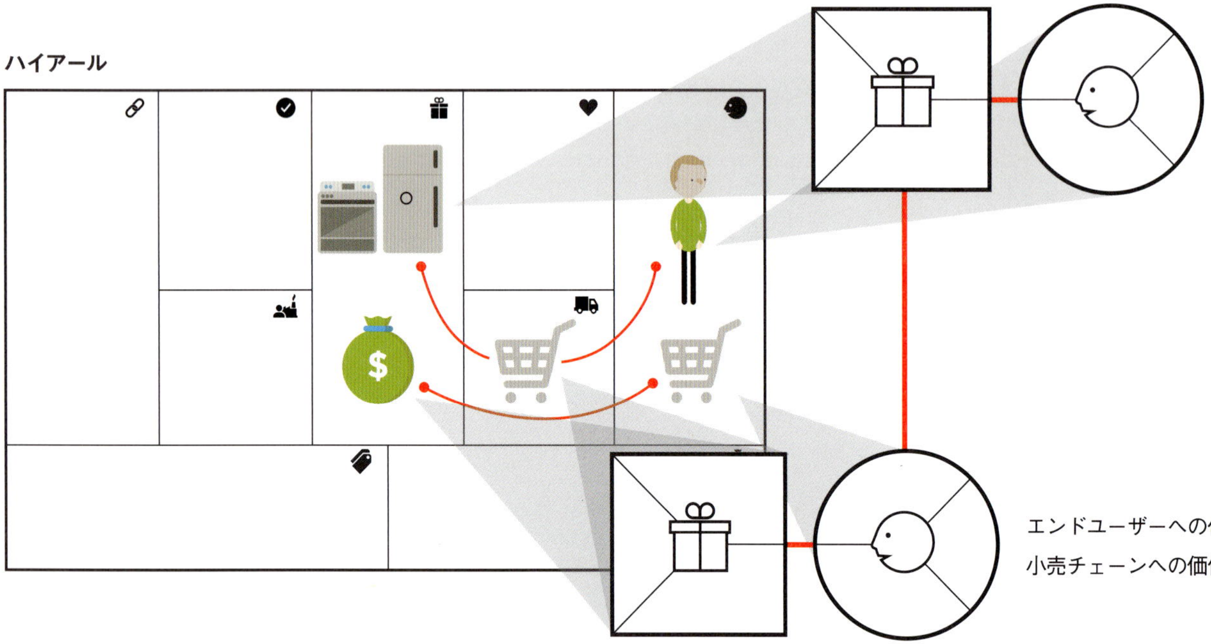

エンドユーザーである家庭への価値提案

エンドユーザーへの仲介者である小売チェーンへの価値提案

プラットフォーム

ひとつのビジネスモデルに二者以上のプレーヤーが関わり、相互依存によって価値を引き出すことではじめてプラットフォームは機能します。二者の相互依存によるプラットフォームは「両面」と呼ばれ、二者以上が関わる場合には「マルチ面」と呼ばれます。ひとつのモデルにすべての側面が存在する場合にのみ、プラットフォームは成り立ちます。

両面プラットフォームの実例がAirbnb（エアビーアンドビー）です。貸し部屋を持つ住人と、ホテル以外の滞在場所を探している旅行者を結ぶのが、このウェブサイトです。この場合のビジネスモデルは、住人（ホスト）と旅行者の両方への価値提案を備えていなければなりません。

エアビーアンドビー

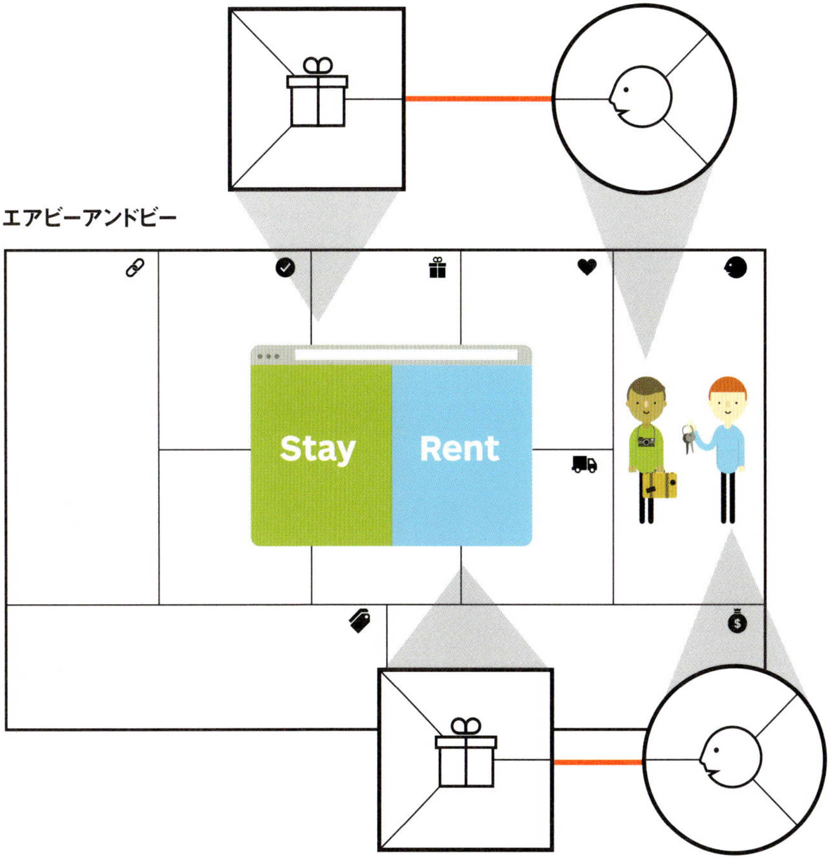

Going to the Movies

映画を見にいく

バリュー・プロポジションキャンバスのコンセプトを、もうひとつの簡単な例でおさらいしましょう。映画館チェーンのオーナーが、映画ファンに新しい価値提案をデザインしているとします。

まずは機能面の価値提案から始めましょう。最新の大スクリーン、最先端のディスプレー技術、おいしいスナック、イベント、都会的な経験などです。もちろん、顧客が望んでいなければ、そうした価値提案は意味がありません。そこで、顧客が本当に何を望んでいるのかをきちんと理解することにします。
映画ファンの心理属性を描くのが、これまでの手法でした。ですが、今回は顧客の仕事、ペイン、ゲインに注目した顧客プロフィールを作り、心理属性を補完します。

何が映画ファンを動かすでしょう?

どんな新しい
価値提案に
すべきでしょう?

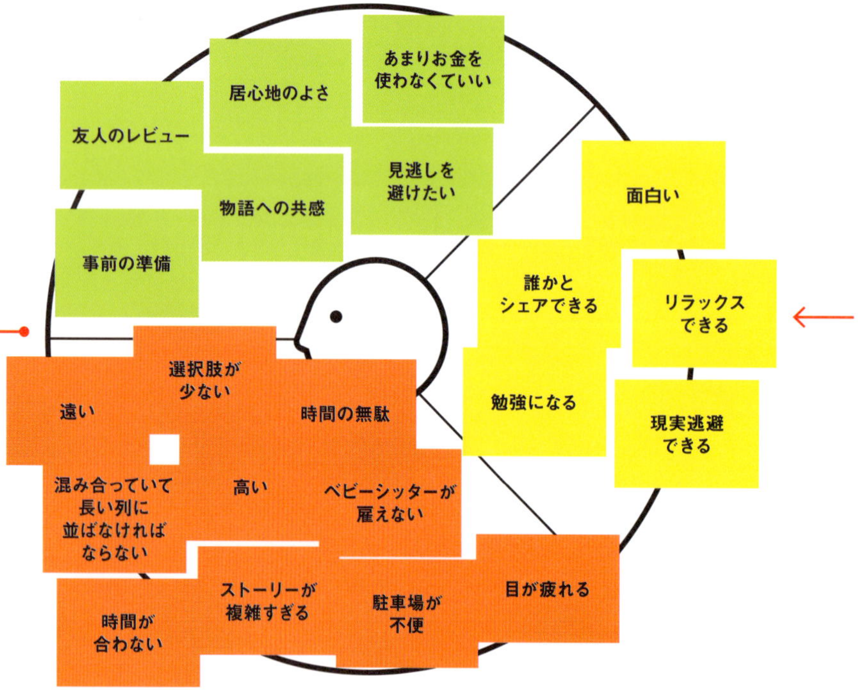

アドバイス:あなたの価値提案に関わらず、(潜在)顧客は存在します

顧客プロフィールを描く時には、あなたの価値提案に関係する仕事、ペイン、ゲインだけに注目してはいけません。何が本当に顧客を動かしているのかを、広い視野で捉えましょう。

映画館のビジネスモデル

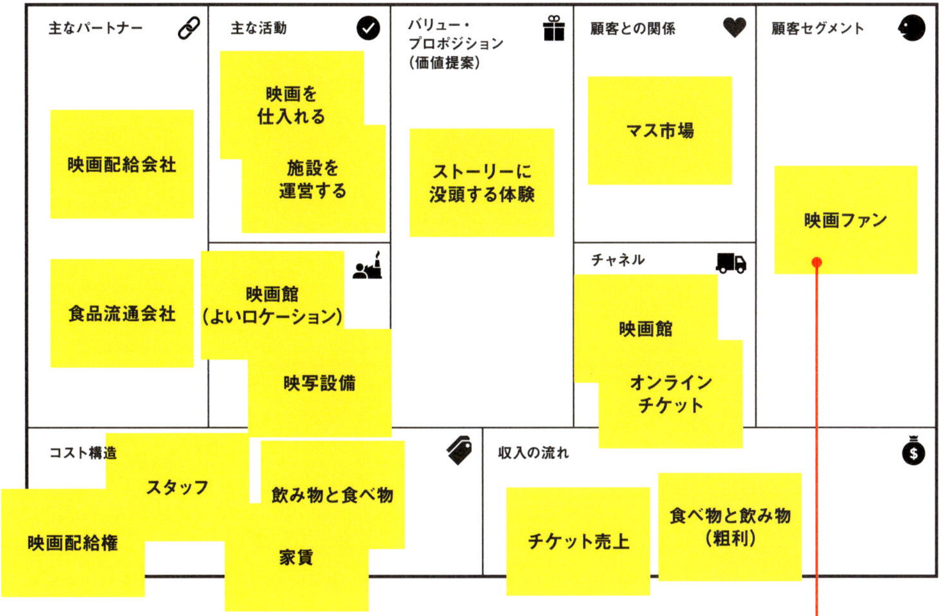

新しいアプローチ：

顧客を動かしている仕事、ペイン、ゲインに注目する

顧客の社会経済的な特徴を羅列するのではなく、顧客プロフィールを作ることで、本当に顧客を動かしているものを掘り起こしましょう。顧客が本当にしたいこと、その隠れた動機、目的、その障害となるものを調べましょう。そうすることで、視野が広がり、顧客を満足させる新しいチャンスやよりよい機会を発見できるでしょう。

従来のアプローチ：

これまでの心理属性によるプロフィールは、消費者を同じ社会経済的特徴を持つグループに分類していました。

ジェーンさん

20歳から30歳／アッパーミドルクラス／年収10万ドル／既婚、2児の母

映画鑑賞の傾向

- アクション映画好き
- ポップコーンと炭酸系飲料を注文
- 列に並びたくない
- オンラインでチケットを購入
- 月いちで映画鑑賞

Same Customer, Different Contexts

同じ顧客でも状況はさまざま

顧客の置かれた状況次第で、何が重要かが変わります。価値提案を考える前にそうした背景を思い浮かべることがとても重要です。

どんな仕事に対応すべきかを考えることで、異なる顧客セグメントの動機を発見することはできます。ですが、顧客の置かれた状況によって、仕事の重要度が上がる場合もあれば下がる場合もあるでしょう。
実際、その人の置かれた状況によって、達成しようとする仕事は変わります。
例えば、同じレストランでも、ランチとディナーでは評価の基準が全く異なるでしょう。同じように、携帯電話を使う時、車の中と会議中の自宅では、使い方が違います。ですから、価値提案の特徴はどの状況に注目するかによって違ってくるのです。

映画館の場合、顧客の置かれた状況が、「仕事」の重要性を左右します。

必要ならば、顧客プロフィールに状況要素を加えましょう。それがバリュー・プロポジション・デザインの制約になるかもしれません。

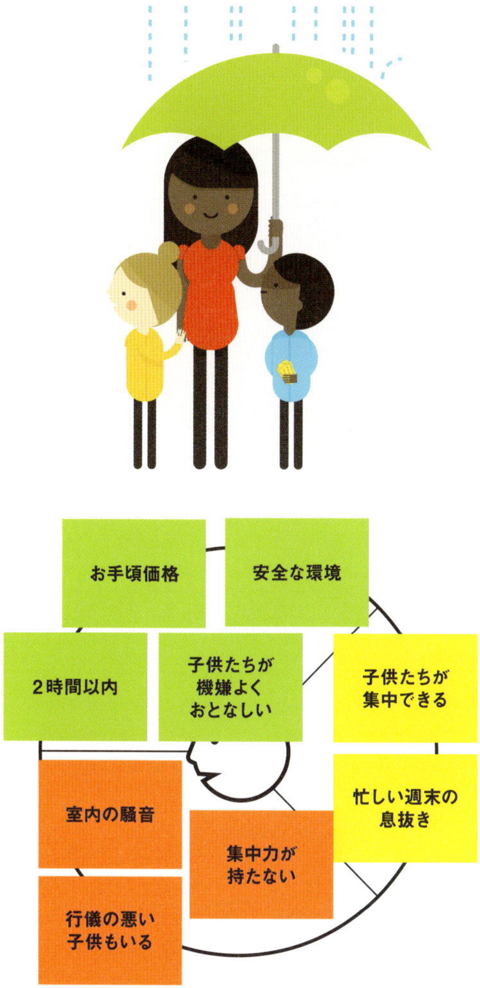

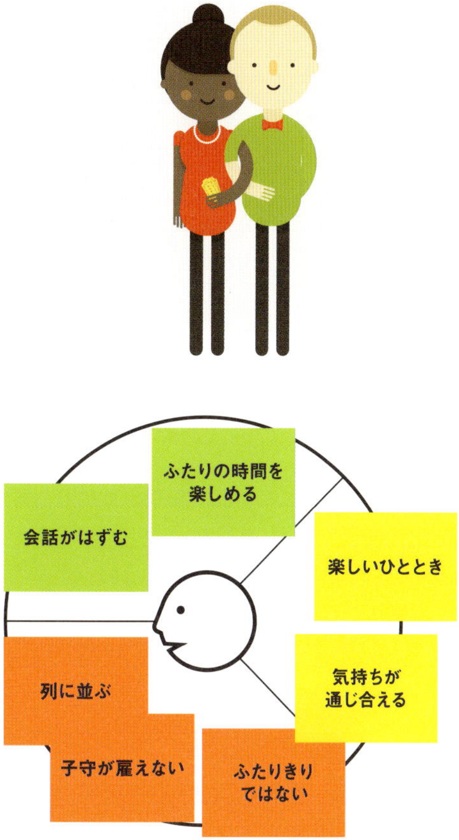

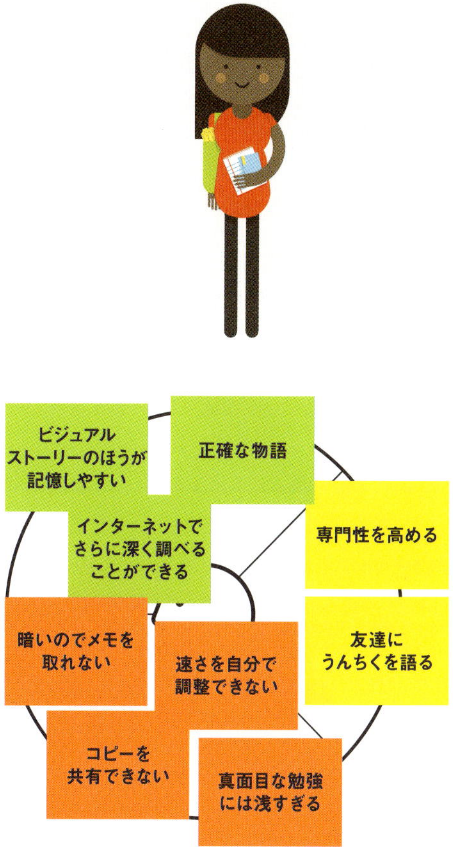

子供たちと一緒の午後

いつ？　水曜の午後

どこで？　家の外

誰と？　子供とその友達

制約　放課後と夕食の間の時間帯

デートの夜

いつ？　土曜の夜

どこで？　家の外

誰と？　パートナー

制約　子供の世話をしてくれる人が必要
（子供がいる場合）

私的なリサーチ

いつ？　いつでも

どこで？　家の外

誰と？　ひとり

制約　メモを取る必要がある

Same Customer, Different Solutions

同じ顧客でも状況はさまざま

競争の激しい今日の世界では、さまざまな価値提案が同じ顧客の関心を惹きつけようと競い合っています。

全く異なる価値提案が、同じような顧客の仕事、ペイン、ゲインに対応しようとしています。例えば、映画館チェーンは他の映画館と顧客の関心を競い合うだけでなく、ありとあらゆる選択肢と競い合っています。顧客にとってはレンタル DVD、外食、スパなどだけでなく、3D 眼鏡でオンラインの美術展を鑑賞することも選択肢のひとつなのです。

顧客にとって何が本当に重要かを理解することに努めましょう。あなたの価値提案を超えて、顧客の仕事、ペイン、ゲインを調べ、それに直接対応するような、これまでにない斬新な価値提案や大幅な改善を考えましょう。

あなたのソリューションを超えて、顧客を理解しましょう。顧客にとって最も重要な仕事、ペイン、ゲインを掘り起こし、価値提案を改善するか、新しい価値提案を創り出しましょう。

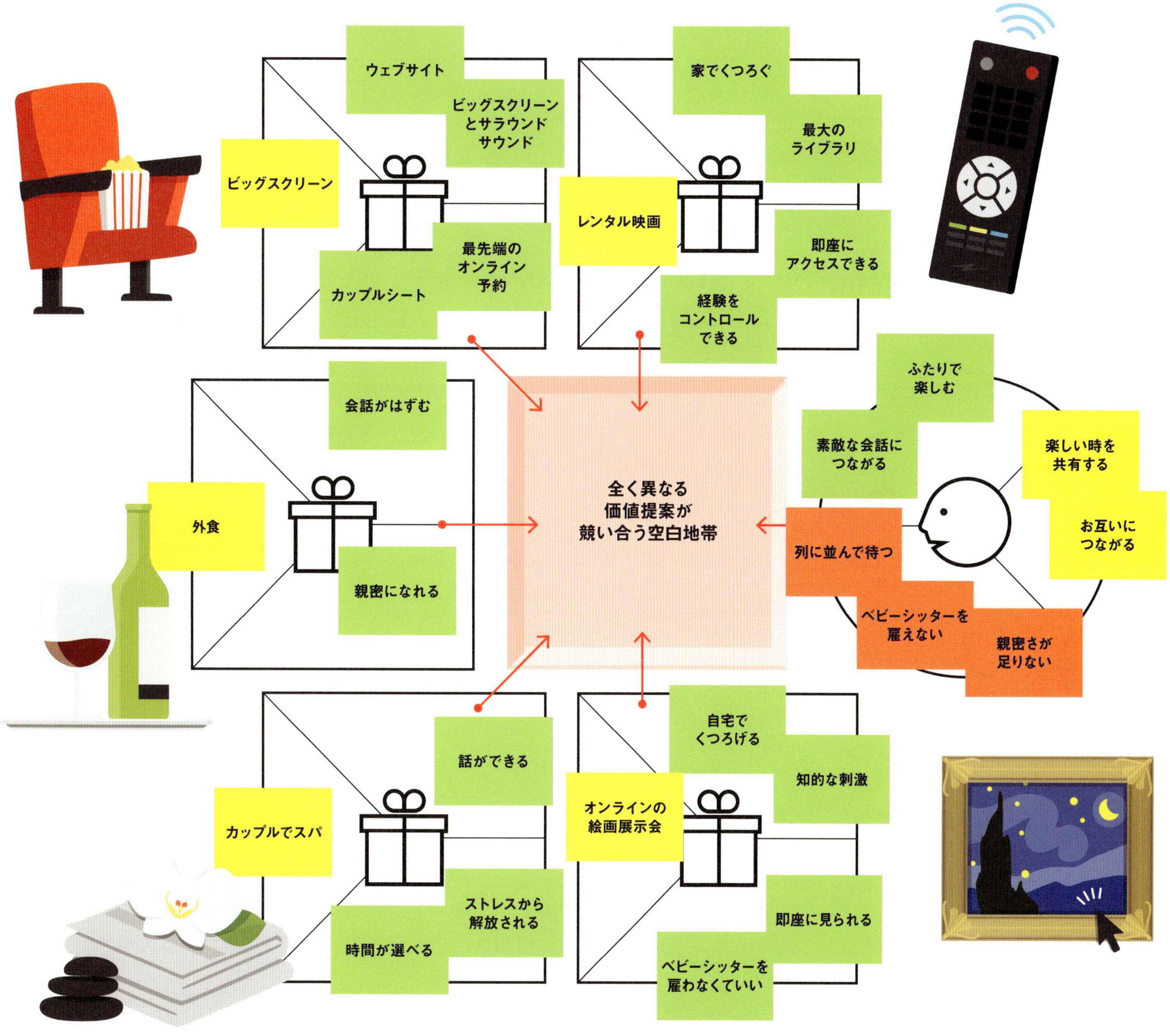
ウェブサイト
ビッグスクリーンとサラウンドサウンド
ビッグスクリーン
最先端のオンライン予約
カップルシート
家でくつろぐ
最大のライブラリ
レンタル映画
即座にアクセスできる
経験をコントロールできる
会話がはずむ
外食
親密になれる
全く異なる価値提案が競い合う空白地帯
ふたりで楽しむ
素敵な会話につながる
楽しい時を共有する
お互いにつながる
列に並んで待つ
ベビーシッターを雇えない
親密さが足りない
話ができる
カップルでスパ
ストレスから解放される
時間が選べる
自宅でくつろげる
知的な刺激
オンラインの絵画展示会
即座に見られる
ベビーシッターを雇わなくていい

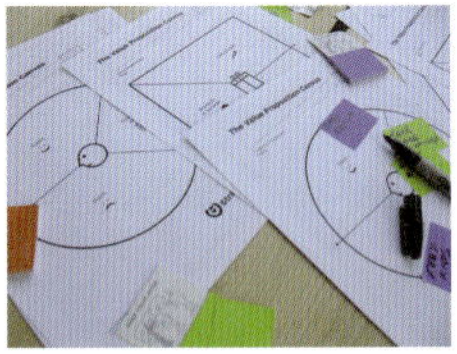

Lessons Learned 学んだこと

顧客プロフィール

顧客プロフィールを使って、顧客にとって重要なことをビジュアル化しましょう。顧客の仕事、ペイン、ゲインを具体的に書き出しましょう。顧客についての共通の理解が生まれるような、実践的な1ページのプロフィールを作って、社内に伝えましょう。それを「スコアボード」として使い、実際に顧客と話す時に、その仕事、ペイン、ゲインが存在しているかをチェックしましょう。

バリューマップ

バリューマップを使って、あなたの製品とサービスがどのように顧客のペインとゲインを解決するかをはっきりと描きましょう。価値創造の方法ついて共通の理解を得るために、1ページのマップを使って社内に伝えましょう。それを「スコアボード」として使い、あなたの製品とサービスが実際に顧客のペインとゲインに対応しているかを確かめましょう。

フィット（合致）

問題と解決のフィット：あなたの価値提案が解決する仕事、ペイン、ゲインが、顧客にとって重要だと証明されること

製品と市場のフィット：顧客があなたの価値提案を欲しがっていると証明されること

ビジネスモデルのフィット：あなたの価値提案を組み入れたビジネスモデルが規模拡大と利益実現が可能だと証明されること

バリュー・プロポジションキャンバス

バリュー・プロポジション（価値提案）

顧客セグメント

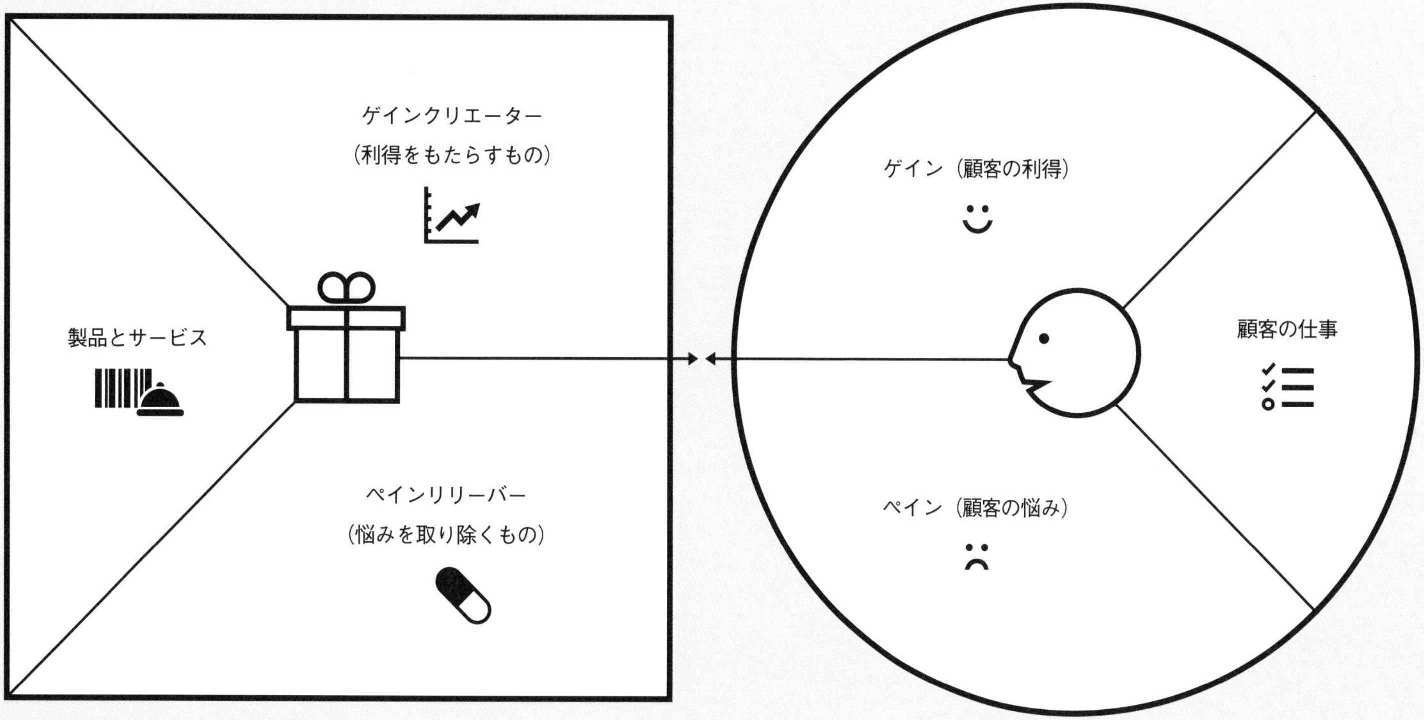

Strategyzer
strategyzer.com

バリュー・プロポジションキャンバスのPDFをダウンロードしましょう

Design, Test, Repeat

デザイン　検証　繰り返し

顧客の仕事、ペイン、ゲインに対応する価値提案探しは、プロトタイプのデザインとその検証を継続的に繰り返すプロセスです。これは順序立ったものではなく、反復のプロセスと言えます。できるだけ迅速にアイデアを検証し、そこから学び、改善し、ふたたび検証を繰り返すことがバリュー・プロポジション・デザインの目標です。

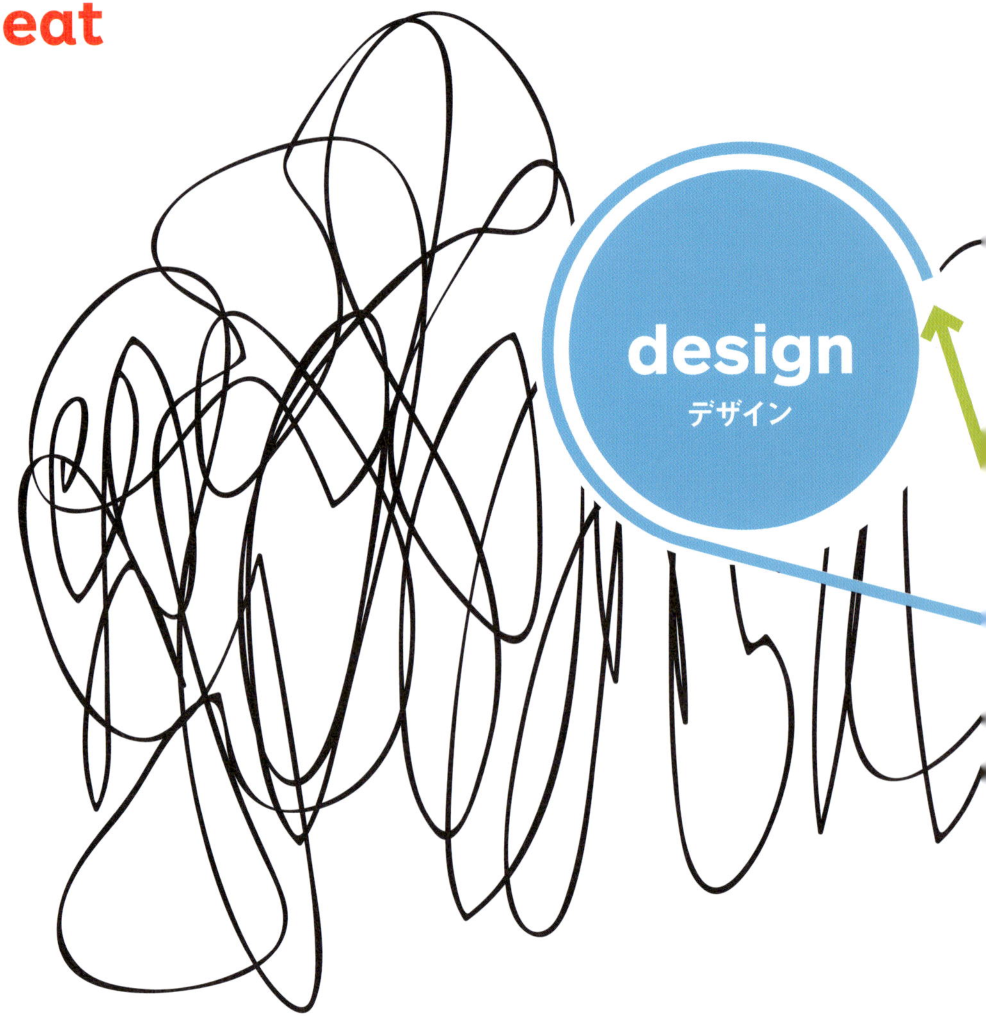

test
検証

des

ign

デザイン

2

出発点 p. 86 をもとにして、簡単なプロトタイプ p. 74 を作り、バリュー・プロポジション・デザインの第一歩を踏み出しましょう。顧客を理解して p. 104 バリュー・プロポジション（価値提案）を形作り、その中からさらに開発を続けるものを選び p. 120 、適切なビジネスモデル p. 142を見つけましょう。既存企業にいる場合は、「確立された組織でデザインする」 p. 158を参考にしましょう。

FROM TESTING
STARTING POINTS
OBSERVATION
Learning Card
Strategyzer

Acme
OTOTYPING
ASSESSMENT
TO TESTING
7 QUESTIONS
FINANCE
BUSINESS MODEL
FAILED

Shaping Your Ideas

アイデアを形にする

デザインとは、アイデアをバリュー・プロポジション（価値提案）のプロトタイプに変えることです。それは、プロトタイプ制作、顧客調査、アイデア形成の継続的な循環とも言えます。そのサイクルはプロトタイプ作りから始めることもあれば、顧客の発見から始めることもあります。このデザイン活動が、次の章 (p. 172) **で詳しく説明するテスト活動につながります。**

アイデア、出発点とインサイト（洞察）

➔ p. 86

新しい価値提案やよりよい価値提案の出発点は、どこからでもかまいません。顧客インサイト (p. 116) からでもいいですし、プロトタイプを作るところからでも、その他のソース (p. 88) でもいいでしょう。初期のアイデアにこだわりすぎてはいけません。プロトタイプ制作 p. 76 と顧客調査 (p. 104) とテスト (p. 172) を繰り返すうちに、かならずアイデアは大幅に変わっていくからです。

プロトタイプを作る

➔ p. 74

手早く、安上がりに、粗いプロトタイプを作ってアイデアを形にしましょう。ナプキンにスケッチしたり (p. 80)、即興で何かを作ったり、バリュー・プロポジションキャンバスを作ったりして、アイデアを目に見えるものにしましょう。すぐに捨てられるような手軽なもので可能性を探り、顧客による厳格なテストに耐えうるような最良のアイデアを見つけましょう (p. 240)。

顧客を理解する

➔ p. 104

初期の顧客調査の結果をアイデアとプロトタイプに取り入れましょう。手に入るデータをじっくりと掘り起こし (p. 108)、顧客と話し (p. 110)、顧客の世界に没頭しましょう。(p. 114) あなたの価値提案をあまり早い段階で顧客に見せてはいけません。早期に調査を行ない、顧客の仕事とペインとゲインを理解しましょう。顧客にとって本当に重要なことを掘り起こし、厳格なテストに耐えられるような価値提案を試作しましょう (p. 172)。

プロトタイプを作る
アイデアと出発点
顧客を理解する

10 Characteristics of Great Value Propositions

優れたバリュー・プロポジションの 10 カ条

デザインに移る前に少し立ち止まり、優れた価値提案の特徴を考えてみましょう。
まずは、私たちの考える 10 カ条からです。皆さんもご自身で付け加えて見てください。
優れた価値提案は……

「優れた価値提案の10カ条」をダウンロードしましょう

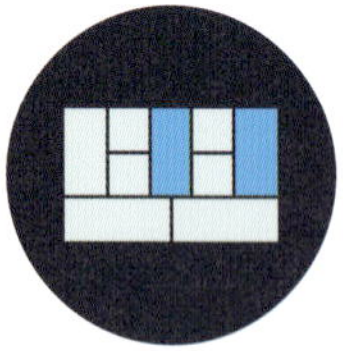

1

優れたビジネスモデルに組み入れられている。

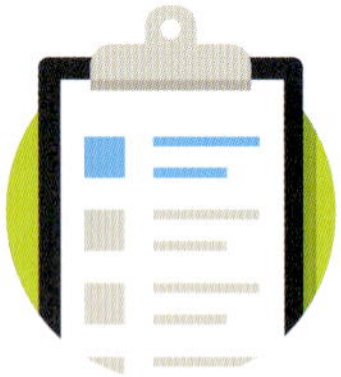

2

顧客にとって重要な仕事、ペイン、ゲインに目を向けている。

3

まだ達成されていない仕事、解決されていない悩み、実現されていない利得に注目している。

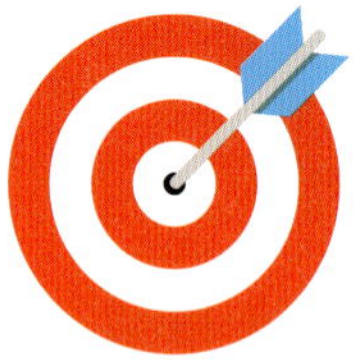

4

少数の仕事、ペイン、ゲインにうまく的を絞っている。

5

機能的な仕事だけでなく、感情的な仕事や社会的な仕事にも対応している。

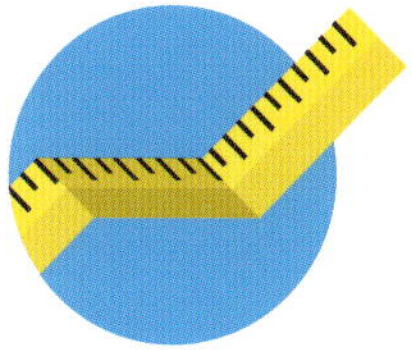

6

顧客の成功の基準と一致している。

7

その仕事、ペイン、ゲインを解決したい人が多いか、その価値提案に高額の代金を支払う人がいる。

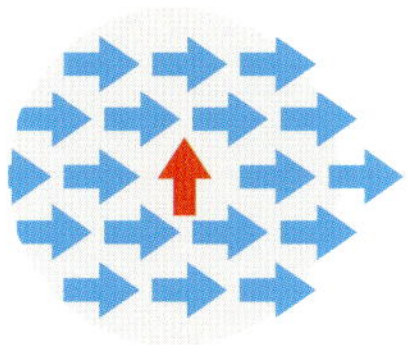

8

顧客にとって重要な仕事、ペイン、ゲインの点で、ライバル会社と差別化できている。

9

少なくともひとつの面でライバル会社を大きく引き離している。

10

模倣が難しい。

2.1

Prototyping Possibilities

プロトタイピング

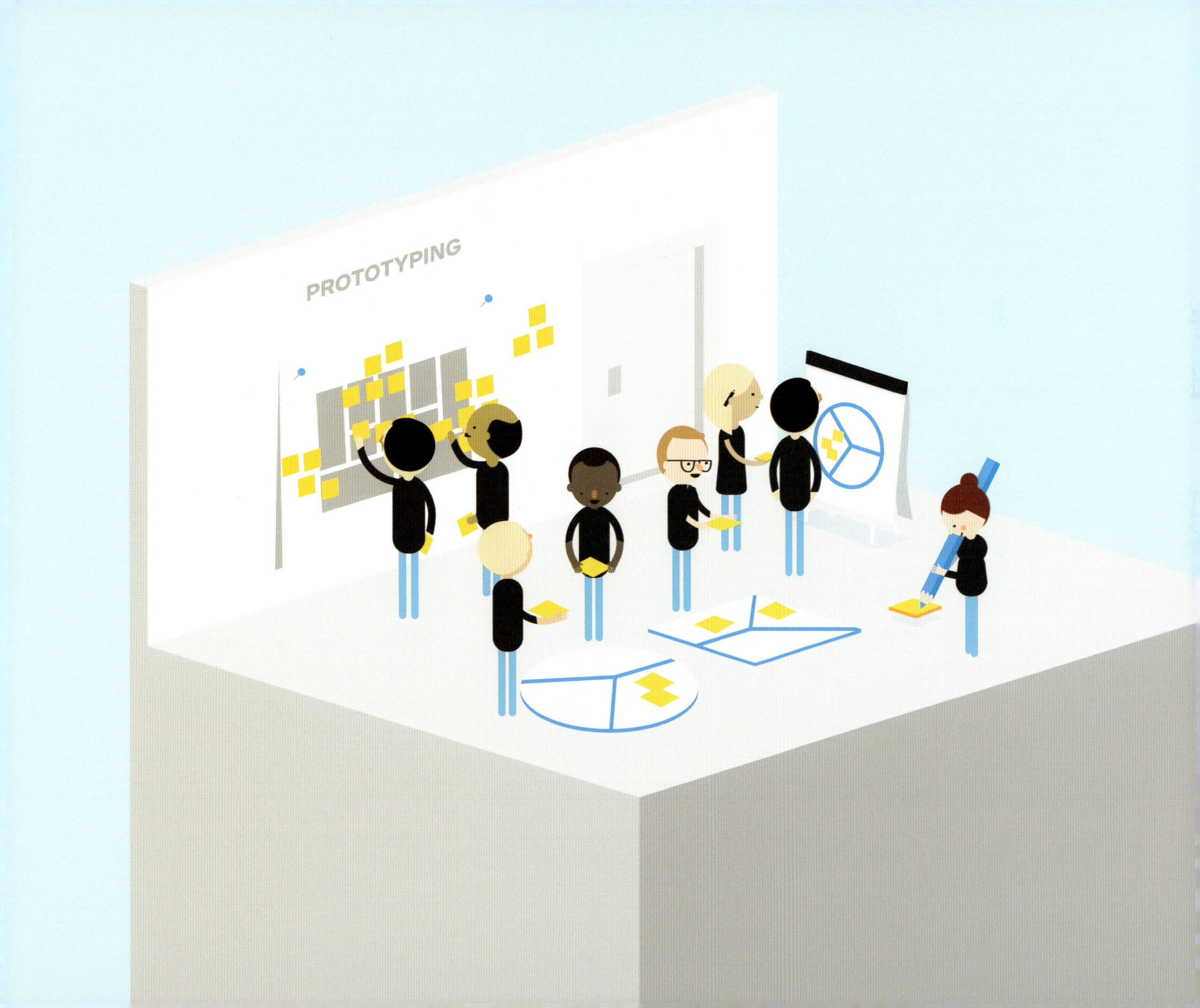
PROTOTYPING

What's Prototyping?

プロトタイピングとは？

手早く粗い実験的模型を作ることで、選択肢を探り、バリュー・プロポジション（価値提案）を形にし、最も有望なチャンスを見つけ出しましょう。ものづくりの世界では、プロトタイピングはお馴染みの手法です。価値提案にもこの手法をあてはめ、実物の製品とサービスを検証し構築する前の段階で、素早く選択肢を探りましょう。

定義

プロトタイピング

手早く、お金をかけずに、粗い実験模型を作り、さまざまな価値提案とビジネスモデルの人気、実現可能性、実用性を探ること。

私たちの ＿＿＿ は、＿＿＿ と ＿＿＿ によって、＿＿＿ をしたい ＿＿＿ を助けます。（＿＿＿ とは違います）。

右のテクニックを使って、特定のアイデアを完成に近づける前に、同じアイデアから全く異なる方向性を手早く探ってみましょう。

ナプキンスケッチ（走り書き）

p. 80

ナプキンに描くように、アイデアをさっと走り書きしてみましょう。ひとつのアイデアからさまざまな方向性をそれぞれ1枚ずつ描いてみましょう。

アドリブ

p. 82

例文の空欄を埋めることで、異なる選択肢がどう価値を生み出すかを具体的に示しましょう。

アドバイス

- 5分から15分くらいで簡単にプロトタイプを描いてみましょう
- タイマーを見てかならず時間内に収めましょう
- 選択肢の中のどれをプロトタイプにするかについての話し合いにあまり時間をかけてはいけません。時間をかけずにいくつか作って比べましょう
- プロトタイプは探索のツールだということを常に念頭におきましょう。いずれにしろ、後で大幅に変更されるプロトタイプの詳細に長い時間を使う必要はありません

バリュー・プロポジションキャンバス

➔ p. 84

バリュー・プロポジションキャンバスを使って、さまざまな方向性を肉付けしましょう。それぞれの選択肢が解決する仕事、ペイン、ゲインを理解しましょう。

価値提案の具体例

➔ p. 234

価値提案を目に見える形にして、顧客やパートナーに理解してもらいましょう。

MVP（実用最小限の製品）

➔ p. 222

価値提案を形にして、顧客やパートナーに試してもらうために実用最小限の機能を作ってみましょう

テストについては3章に詳しく記載しています (p. 172)

10 Prototyping Principles

プロトタイピングの 10 カ条

プロトタイピングの力を充分に活用しましょう。ひとつの方向性だけに時間と労力を使いたくなるものですが、その誘惑に負けてはいけません。この 10 カ条を思い出しながら、同じ時間と労力で複数の方向性を探りましょう。そのほうが多くを学べますし、より優れた価値提案を発見できるでしょう。

「プロトタイピングの10カ条」を参照

1

具体的に目に見える形にする

目に見え、形のあるプロトタイプは対話と学習を促します。「ああでもない、こうでもない」という議論に戻ってはいけません。

2

新鮮な目を持つ

不可能だと思われるものを試作してみましょう。新鮮な気持ちで選択肢を探りましょう。既存の知識に捉われてはいけません。

3

最初のアイデアにひと目ぼれしない。他の選択肢も考える

拙速にひとつアイデアを詰めようとすると、他の選択肢を考えたり深堀りしたりできなくなります。ひと目ぼれはいけません。

4

流動的な状況を受け入れる

プロセスの初期には、正しい方向性はわからないものです。パニックにならず、物事を早い段階で固定しないようにしましょう。

5

最初は確信を持たず、繰り返し元に戻り、アイデアを磨く

プロトタイプをきちんと作り込みすぎると、なかなかそれを捨てられなくなってしまいます。大まかに、手早く、お金をかけずに作りましょう。何がうまくいくか、いかないかがわかった時点で、プロトタイプを洗練させましょう。

6

早めに作品を披露する—批評を求める

プロトタイプを作り込む前に、早めにフィードバックをもらいましょう。否定的なフィードバックであっても、個人攻撃と受け止めてはいけません。批判は改善の母です。

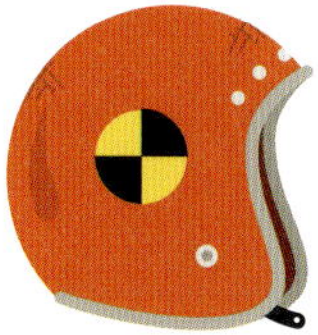

7

初期に、頻繁に、お金をかけずに失敗することで、素早く学習する

失敗の恐れは模索の足を引っ張ります。大まかで素早いプロトタイピングを通して、お金をかけずに失敗し、素早く学ぶことで、恐れに打ち勝ちましょう。

8

創意工夫する

創意工夫して画期的なプロトタイプを作りましょう。社内や業界内の慣習を打ち破る努力をしましょう。

9

「シュレック模型」を作る

シュレック模型とは、普通では作らないような、極端だったり、とんでもなかったりするプロトタイプです。それを使って議論と学習を刺激しましょう。

10

学習、洞察、進捗を記録する

すべてのプロトタイプ、学習、インサイトを記録しましょう。後になって、初期のアイデアや洞察が必要になるかもしれません。

Make Ideas Visible with Napkin Sketches

ナプキンスケッチでアイデアを目に見える形にする

目的
価値提案を
素早くビジュアル化する

結果
ナプキンにさまざまな
プロトタイプを描く

ナプキンスケッチは、価値提案またはビジネスモデルを大ざっぱに描いて、アイデアの核心部分を表すもので、それがどう機能するかを描くものではありません。ナプキンの裏に走り書きする程度の大まかなスケッチを使って、プロトタイピングの初期に選択肢を探り、議論しましょう。

ナプキンスケッチとは？　ナプキンスケッチとは、お金をかけずにアイデアを形にして人に見せる方法です。どう機能するかといった細かい点には触れず、実行面の課題に囚われる必要もありません。

なんのために使う？　バリュー・プロポジション・デザインの早い段階で素早くアイデアを共有し評価するために使います。わざと大まかに描くことで、ためらいなくそれを捨てて他のアイデアに移れるようにします。また顧客から初期のフィードバックを得るためにも使います。

注意点　ナプキンスケッチは予備的なツールだということをみんなに理解してもらいましょう。その後のプロセスでアイデアは大幅に変わるでしょう。

The best napkin sketches...

最高のナプキンスケッチは……

アイデアの核心部、または方向性だけを描いたものです（後にそれらのアイデアをひとつにまとめることもできます）。

アイデアの全体像を見せるもので、それがどう機能するかを見せるものではありません（プロセスもビジネスモデルもまだありません）。

ひと目みてわかるようなシンプルなものです（詳細はプロトタイプを洗練させる段階で描きます）。

10秒から30秒で説明できるものです。

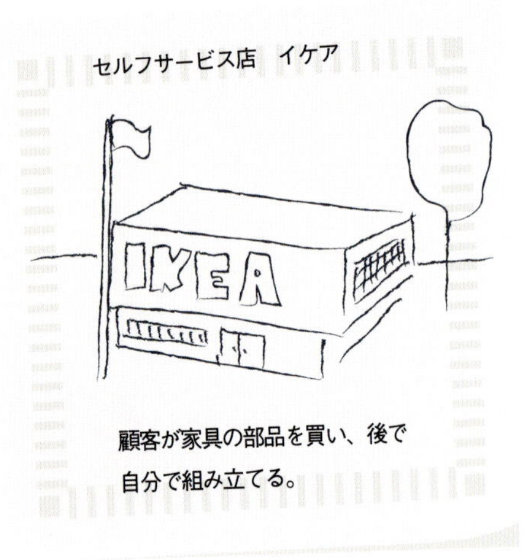
セルフサービス店　イケア
IKEA
顧客が家具の部品を買い、後で
自分で組み立てる。

プライベート・バンク
BANK
お客様全員にパーソナルアドバイザーがつき、
それぞれに合った助言とサービスを提供する。

1

ブレインストーミング（15-20分）

きっかけとなる質問（P15、17、31、33）や、「もしかしたら？」という質問を投げるなど、異なるテクニックを使って面白い価値提案の方向性を出来る限りたくさん挙げましょう。この段階ではどれを選ぶかを心配する必要はありません。質より量です。アイデアはかならず変化するからです。

3

プレゼン（30秒）

チームからひとりがステージに上り、スケッチを売り込みます。30秒を超えないように、アイデアの概要を説明しましょう。各グループが多様なアイデアを出すようにしましょう。同じようなアイデアばかりなら、もう一度ナプキンスケッチに戻ります。

5

投票

参加者それぞれが10枚のシールを持ち、好きなアイデアに投票します。すべてのシールをひとつのアイデアに投票してもいいですし、いくつかのスケッチに分けてもかまいません。ここで意思決定をするわけではありません。どのアイデアに人気が集まるかを見るためです。

2

描く（12-15分）

いくつかのグループに分かれて、それぞれ3つの価値提案のアイデアを出しましょう。フリップチャートにナプキンスケッチを描きます。2つか3つのスケッチを描くことで方向性が分散し、堂々巡りの議論を避けることにもつながります。

4

展示

すべてのナプキンスケッチを展覧会のように壁に展示します。さまざまな方向性がここで示されているはずです。

6

プロトタイプ

それぞれのグループが、三つの中で一番人気のあったスケッチについてバリュー・プロポジションキャンバスを作ります。全グループで最も人気のあったナプキンスケッチをもう一度配ってもいいでしょう。

Create Possibilities Quickly with Ad-Libs

即興で手軽に方向性を書き出す

目的
潜在的な価値提案の方向性を素早く描き出す

結果
「宣伝文句」の形でプロトタイプを作る

アドリブは、手軽に価値提案の方向性を書き出す手法です。この手法では、価値をどう生み出すかを具体的に記述しなければなりません。次の文章の空欄を埋め、3つから5つの方向性を描いてみましょう。

テンプレートをダウンロードしましょう

Our __________ help(s) __________ who

products and services / *customer segment*

want to __________ by __________ and

jobs to be done / *your own verb (e.g., reducing, avoiding)*

__________ . (

your own verb (e.g., increasing, enabling)

Tip
Add at the beginning or end of sentence:

unlike __________)

competing value proposition

私たちの（製品とサービス）は、（〜〜すること）と（〜〜すること）によって（成すべき仕事）をしたい（顧客セグメント）を助けます。

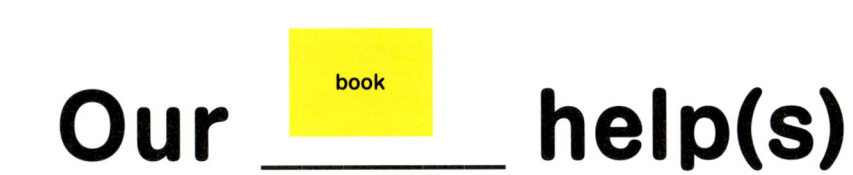

Our book ______ help(s) business professionals ______ who

want to improve or build a business ______ by avoiding making stuff nobody wants ______ and

creating clear indicators to measure progress ______.

私たちの（本）は（誰も欲しがらないものを避け）（進捗を測る明確な指標を作ること）によって、
（事業を改善したり、事業を立ち上げ）たい（ビジネスマン）を助けます。

Flesh out Ideas with Value Proposition Canvases

バリュー・プロポジションキャンバスを肉付けする

目的

異なるアイデアがどのように顧客価値を生み出すかを明確に描き出す

結果

バリュー・プロポジションキャンバスの形式で複数のプロトタイプを作る

ナプキンスケッチやアドリブの文章と同じように、バリュー・プロポジションキャンバスを使って手軽にアイデアを描き出しましょう。最終的なアイデアを詰めるのではなく、正しい方向性を見つけるための模索ツールとしてこれを使いましょう。

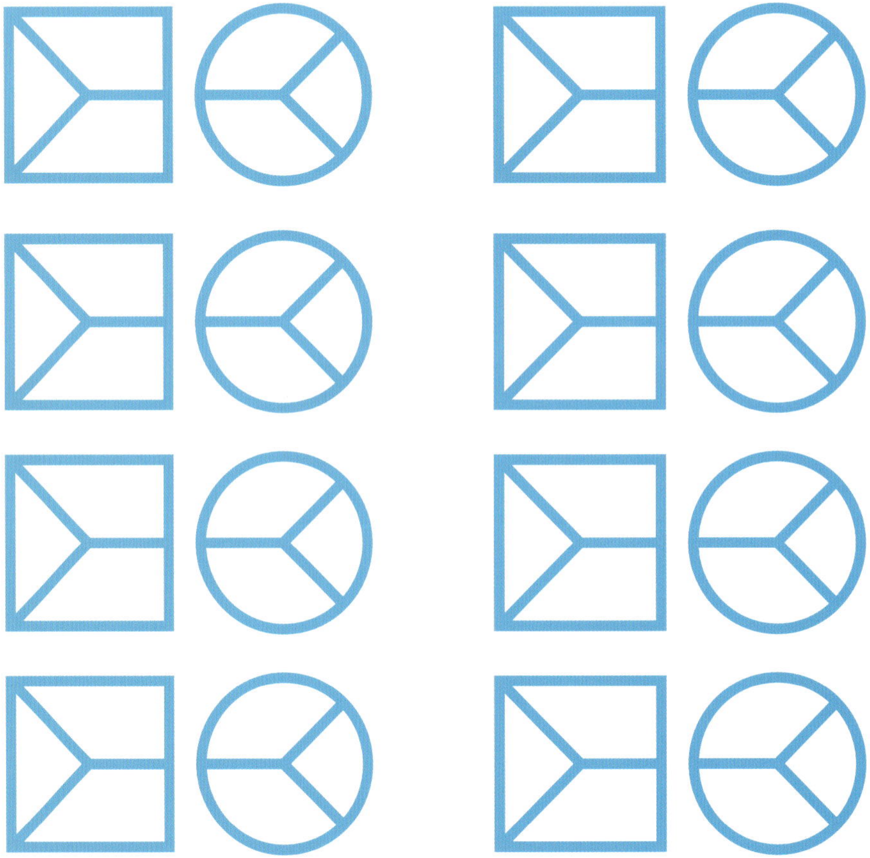

実現可能性は低いと思っても、恐れずに大胆な方向性を試作しましょう。
模索し、学びましょう。

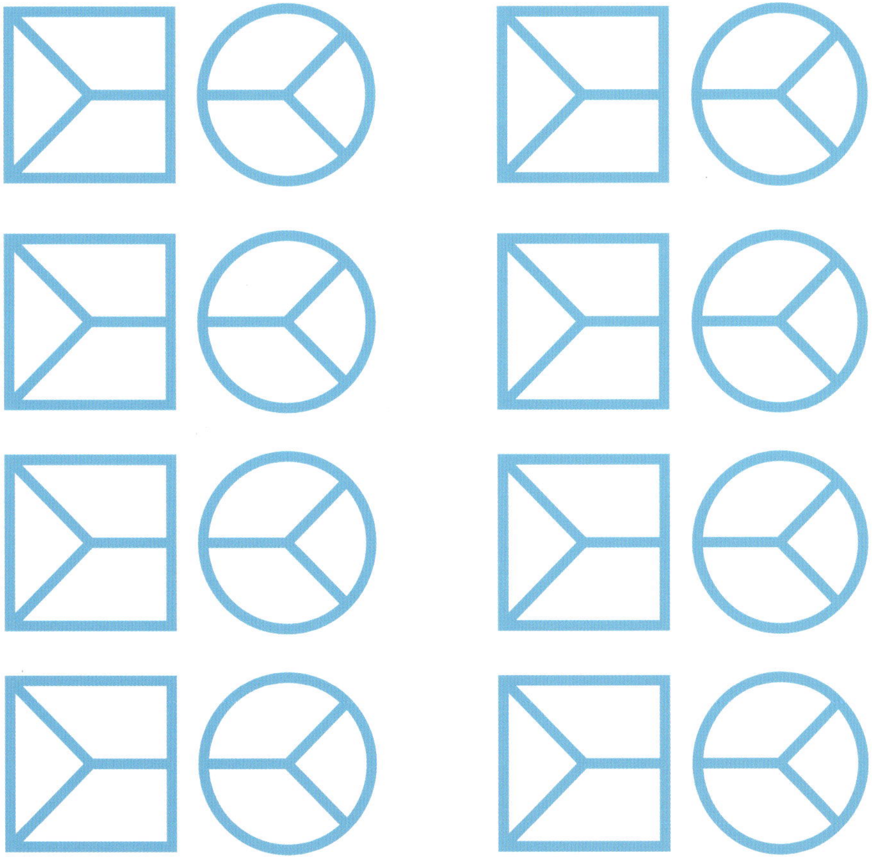

タイマーを使って、ひとつのアイデアにかける時間を制限しましょう。初期のアイデアにかける時間は短時間でかまいません。

2.2

Starting Points

出発点

STARTING POINTS
Learning Card
Strategyzer
We believe that
We observed
From that we learned that
Therefore we will

Where to Start

どこから始めるか

一般的な通念とは違い、優れたバリュー・プロポジション（価値提案）が顧客から始めるとは限りません。ですが、その終わりはかならず、顧客にとって重要な仕事、ペイン、ゲインに行き着かなければなりません。

この見開きには、新しい価値提案やよりよい価値提案の出発点となりそうな16の行動を挙げています。

「イノベーションの出発点」をダウンロードしましょう

Could you...

できますか？

Zoom out

ズームアウト

- 他の業種や産業の先駆的なモデルを真似たり「輸入」したりする
- 新たな技術トレンドから価値を生み出したり、新しい規制を逆手に取る
- ライバル会社が模倣できないような新しい価値提案を考え出す
- これまでにないパートナーシップに基づく価値提案を編み出す
- 特許、インフラ、スキル、顧客ベースなど、既存の活動や経営資源の上に事業を築く
- コスト構造を劇的に変え、価格を大幅に下げる
- 特定の顧客層を狙った新しいゲインクリエーターを作り出す
- 新製品やサービスを想像する
- 特定の顧客層を狙った新しいペインリリーバーを作り出す

ズームイン

Zoom in

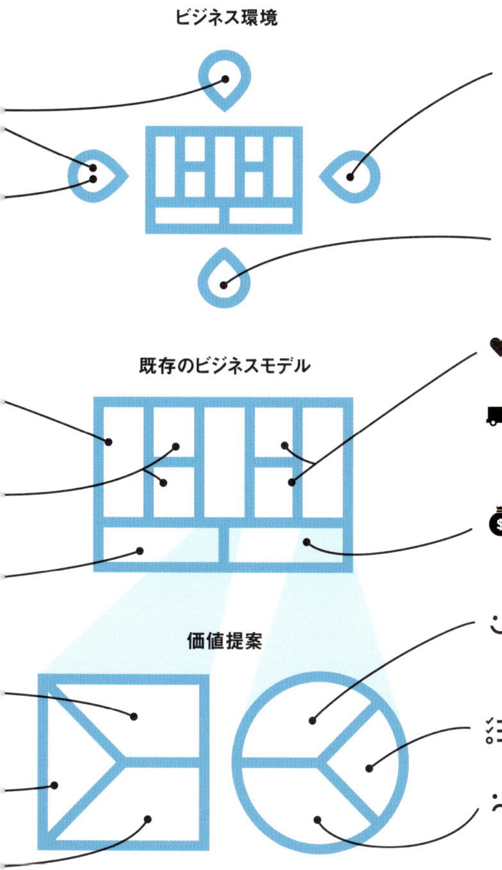

新興市場で拡大している中流層など、新たなセグメントや、ニーズの満たされていないセグメント向けに価値提案する

西欧諸国での医療コストの増大といったマクロ経済環境に対応する価値提案をデザインする

既存の顧客関係を利用する

既存のチャネルを利用して顧客に新しい価値提案を届ける

主要製品を無料配布する、または価格を何倍も引き上げる

顧客が最も必要とするゲインに注目する

未達成の仕事を発見する

最も深刻な未解決のペインを解決する

Spark Ideas with Design Constraints

デザインの制約を利用してアイデアを刺激する

デザインの制約を使って、画期的な価値提案を考え、それを優れたビジネスモデルに組み入れましょう。ここでは、読者の皆さんの価値提案とビジネスモデルに応用できる5つの制約を紹介しています。

目的
あえて既成概念の殻を破って考える

結果
「よくある」価値提案やビジネスモデルとは違うアイデアを生み出す

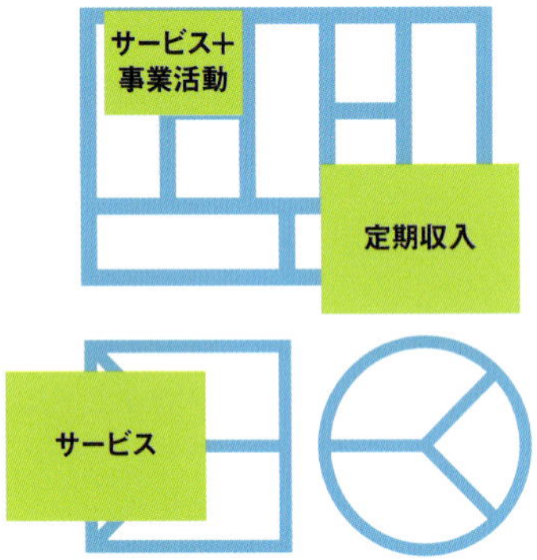

HILTI
ヒルティ

サービス化

制約：製品ベースの価値提案から、定期収入を生み出すサービスベースの価値提案に転換する

ヒルティは建設機械の販売から、機材の管理サービスモデルに転換した。

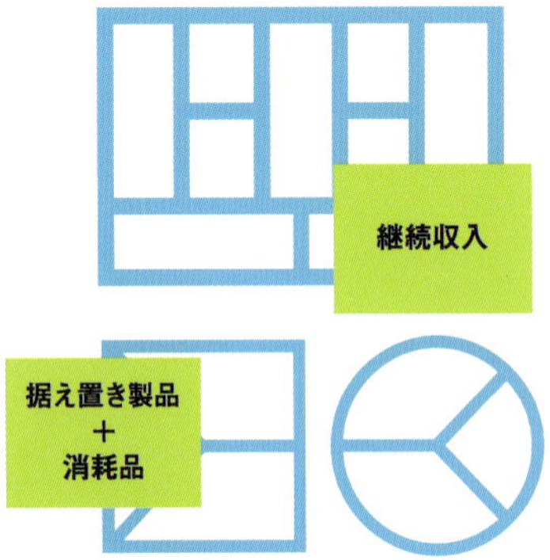

NESPRESSO
ネスプレッソ

「カミソリの刃」（消耗品）モデル

制約：ベースとなる据え置き製品と消耗品の組み合わせで、継続収入を生み出す

ネスプレッソは、エスプレッソの販売を売り切り型モデルからマシンに消耗品を納入する形の継続収入に変えた。

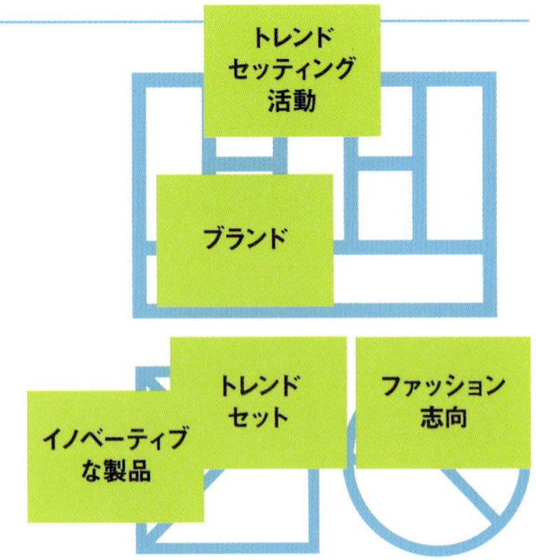

swatch
スウォッチ

トレンドセッター

制約：技術（革新）を流行のトレンドに変える

スウォッチは、部品の数を減らし革新的な製造技術を取り入れることでプラスチック製の時計を安価に製造し、それをグローバルなファッショントレンドに変えて世界を制した。

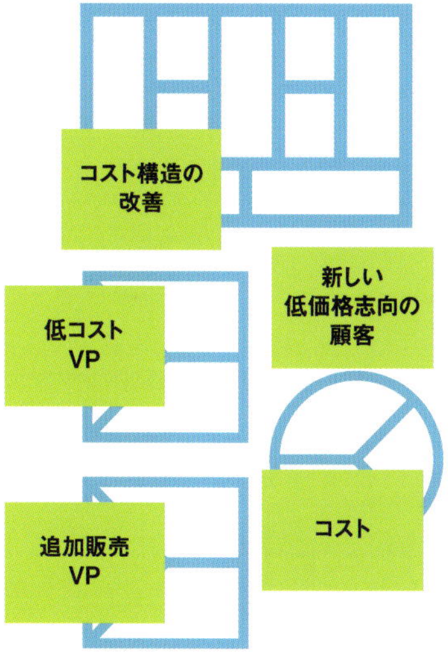

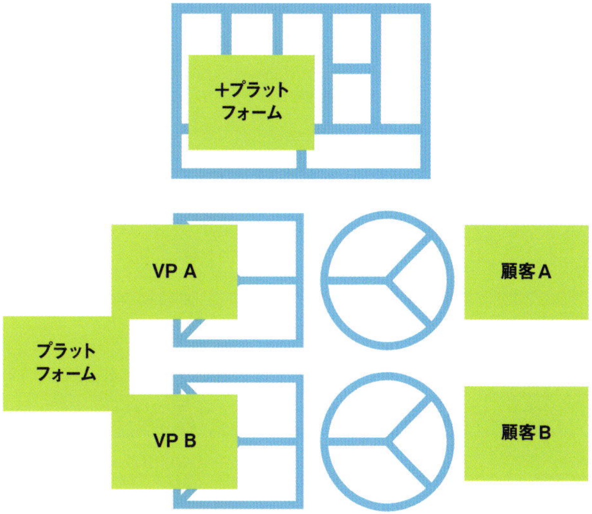

SOUTHWEST.COM

サウスウエスト航空

低コスト

制約：コアの価値提案を最も基本的なものに絞り込み、基本機能以外はオプションとして提供することで、未開拓だった低価格志向の顧客セグメントを狙う

サウスウエスト航空は、低価格でA地点からB地点まで乗客を運ぶことだけを目的とした最低限の価値提案を提供し、世界最大のLCCになった。新しいセグメントに空の旅への扉を開いたとも言える。

airbnb

Airbnb

プラットフォーム

制約：異なる価値提案を必要とする複数の参加者を結びつけてプラットフォームを作る

Airbnbは、自分の住まいを短期に貸したい人と旅行者を結んで世界中の個人宅を活用できるようにした

制約カードをダウンロードしましょう

アドバイス

- 可能であれば、異なるグループに異なる制約を与えましょう。そうすれば、いくつかの方向性を同時に探れます
- 例えば、無料の価値提案、利益率の低下などといった、あなたの事業分野に特有の制約を取り入れましょう

Invite Big Ideas to the Table with Books and Magazines

書籍や雑誌を参考にしてビッグアイデアを考える

目的
視野を広げ、新鮮なアイデアを募る

結果
関連するトピックからヒントを得て、最新のトレンドを組み入れたアイデアを生み出す

ベストセラー本や雑誌から新鮮なアイデアを取り入れ、大胆で画期的な価値提案とビジネスモデルを考えましょう。素早く効果的に、流行のトピックや最新トレンドを取り入れましょう。

世界の一流思想家をワークショップに招くように、書籍を持ち寄ってブレインストーミングを行ないましょう。書籍なら同時に何冊も持ち寄ることができます。

1

本を選ぶ

トレンドや重要トピック、またはビッグアイデアを代表するような書籍と雑誌を準備しましょう。参加者にそれぞれ本を持ち寄るように頼みましょう。

2

検索し、抽出する

参加者が本の中からアイデアを探し、一番優れたアイデアをポストイットに張り出します（45分）。

アドバイス

- 既成概念を打ち破るような、社会、技術、環境分野の本を選びましょう
- 複雑なビジネス理論や方法論は避けましょう
- YouTubeで著者のスピーチを見てみましょう
- アイデアをナプキンスケッチに描きましょう

3

共有し、議論する

4〜5人のグループでアイデアを話し合い、学んだことをボードに書き出します（20分）。

4

選択肢をブレインストーミングする

各グループが3つの新しい価値提案を出します（30分）。

5

プレゼン

他のグループの前でそれぞれの価値提案をプレゼンテーションします。

「ビッグアイデアが得られる書籍リスト」をダウンロードしましょう

Push vs. Pull

プッシュ 対 プル

「プッシュか、プルか」は、よく議論されるトピックです。プッシュとは、いまある技術やイノベーションから価値提案のデザインを考える手法で、プルとは、顧客の仕事、ペイン、ゲインを起点にする手法です。この2つの手法は出発点として一般的で、前章でも多くの出発点を紹介しています（p.88）。皆さんの好みと状況に合わせて、どちらも考えてみるといいでしょう。

Technology Push 技術を起点にしたプッシュ

顧客の仕事、ペイン、ゲインに対応する価値提案につながるような発明、イノベーション、または技術的なリソースから始めてみましょう。つまり、ソリューションから始めて、問題を探すのです。

あなたの潜在顧客が興味を持ちそうな発明、イノベーション、または技術的なリソースに基づいた価値提案のモデルを探しましょう。顧客セグメントに特化したバリューマップを作り、問題―解決のフィットを見つけましょう。構築、計測、学習のサイクル（P186）についてさらに学びましょう。

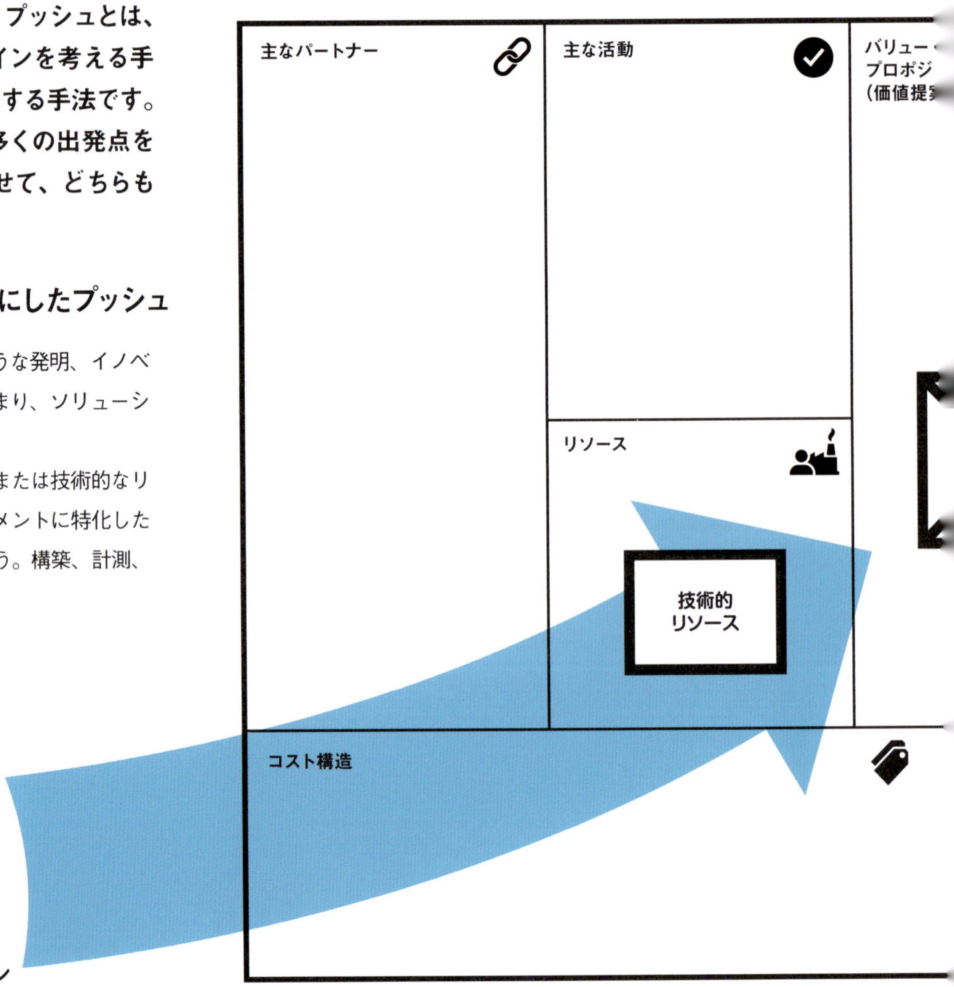

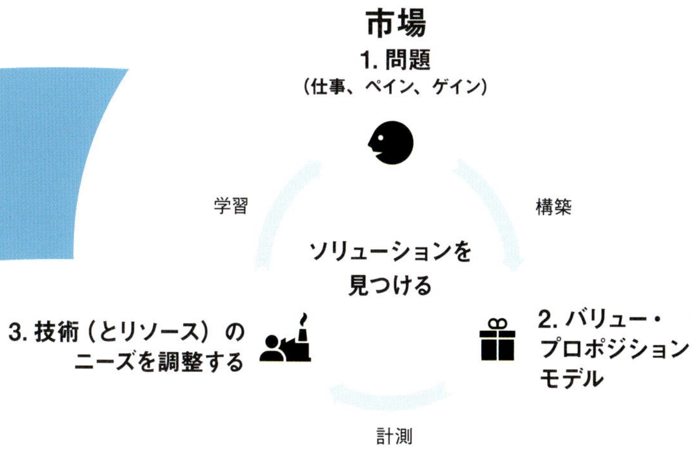

Market Pull 市場のプル

あなたの価値提案によって解決される顧客の仕事、ペイン、ゲインから始めましょう。つまり、問題から始めて、ソリューションを見つけるのです。それぞれの価値提案にどのような技術やリソースが必要かを学びましょう。現実的なソリューションを見つけるまで、バリューマップをデザインし直し、リソースを調整しましょう。構築、計測、学習のサイクルについてはP. 186に詳しく記しています。

Push: Technology in Search of Jobs, Pains, and Gains

プッシュ：技術から仕事、ペイン、ゲインを見つける

目的 リスクのないテクノロジー主導のアプローチを練習する

結果 スキルの向上

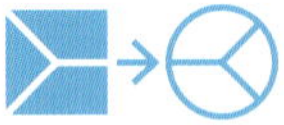

プッシュの練習は
ソリューションが起点になります

1 デザインする

スイス連邦工科大学ローザンヌ校（EPFL）のレポートを参考に、その技術に興味のありそうな顧客セグメントを狙った価値提案をデザインする。

「太陽光と風力は未来の有望な電力源である…しかし、電力需要のピークと供給のピークの時間帯がマッチしない。そこで、蓄電の技術が必要になる。

EPFLは10年あまりを費やして独自の蓄電システムを開発してきた。それが圧縮空気技術だ。水圧ピストンを使うことで最大の効率が実現される。圧縮空気によって無駄なくタンクの中にエネルギーが蓄積され、シリンダー内のガスが膨張して必要に応じて発電が可能になる。このシステムの利点は、レアメタルを使用しないことだ。この原理を利用した「ターンキー式」の蓄電放電ユニットが開発されている。2014年には25キロワットのパイロット版がジュラ（ベルン州）の太陽光発電公園に設置された。この設備は将来、250キロワットになり、その後は2500キロワットになる予定だ」

2 アイデアを出す

圧縮空気蓄電技術を使った価値提案を考えましょう。

?

3 顧客セグメントを見つける

この価値提案に対価を支払ってくれそうな顧客を見つけましょう。

?

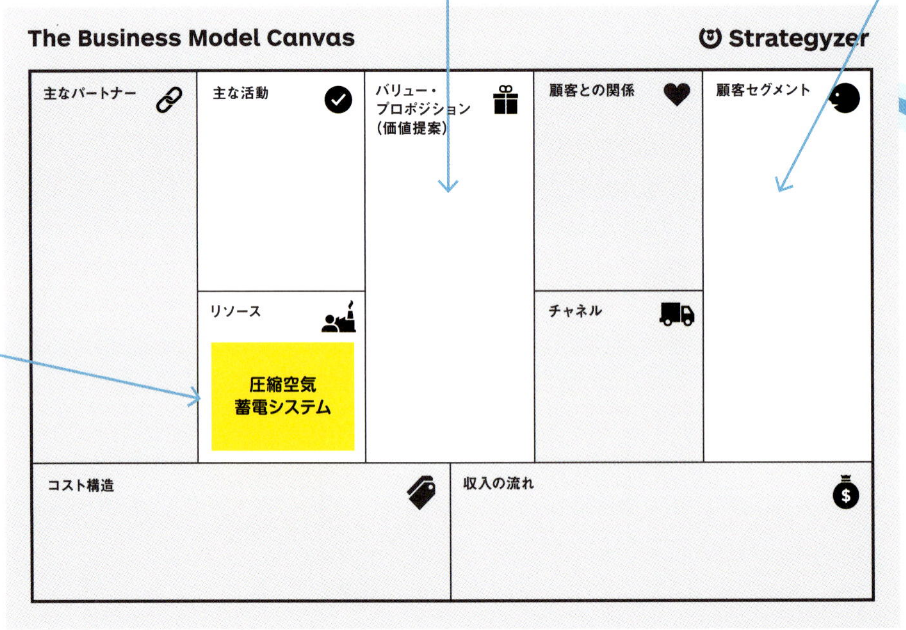

アドバイス

- 技術を基にしたプッシュ提案に制約を加えてみましょう。例えば、特定顧客を（B2B、B2C、特定地域など）を避けるなどです。あるいは、ソリューションを提供するのではなくライセンス供与するなど、特定の戦略的方向性を取ってもいいでしょう
- 興味を持ってくれそうな顧客セグメントを選んだら、顧客調査を行ない（P.104）エビデンスを得ることで（P.172）前提を確かめましょう

Zoom in《ズームイン》

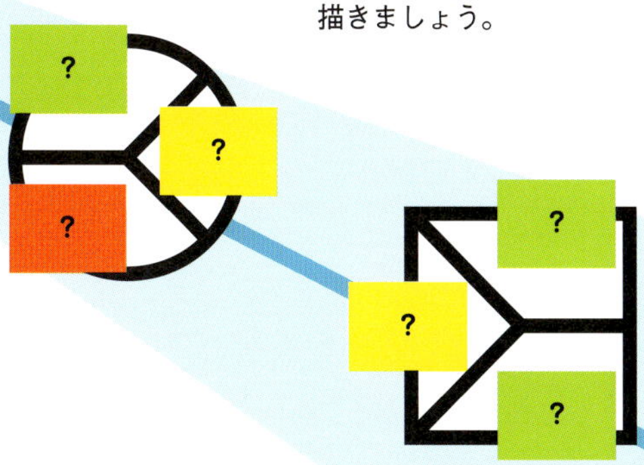

4

プロフィールを作る

顧客プロフィールを作りましょう。顧客の仕事、ペイン、ゲインについての前提を書き出しましょう。

5

スケッチを描く

価値提案がどのように顧客のペインを取り除き、ゲインを生み出すかを描きましょう。

6

評価する

顧客プロフィールと価値提案がフィットしているかを調べましょう。

p.152 に続く

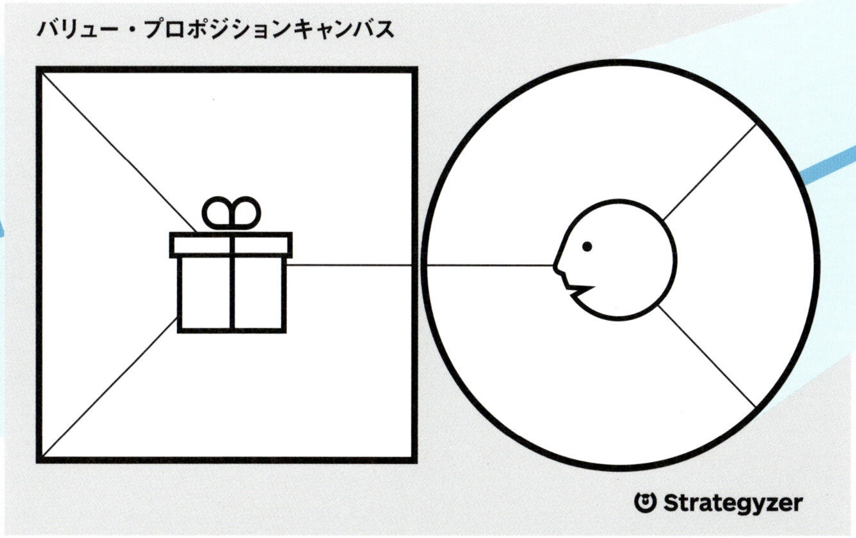

Pull: Identify High-Value Jobs

プル：顧客にとって価値の高い仕事を見つける

優れた価値提案クリエーターは、顧客の仕事、ペイン、ゲインを見つけ出す達人です。では、どの仕事、ペイン、ゲインに注目したらいいのでしょうか？　それが重要か、目に見えるものか、まだ満たされていないものか、お金になるかを自問し、価値の高い仕事を見つけましょう。

＋

＋

最も価値の高い仕事と
それに関連する
ペインやゲインに
注目しましょう

Important

重要であること

その仕事の成功と失敗が、必要不可欠な恩恵か、極めて深刻な悩みにつながること。

・その仕事の失敗は、極めて深刻な悩みをもたらしますか？

・その仕事に失敗したら、得るべき恩恵を失うことになりますか？

Tangible

目に見えること

仕事に関わるペインとゲインが、数日や数週間後ではなく、即座に感じられる、あるいは認識できること。

・悩みを感じますか？

・恩恵が目に見えますか？

+

=

Unsatisfied

満たされていないこと

現在の価値提案では悩みを和らげることができないか、望む利得を満足に得られない場合、あるいは全く利得がない場合。

・未解決の悩みがありますか？
・未実現の恩恵がありますか？

Lucrative

お金になること

その仕事に関連するペインやゲインを感じる人が多い場合、または高額な代金を喜んで支払う少数の顧客がいる場合。

・その仕事を果たす必要のある人、そのペインやゲインを感じる人は多いですか？
・それに大金を払う人はいますか？

High-value jobs

価値の高い仕事

最も価値の高い仕事と、それに関連するペインやゲインに注目しましょう

コンサルティング会社イノサイトによる初期理論に基づく

Pull: Job Selection

プル：仕事を選ぶ

目的　注力すべき高価値の仕事を見つける

結果　あなたの視点で仕事を順位付けする

この手法は、
顧客から始まります

あなたの顧客が最高技術責任者（CIO）で、あなたは顧客の一番重要な仕事を見つけなければならない立場にいると仮定しましょう。この演習では、顧客の仕事に優先順位を付け、それを顧客プロフィールに取り入れましょう。

アドバイス

- これは顧客目線で仕事の優先順位を付ける訓練です。価値提案が最も重要な仕事に対応しなければならないわけではありません。とはいえ、一番重要でなくても顧客にとって重要性の高い仕事に対応していることが必要です
- 優れた価値提案者はたいてい少数の仕事、ペイン、ゲインに注目し、それを非常にうまく解決しています。
- 現場の顧客の声を拾い（p.106）実験からエビデンスを手に入れましょう（p.216）。

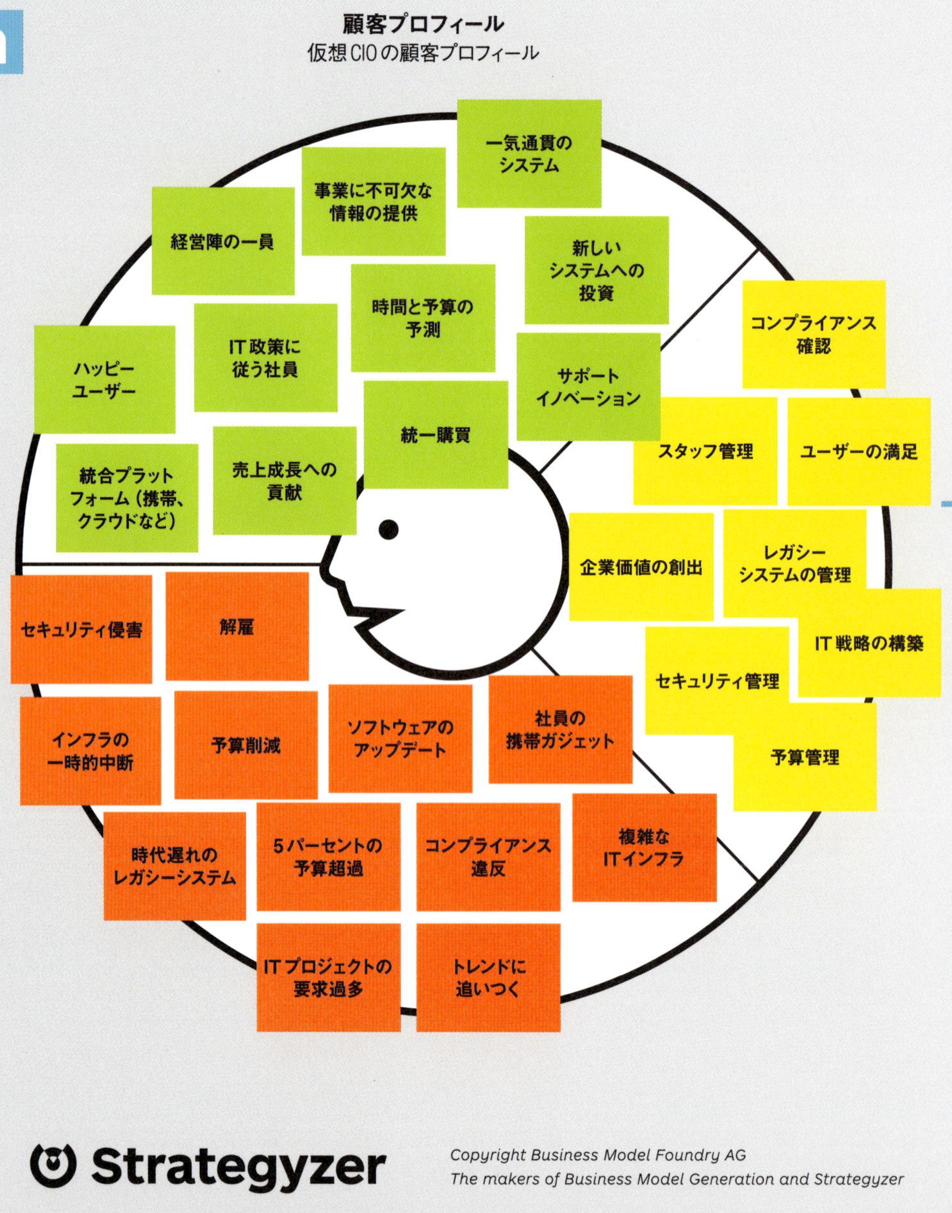

・その仕事の失敗は、極めて深刻な悩みをもたらしますか？
・その仕事に失敗すると、得るべき恩恵を失いますか？

・悩みを感じますか？
・恩恵が目に見えますか？

・未解決の悩みがありますか？
・未実現の恩恵がありますか？

・この仕事をやり遂げなければならない人、悩みを持っている人、恩恵を望む人は多いですか？
・それに喜んで大金を払う人はいますか？

最も価値の高い仕事とそれに関連するペインとゲインに注目しましょう

仕事	重要か	目に見えるか	満たされていないか	金になるか	価値の最も高い仕事
企業価値を創出する	●●●	●	●●●	●●	= 9
IT 戦略を構築する	●●	●	●●	●●	= 7

点数の基準：●（低い）〜 ●●●（高い）

コンサルティング会社イノサイトによる初期理論に基づく

Six Ways to Innovate from the Customer Profile

顧客プロフィールからイノベーションを生み出す6つの方法

顧客プロフィールが完成しましたね。ここからどうしましょう？
ここでは価値提案改善のための6つの方法を紹介します。

やってみましょう

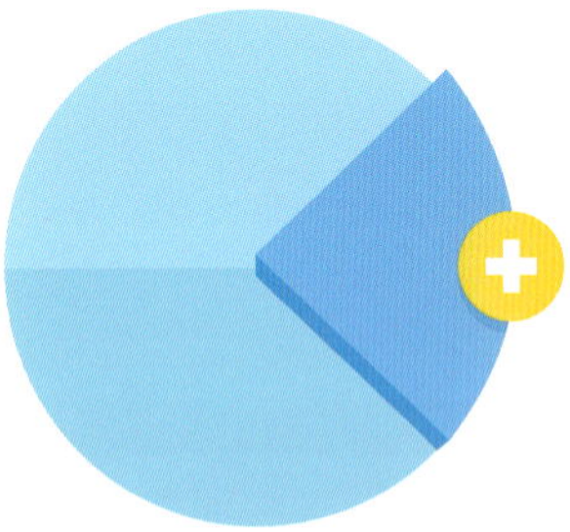

より多くの仕事に対応する

関連する仕事や付帯的な仕事を含む、より包括的な一連の仕事に目を向けましょう。

アップルはiPhoneの開発によって携帯電話を一新したばかりか、音楽ダウンロードや、ウェブ検索を可能にしました。

より重要な仕事に移る

従来の価値提案では対応できない仕事を助けましょう。

建設機械メーカーのヒルティは、現場監督の仕事は、実際の建築作業だけでなく、スケジュールを守って罰則を避けることだと考えました。その必要性に応えるために建機管理のソリューションを提供したのです。

機能的な仕事以外のものに対応する

機能的な仕事以上のものを考え、顧客にとって大切な社会的な仕事や感情的な仕事に対応するような新しい価値を提案しましょう。

ミニクーパーは、単なる輸送手段ではなく、個性の表現としての車を作りました。

「きっかけとなる質問」をダウンロードしましょう

より多くの顧客を助ける

より多くの顧客に対して、複雑すぎる仕事や高価すぎる仕事の達成を助けましょう。

ハイエンドのウェブのデータストレージや処理能力は、多額のIT予算を持つ大企業だけが利用できるものでした。アマゾンはウェブサービスを通じて、規模や予算に関わらずどんな企業にもそれが利用できるようにしました。

段階的に改善する

既存の価値提案に一連の小さな改善を行なうことで、顧客の仕事がよりうまくいくように助けましょう。

ドイツに本拠を置く多国籍の家電エンジニアリングメーカーであるボッシュは、顧客にとって本当に大切な丸のこのさまざまな機能を改善し、ライバルに差を付けました。

顧客の仕事を劇的に改善する

新しい価値提案が古い手法を劇的に上回り、顧客の目標達成を助ける時、新たな市場が生まれます。

表計算ソフトのVisiCalcは新市場を生み出しただけでなく、簡単でビジュアル化された表計算ソフトに大きな可能性があることを示したのです。

2.3

Understanding Customers

顧客を理解する

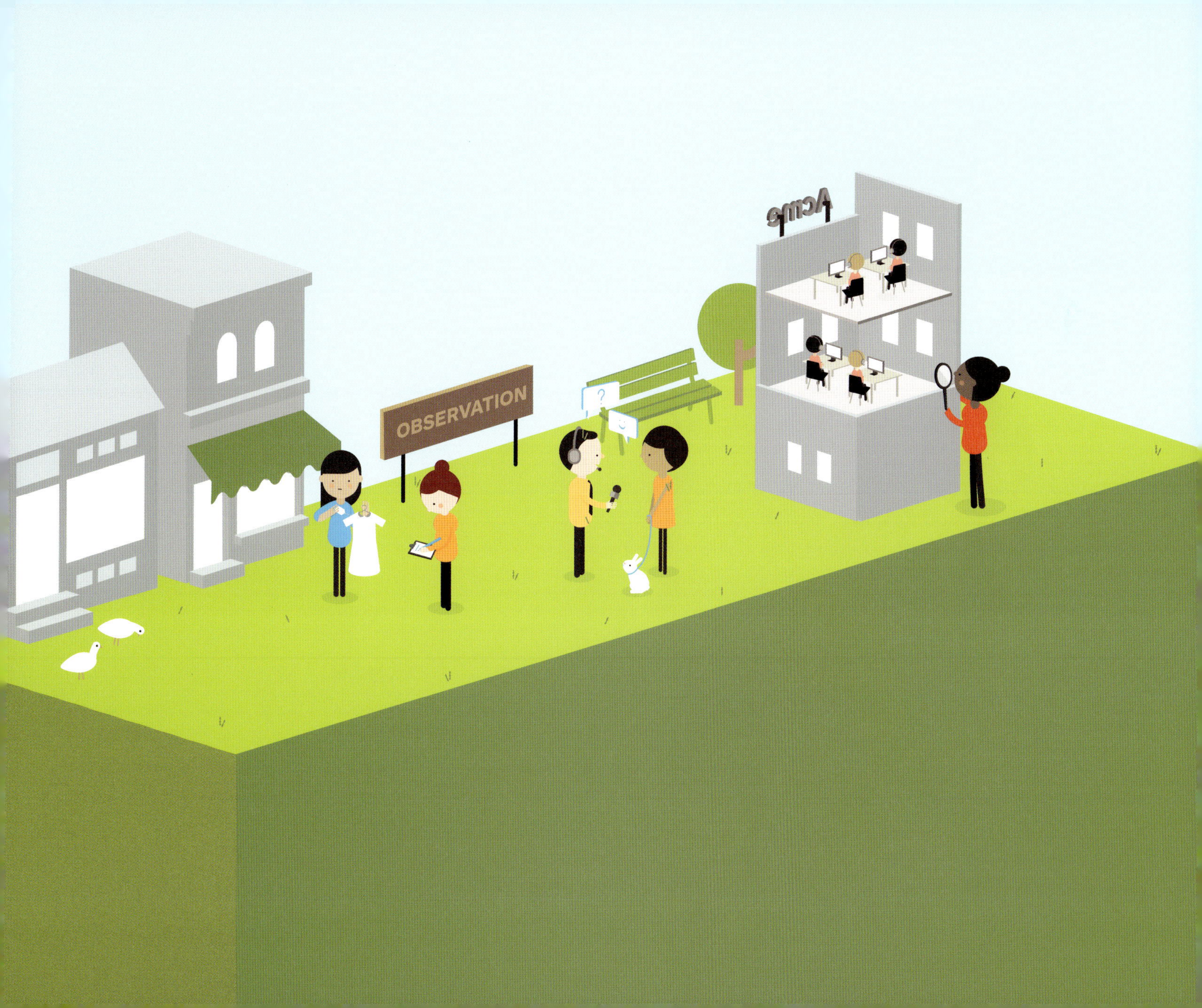
OBSERVATION
Acme

Six Techniques to Gain Customer Insights

顧客インサイトを手に入れる6つのテクニック

顧客の視点を理解することは、優れたバリュー・プロポジション（価値提案）のデザインに欠かせません。その6つのテクニックをここで紹介しましょう。こうしたテクニックを組み合わせて、顧客を深く理解しているかどうかを確かめましょう。

データ探偵

既存の（卓上）調査を分析します。すでに行なわれた間接調査や顧客データは素晴らしい出発点です。自社業界以外のデータを調べ、類似点や相違点や調整点を探りましょう。

難易度：1

長所：さらなる調査の土台に最適

短所：異なる環境での固定的なデータ

（詳しくはp. 108を参照）

ジャーナリスト

顧客（見込み客）と話して顧客インサイトを得ましょう。これは確立された手法です。ですが、顧客が取材で話す通りに行動するとは限りません。

難易度：2

長所：手早くお金をかけずに学びと知識を得るきっかけになる

短所：顧客が自分の欲しいものを知っているとは限らず、言葉通りに行動するとも限らない

（詳しくはp. 110を参照）

人類学者

現実の顧客（見込み客）を観察し、実際の行動から学びましょう。顧客がどの仕事に注目し、それをどう達成するかを観察しましょう。何が顧客を悩ませているか、顧客はどんな恩恵を求めているかに注目しましょう。

難易度：3

長所：データは客観的な視点を与え、現実行動の発見に役立つ

短所：新しいアイデアに関連するインサイトを得るのは難しい（詳しくはp. 114を参照）

モノマネ

「自分自身が顧客」になりきって、積極的に製品とサービスを使いましょう。1日以上顧客として行動しましょう。（不満のある）顧客としての経験から教訓を引き出しましょう。

難易度：2

長所：仕事、ペイン、ゲインを直接自分で感じられる

短所：自分が本物の顧客と同じように感じるとは限らないし、適応できないかもしれない

共創パートナー

価値提案作りのプロセスに顧客を引き込みましょう。顧客と共に新しいアイデアを探り、提案しましょう。

難易度：5

長所：顧客と親密になることで、深いインサイトを得ることができる

短所：どんな顧客やセグメントにも使えるとは限らない

科学者

顧客に（意識的、または無意識に）実験に参加してもらいましょう。その結果から学びましょう。

難易度：4

長所：現実の行動に添った、事実に基づくインサイトが得られる

短所：顧客規則やガイドラインの厳しい既存の組織では、実施が難しい

（詳しくはp.216を参照）

The Data Detective: Get Started with Existing Information

デザインプロセスを始める前に、社内外でこれほど大量の情報やデータが手軽に手に入る時代はありません。まずは既存のデータを利用し、顧客について知ることから始めましょう。

データ探偵：既存情報から始めましょう

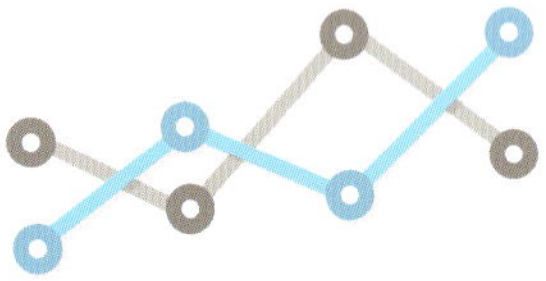

Google トレンド

あなたのアイデアに関連する3つの異なるトレンドを表すような単語を検索し、比較しましょう。

国勢調査、世界銀行、IMF、その他のデータ

あなたのアイデアに関連する（政府）データをウェブで探し出しましょう。

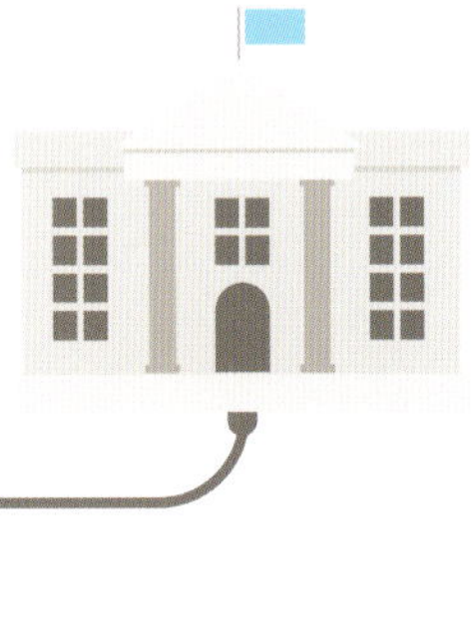

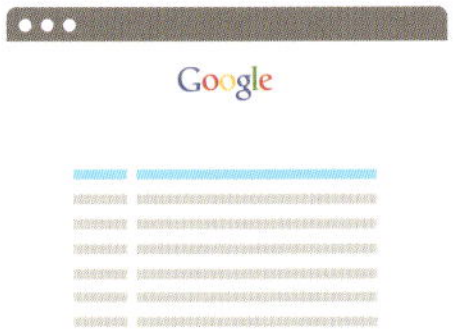

Google キーワードプランナー

あなたのアイデアに関連する検索語のトップ5を見つけ、潜在顧客が何を求めているかを調べましょう。その検索頻度はどの程度でしょう？

第三者の調査報告書

あなたの顧客と価値提案調査の下地になるような報告書を3つ見つけ出しましょう。

ソーシャルメディア分析

既存企業とブランドがやるべきこと

・自社ブランドに関連するソーシャルメディアのシェイカーズ／ムーバーズ（影響力のある人やもの）を発見しましょう

・ソーシャルメディアで最も頻繁に話題になった、肯定的な意見と否定的な意見を10通り見つけ出しましょう

顧客関係マネジメント（CRM）

・顧客との日々の接触（例えばサポートなど）からわかる、顧客の疑問、不満、要求を3点ずつ書き出しましょう

ウェブサイトで顧客を追跡する

・あなたのサイトへの主要経路のトップ3を調べましょう（例えば、検索、紹介など）

・あなたのサイト中の最も人気のあるページと人気のないページのトップ10をリストアップしましょう

データマイニング

既存企業はデータを掘り起こして、

・新しいアイデアに役立つ3つのパターンを見つけましょう

参考文献：シーゲル＆ダベンポート『誰がクリックし、買い、嘘をつき、死ぬかを予測する』2013 年発行

The Journalist: Interview Your Customers

ジャーナリスト：顧客に取材する

目的　顧客をより的確に理解する

結果　顧客プロフィールを確認する

顧客と話し、あなたのアイデアに関連するインサイトを集めましょう。バリュー・プロポジションキャンバスを使って取材の用意をし、インタビューで得られる大量の情報を整理しましょう。

1

顧客プロフィールを作る

ターゲット顧客が抱える仕事、ペイン、ゲインを書き出しましょう。それらを重要性の順に並べましょう。

2

オンライン取材の項目を作りましょう

何を知りたいのかを自問しましょう。顧客プロフィールからインタビューの質問を引き出しましょう。最も重要な仕事、ペイン、ゲインについて聞きましょう。

5

取材を見直す

取材で得た知識を基に、必要であればインタビューの質問を見直しましょう。

3

取材を行う

次のページに紹介した取材の基本ルールに従ってインタビューを行ないましょう。

4

内容を抜粋する

取材から学んだ仕事、ペイン、ゲインを顧客プロフィールの空欄に書き入れましょう。

6

パターンを探す

同じような仕事、ペイン、ゲインを発見できましたか？　特に際立った特徴はありましたか？　共通点や相違点は何でしょう？　その理由は？　仕事、ペイン、ゲインに影響を与える特別な（継続的な）状況はありましたか？

7

仮想する

取材を通して浮かび上がった顧客セグメントごとに、仮想の顧客プロフィールを作りましょう。ポストイットに最も重要なインサイトを書き出しましょう

アドバイス

取材で得た最も重要なインサイトを取り入れましょう。

Ground Rules for Interviewing

取材の基本ルール

バリュー・プロポジション・デザインに役立つ情報を得られるような、よい取材を行なうには技術が必要です。ソリューションを売り込むより、顧客（見込み客）にとって何が大切かを掘り起こすことに集中しましょう。この見開きのルールに従って、的確な取材を行ないましょう。

「取材の基本ルール」をダウンロードしましょう

Rule 1

新人の気持ちで臨みましょう

無心に相手の言葉に耳を傾け、解釈を避けましょう。特に、予想外の仕事、ペイン、ゲインを掘り起こしましょう。

Rule 2

話すより聞く

ここでの目的は、顧客に何かを教えたり、印象づけたり、説得したりすることではなく、聞いて学ぶことです。自分の信条を語っても、顧客からはなにも学べません。

Rule 3

意見ではなく、事実を得る

「あなたはどう思いますか？」ではなく、「最後に・・・したのはいつですか？」と聞きましょう。

Rule 4

「なぜ」と聞き続けて本当の動機を知る

「なぜそうする必要があるのですか？」「なぜそれが重要なのですか？」「なぜそれが大きな悩みなのですか？」と聞きましょう。

Rule 5

顧客インタビューの目標は売り込みではなく（販売に関わることだとしても）、学習

「このソリューションを買いますか？」は禁句です。「購入の判断基準な何ですか？」と聞きましょう。

Rule 6

ソリューション（例えば価値提案のプロトタイプ）を早々と口にしない

「私たちのソリューションは……」と説明してはいけません。「一番苦労していることは何ですか？」と聞きましょう。

Rule 7

フォローアップ

取材相手の連絡先を保持する許可をもらい、後で追加の質問をするか、プロトタイプを試してもらいましょう。

Rule 8

次につなげる

「他に誰の話を聞けばいいでしょう？」と訊ねましょう。

アドバイス

- 取材は顧客に学ぶための絶好の出発点ですが、たいていの場合、重要な意思決定に関わるような充分なインサイトや信頼できるインサイトが得られるわけではありません。優秀なジャーナリストと同じように、取材に他の調査を組み合わせて、言葉の裏にある本当のストーリーを見つけましょう。顧客を実際に観察したり、実験からデータを得て、それらを組み合わせましょう
- 取材は二人組で行ないましょう。どちらが取材し、どちらが記録を取るかを予め決めておきましょう。可能なら記録媒体を使いましょう（写真、ビデオなど）。ですが、記録されている場合には相手の答えが変わる可能性も念頭に置きましょう

ボブ・フィッツパトリック著『マム・テスト』、2013年

The Anthropologist: Dive into Your Customer's World

人類学者：顧客の世界に飛び込む

顧客（潜在顧客）の世界に飛び込んで、その仕事、ペイン、ゲインについて知りましょう。現実の日常行動は、顧客自身が思っていることや取材や調査などで語ることと違っている場合も少なくありません。

B2C　家庭にお邪魔する

顧客の家庭に数日間泊まり、家族と過ごすといいでしょう。日々の習慣に寄り添いましょう。顧客行動の背景を学びましょう。

B2B　一緒に働く／コンサルティングする

顧客と共に、またはその側で（コンサルティング契約などを結んで）働きましょう。そこで顧客を観察しましょう。顧客の悩みは何でしょう？

B2B／B2C

顧客の生活に入り込むにはどうしたらいいでしょう？　創意工夫しましょう。境界線を超えましょう。

B2C　購買行動を観察する

顧客が買い物をする店舗にいき、人々を10時間観察しましょう。何らかのパターンを発見できますか？

B2C　顧客に付き添う

一日中顧客の後ろに付き添って過ごしましょう。観察したすべての仕事、ペイン、ゲインを書きとめましょう。行動に時刻を記しましょう。行動を真似て、学びましょう。

A Day in the Life Work-sheet

ある1日のワークシート

目的

顧客の世界をより詳しく知る

結果

顧客の1日を書き出す

付き添った顧客の最も重要な仕事、ペイン、ゲインを捉えましょう

アドバイス

- 観察し、記録を取りましょう。自分の経験からの解釈は控えましょう。色眼鏡で見てはいけません。人類学者のように無心で観察しましょう
- 目に見えることにも、見えないことにも注意を払いましょう
- 観察できることだけではなく、言葉にならない想いや感情も捉えましょう
- この種の状況取材に欠かせない心がけとして、顧客への共感を育てましょう

時刻	活動（観察したこと）		感想（感じたこと）
午後7時	寝る前に子供の歯を磨く		水が飛び散るのが親の悩み

「顧客の1日」をダウンロードしましょう

Identify Patterns in Customer Research

顧客調査からパターンを見つける

顧客調査がある程度集まったところで、データを分析しパターンを見つけましょう。同じような仕事、ペイン、ゲインを持った顧客を探してパターン別に分類しましょう。

目的

顧客をよりはっきりと知る

結果

顧客プロフィールを合成する

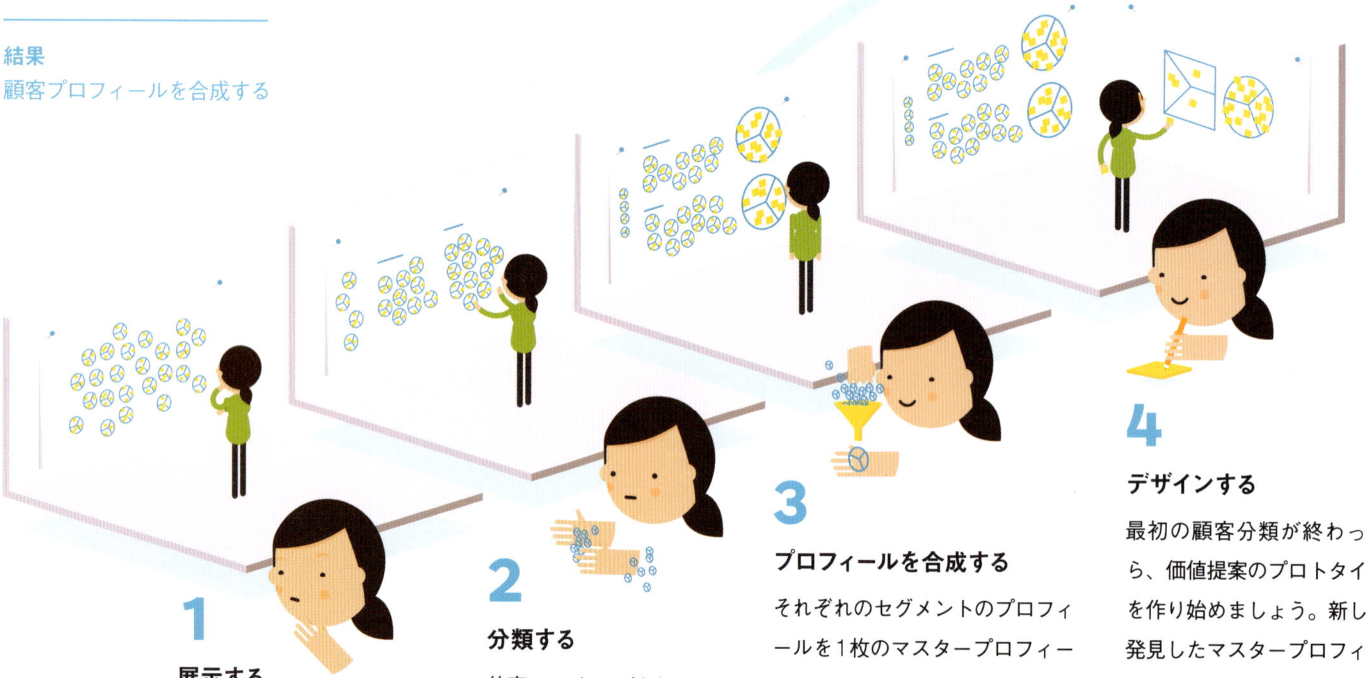

1

展示する

調査で集めたすべての顧客プロフィールを大きな壁に張り出しましょう。

2

分類する

仕事、ペイン、ゲインにパターンを見つけたら、同じような特徴を持つ顧客グループ別に分類しましょう。

3

プロフィールを合成する

それぞれのセグメントのプロフィールを1枚のマスタープロフィールにまとめましょう。最も共通する仕事、ペイン、ゲインを見つけ、ポストイットで色分けしてマスタープロフィールに貼り付けましょう。

4

デザインする

最初の顧客分類が終わったら、価値提案のプロトタイプを作り始めましょう。新しく発見したマスタープロフィールのパターンに基づいて、自信のある価値提案のプロトタイプをいくつかデザインしてみましょう。

合成事例：ビジネスマン／読書家のマスタープロフィール

読書家のマスタープロフィールを作成するため、取材から浮かび上がった異なる顧客プロフィールの仕事、ペイン、ゲインをまとめました。その中で、最も頻繁に出てきた代表的な項目をポストイットに書き出して組み合わせました。

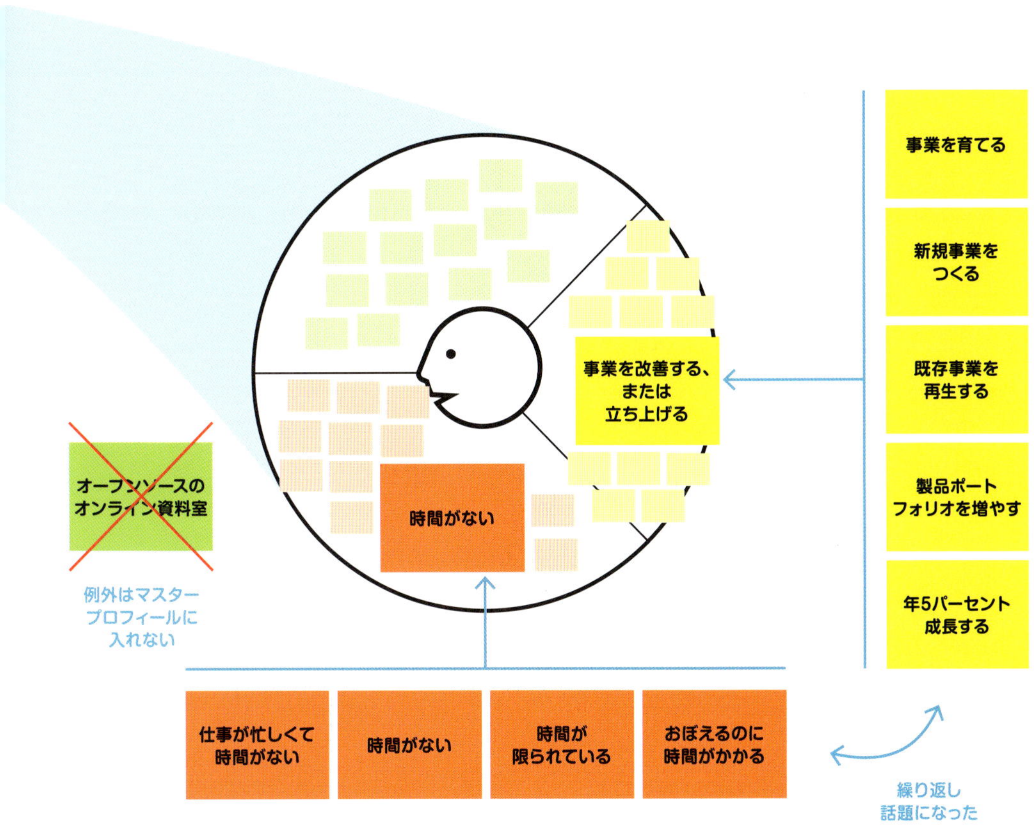

アドバイス

- 例外的な項目に特に注意しましょう。関連のないこともありますが、そこに重要な学びがあるかもしれません。例外の中に最も重要な気づきが存在する場合もあるのです
- 例外が、何かの前触れで注意すべき予兆ではないかと自問しましょう。あるいは、それがよりよい違いという場合もあるでしょう。仕事、ペイン、ゲインへの従来より優れたソリューションかもしれません

Find Your Earlyvangelist

アーリーバンジェリスト（初期の伝道者）を見つける

初期の伝道者とはスティーブン・G・ブランクの造語で、リスクをとって新しい製品やサービスを利用する意欲と能力のある顧客を指します。そんな伝道者を使って市場に足場を築き、実験と学習を通して価値提案を形にしましょう。

5

予算がある、または予算を取ることができる

その顧客はすでに予算を確保しているか、ソリューション買い入れの予算をすぐに獲得することができる。

4

その場しのぎの解決を試したことがある

その仕事の重要性が高いため、顧客はこれまでに一時的なソリューションをつなぎ合わせていた。

3

積極的にソリューションを探している

その顧客はソリューションを探していて、一定期間内にソリューションを見つけなければならない。

2

問題の存在に気付いている

その顧客は、問題や仕事が存在することに気付いてる。

1

問題やニーズがある

つまり、達成すべき仕事が存在する。

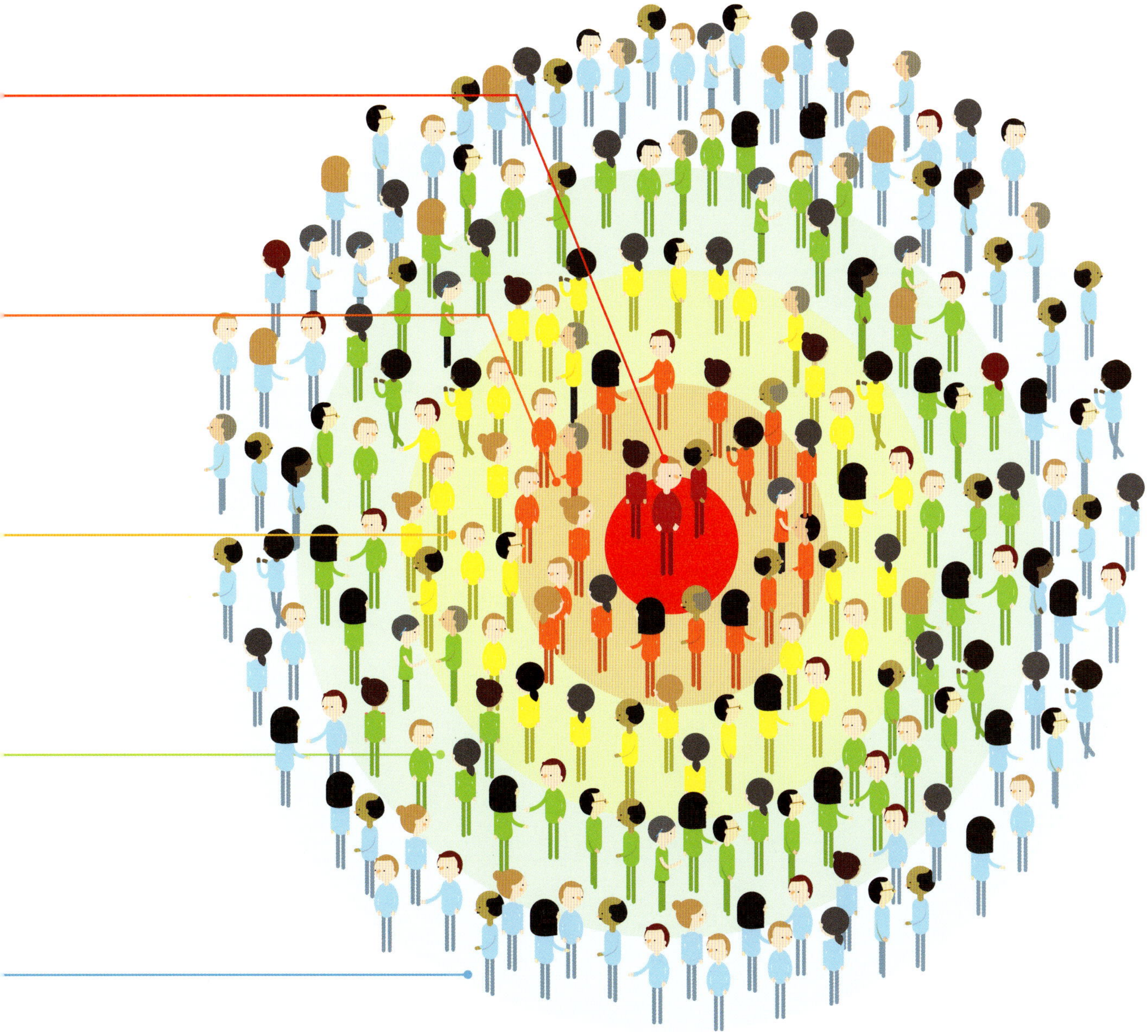

スティーブン・G・ブランク、ボブ・ドーフ著『スタートアップ・マニュアル
ベンチャー創業から大企業の新事業立ち上げまで』、翔泳社、2012 年

2.4

Making Choices

選択する

ASSESSMENT
TO TESTING
7 QUESTIONS
FINANCE
USINESS MODE
FAILED

10 Questions to Assess Your Value Proposition

バリュー・プロポジションを評価するための10の質問

目的　バリュー・プロポジション（価値提案）の改善点を掘り起こす

結果　バリュー・プロポジション（価値提案）の評価

オンラインで練習してみましょう

ここに紹介した10の質問を使って、バリュー・プロポジション・デザインを継続的に評価しましょう。この質問から導き出される答えを顧客情報に組み入れましょう。どのプロトタイプを顧客に試してもらうかを決める際にも、この質問を使いましょう。

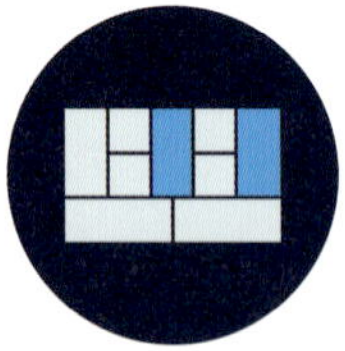

1

それは優れたビジネスモデルの中に組み入れられていますか？

2

それは最も重要な仕事、極めて深刻な悩み、必要不可欠な恩恵に対応していますか？

3

それは未達成の仕事、未解決の悩み、未実現の恩恵に注目していますか？

4

ペインリリーバーとゲインクリエーターを少数に絞り込み、効果的に解決していますか？

5

機能的、感情的、社会的な仕事にすべて対応していますか？

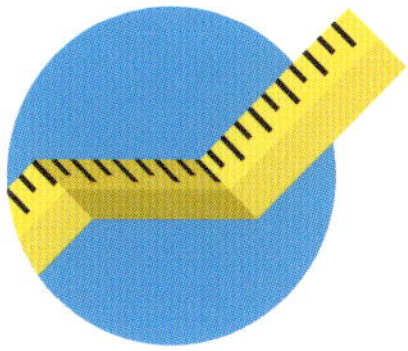

6

顧客の成功の基準と一致していますか？

7

多数の顧客がその仕事、ペイン、ゲインを抱えていますか？　または、限られた顧客がそれに大金を支払ってくれますか？

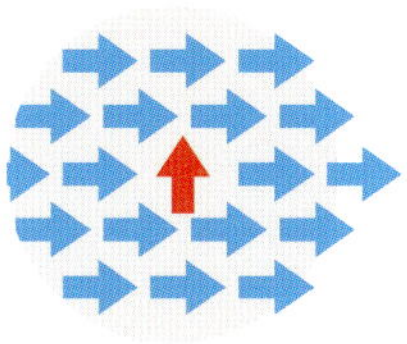

8

ひと目でわかるようなライバルとの違いがありますか？

9

少なくともひとつの点でライバルよりもはるかに優れていますか？

10

模倣しにくいですか？

Simulate the Voice of the Customer

顧客の意見をシミュレーションする

目的
価値提案を「会議室」の中でストレステストにかける

結果
市場の評価を得る前に、価値提案を強化する

ロールプレイングを通して、顧客の声や他のステークホルダーの視点を「部屋の中」で検証し、それから価値提案を現実の社会でテストしましょう。

数多くの関係者が価値提案の成功を左右します。顧客はもちろんその一員ですが、それ以外にも関係者は多数存在します。一番重要な関係者を選び、ロールプレイングを通して彼らの視点から価値提案を評価しましょう。

アドバイス

・ロールプレイングが上手にできる人を選びましょう。顧客の声を一番うまく代弁できるのは誰でしょう？　営業、顧客サポート、エンジニアリング、それとも買い手に近い誰かでしょうか？
・ロールプレイは現実社会で顧客や関係者に価値提案を試すことの変わりにはなりませんが、関係者の視点を取り入れることでアイデアを進化させる助けにはなります
・熱心に顧客行動を分析した後にロールプレイングを行なえば、効果的に顧客の声を取り入れることができるでしょう

2人のワークショップ参加者がロールプレイングに参加しています。片方は営業マンになりきり、もう片方は関係者、例えば顧客になりきります。3人目の人がノートを取ります。

営業マン

ノートを取る人

（批判的な）顧客

ロールプレイングを通して
主なプレーヤーの声を代弁し、
素早くアイデアを評価しましょう。

顧客

顧客の視点で仕事、ペイン、ゲインに目を向け、ライバルの価値提案を見てみましょう。B2Bの場合には、利用者、影響者、購入者、意思決定者、妨害者を念頭に置きましょう。

最高経営責任者（CEO）、経営陣、取締役

企業経営陣（CEO、CFO、COOなど）の視点に立ちましょう。企業ビジョン、方向性、戦略といった観点からフィードバックを与えましょう。

その他の社内関係者

アイデアを成功させるために、社内の他の誰から賛同を得る必要がありますか？　製造部門はどうですか？　営業やマーケティングを説得する必要は？

戦略的パートナー

戦略的パートナーとの協力によって価値提案が成り立つ場合もあるでしょう。パートナーに価値を提供していますか？

政府官僚

政府はどんな役割を果たしますか？　背中を押す存在ですか？　それとも障害になりますか？

投資家／株主

彼らはあなたのアイデアを支持していますか？　それとも反対ですか？

地域社会

地域社会はあなたのアイデアに影響を受けますか？

地球

あなたの価値提案は環境にどんな影響がありますか？

Understand the Context

コンテクスト（文脈）を理解する

価値提案とビジネスモデルは常にコンテクストの中でデザインされます。自分の提案を離れて、デザインとプロトタイピングの環境を書き出しましょう。環境は、競合、技術革新、法的な制約、顧客の嗜好の変化、その他の要素から成り立っています。この見開きのイラストを見ておさらいするか、ビジネスモデル・ジェネレーションを復習しましょう。

参加型テレビ

あなたが映画業界にいると仮定しましょう。世界的に人気のある俳優を起用して映画やテレビ番組を制作しています。ですが、新しい路線を探ってみたいと思っているとしましょう。あなたのチームはあるアイデアを試そうとしています。それは参加型テレビ、つまり、クラウドソースによって視聴者が筋書きを作っていくテレビ番組です。

ズームアウト

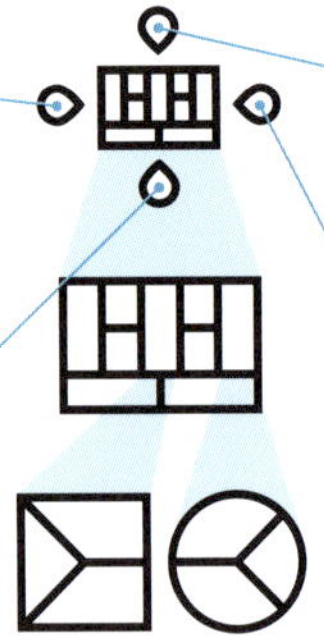

ズームイン

産業における圧力

その領域の競合他社、バリューチェーンの企業、技術のプロバイダー、その他

マクロ経済の圧力

グローバル市場の状況、リソースの入手能力、資源価格、その他

重要なトレンド

技術革新、規制による制約、社会トレンドなど、その領域の主なトレンド

市場における圧力

顧客の重要な課題、例えば成長セグメント、転換コスト、仕事、ペイン、ゲインなど

アレックス・オスターワルダー＆イヴ・ピニュール著『ビジネスモデル・ジェネレーション』、翔泳社、2012年

参加型テレビの概要

現在の環境を見回して、どの要素が

・価値提案の機会になるか（緑）
・脅威または制約になるか（赤）を書き出しましょう

流通の民主化
＋ ソーシャルメディアは熱烈な視聴者の強力なマーケティングツールになる
－ 規模はもはや関係ない――誰でも数百万の視聴者にアクセスできる

コネクトTV ＋ ウェブ
＋ テレビとウェブの融合によって、高度の参加体験が可能になる

著作権侵害
＋ ユーザー主導のコンテンツは模倣されにくい
－ 著作権侵害は増え続けている

番組制作の民主化
＋ ウェブのツールによって誰にでも参加できる
－ 視聴者の作るコンテンツはプロが作るものよりつまらない

プラットフォームの信頼性
－ 視聴者はネットフリックスやAppleといった確立されたプラットフォームから離れづらい

ゲーム業界
－ ゲーム業界の人材は参加型の価値提案で成功するような素地がある

会費収入
＋ 継続的な売上（会費収入）を生む価格モデルはクリエーターのコミュニティに最適

ウェブ世代
＋ インターネットと共に育った世代は毎日ウェブに参加している

俳優のコスト
＋ 俳優の出演料は下がっている

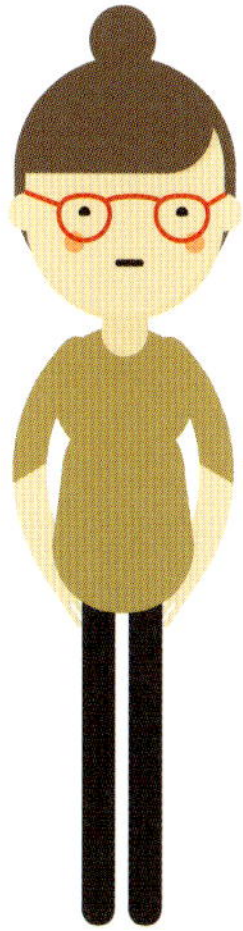

Value Proposition Design vs. Competitors

バリュー・プロポジション・デザイン 対 競合他社

ここで、デザインと意思決定のひとつの要素に注目しましょう。『ブルー・オーシャン戦略』で紹介された戦略キャンバスを使って競合他社とあなたの価値提案を比べ、どれだけ優れているかを評価しましょう。戦略キャンバスは、価値提案の「ベネフィット」をビジュアル化して比べられる、シンプルですが強力なツールです。

この見開きでは、本書と、エグゼクティブ教育と、巨大なオープンオンライン授業（MOOCsと呼ばれています）の効果を比べています。さまざまな競争上の要素をX軸に並べ、異なるサービスの効果を折れ線グラフにしています。競争要素は本書のバリューマップから選び、それに競合他社のバリューマップの要素を付け加えました。

バリュー・プロポジション・デザイン

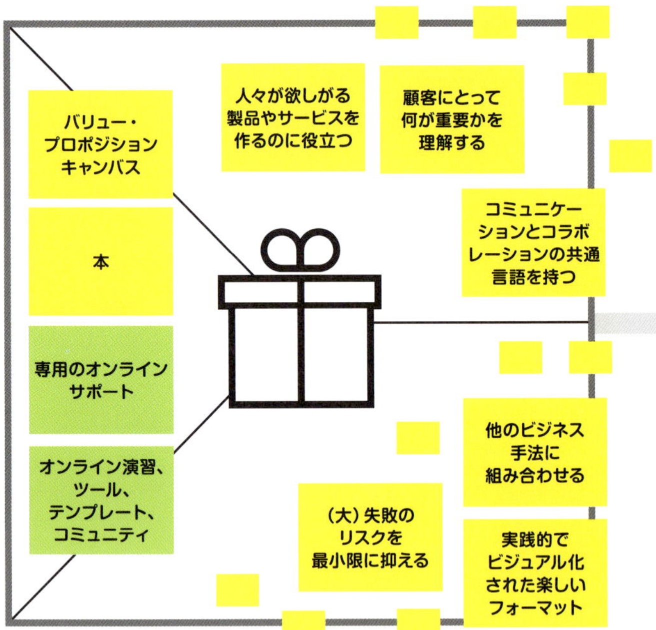

あなたの価値提案の最も重要な特徴を選び、戦略キャンバスの競争要素に挙げましょう。

エグゼクティブ教育　　MOOCs

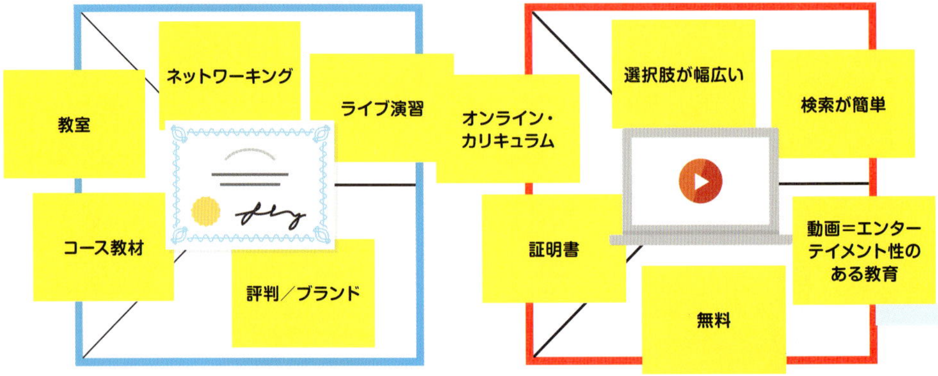

W・チャン・キム 、レネ・モボルニュ著『ブルー・オーシャン戦略——競争のない世界を創造する』、ダイヤモンド社、2013 年

戦略キャンバス

本書とエグゼクティブ教育とMOOCsのバリュー・プロポジションを比べます

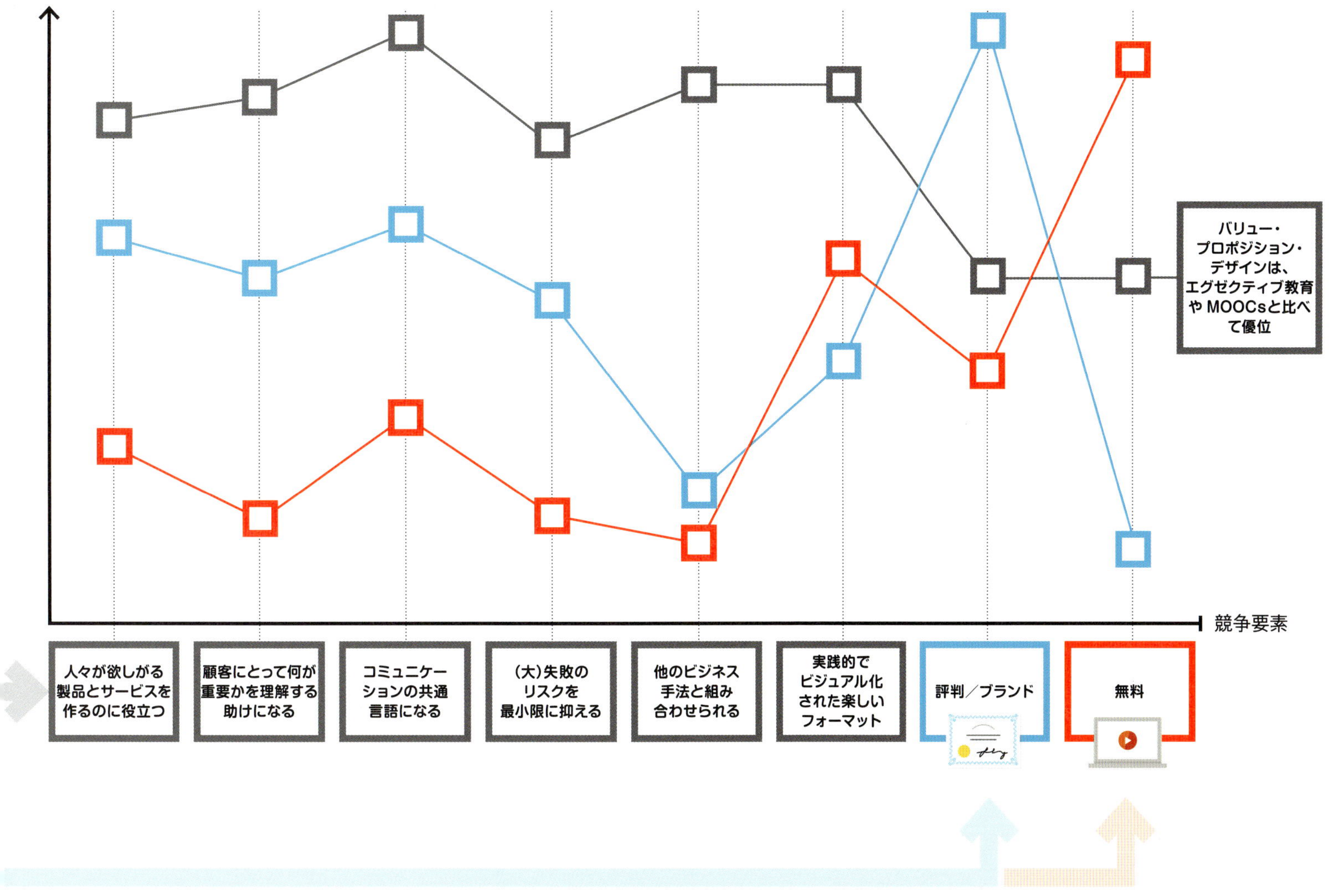

Compare Your Value Proposition with Competitors

あなたの価値提案をライバルと比べる

目的
あなたの価値提案が他社よりどう優れているか、劣っているかを理解する

結果
ライバルの価値提案とのビジュアル比較

『ブルー・オーシャン戦略』の戦略キャンバスを使って、あなたの価値提案とライバルの価値提案の効果をグラフ化しましょう。そのグラフを比べて、どう差別化できているかを評価しましょう。

方法

順番に指示に従って戦略キャンバスを描き、
あなたの価値提案をライバルのものと比べてみましょう。

1. バリューマップを準備する、または選ぶ
2. 大きな紙か、ホワイトボードを準備する
3. 次の指示に従う

1

価値提案を選ぶ

比較する価値提案（プロトタイプ）を選びましょう。

2

比較要素を選ぶ

横軸（X軸）を引きましょう。ライバルと比較したいペインリリーバーとゲインクリエーターを選びましょう。それらをX軸に並べましょう。それが戦略キャンバスの比較項目になります。

アドバイス
競争上重要な要素になると思えば、ペインとゲインを付け加えてもかまいません

3

価値提案に点数を付けましょう

縦軸（Y軸）を引いて、価値提案の効果を示しましょう。下から上に0点から10点としましょう。あなたの価値提案が、X軸に並べられた競争要素（あなたの選んだペインリリーバーとゲインクリエーター）にそれぞれどの程度の効果を発揮するかを書き込みましょう。

4

ライバルの価値提案を加える

戦略キャンバスにライバルの価値提案を加えましょう。最も代表的なライバルを選びましょう。必要なら、そのペインリリーバーとゲインクリエーターを競争要素としてX軸に書き加えましょう。

アドバイス

伝統的な業種の枠を超えて、ライバルの価値提案を考えましょう。あなたに似た製品とサービスに基づいた価値提案を比べるだけではいけません

5

ライバルの価値提案を評価する

自分の価値提案と同じように、競合する価値提案の効果を点数で書き込みましょう。

アドバイス

このツールを使って、他に考慮中の価値提案の効果についても比べてみましょう

6

あなたの差別化要因を分析しましょう

折れ線を分析し、チャンスを発見しましょう。あなたの価値提案が競合他社とどのように差別化されているかを自問しましょう。

アドバイス

比較する競争要素が、顧客プロフィール中の最も重要な仕事、ペイン、ゲインと一致していることを確かめましょう。ペインリリーバーとゲインクリエーターはその仕事、ペイン、ゲインに対応していなければなりません

Avoid Cognitive Murder to Get Better Feedback

思考停止を避けて、よりよいフィードバックを得る

価値提案を紹介し、フィードバックを集め、賛同を募り、ここまでのより「分析的な評価」を、テストの章で行なう実験で補完しましょう。

受け入れやすく簡潔なプレゼンテーションを行ない、的確なフィードバックを引き出しましょう。価値提案のデザインに多大な労力をつぎ込んでも、それを相手に説得できなければ、せっかくの努力が水の泡になってしまいます。

アイデアとキャンバスをわかりやすく目に見える形で伝えることは、デザインプロセスを通して大変重要になります。アイデアを詰める前に、初期の大まかなプロトタイプを見せて、異なる関係者から賛同を得るよう努めましょう。プレゼンテーションでは機能だけを強調するのではなく、顧客の仕事、ペイン、ゲインにどう対処するかを訴えましょう。

プレゼンテーションですべきこと、してはいけないこと

✓ すべきこと	× してはいけないこと
シンプルに	複雑に
具体的	抽象的
重要なことだけに絞り込む	すべての知識を開陳する
顧客中心	機能中心
一度にひとつの情報だけ	すべての情報を一度に出す
適切なメディアを使う	ビジュアルがない
ストーリーを語る	情報があちこちに飛ぶ

粗いプロトタイプを作り、
アイデアを目に見える形に
しましょう
顧客の仕事、ペイン、
ゲインにどう対応す
るかにかならず戻りま
しょう

1. 空白のキャンバスを準備しましょう。聞き手には、簡単にキャンバスを紹介しておきましょう。

2. 一番適切だと思うところからプレゼンテーションを始めましょう。製品から始めてもいいですし、仕事から始めてもかまいません。

3. 聞き手が退屈しないように、ポストイットを1枚ずつキャンバスに貼りながら、価値提案を説明しましょう。話す内容とポストイットを貼る動作を一致させましょう。製品とサービスを、仕事、ペイン、ゲインに結びつけて価値創造のストーリーを語りましょう。

いつ何を見せるか

デザインとテストがどのくらい進んでいるかによって、見せるプロトタイプも違ってきます。

Master the Art of Critique

フィードバックの技術

フィードバックの技術を磨いて、アイデアを殺さずに前進させることを助けましょう。これは、フィードバックを受け取る側にも、フィードバックを与える側にも大切なことです。

アイデアやデザインを批評する訓練を受けたデザイン業界のプロから、フィードバックの技術を学びましょう。実業界では、経営を率いる人たちがフィードバックの与え手になることが少なくありません。ですが、彼らは早く意思決定にたどり着かないと神経質になったり不満を抱いたりするものです。

フィードバックの与え手に、アイデアを育てる助けになるよう（好き嫌いの判断をするのではなく）教えましょう。プロトタイプはまだ粗いもので、デザインとテストの段階を経て進化するものだと理解してもらいましょう。プロトタイプが大幅に変わることもあります。特に、市場の現実に合わせてプロトタイプが変わることもあります。

「フィードバックの技術」をダウンロードしましょう

優れたフィードバックの文化があれば…

初期の段階で、新しい（大胆な）アイデアを恐れずに公開できます。アイデアが大幅に変わること、全く違うものに姿を変えるかもしれないことを知っているからです。

早期に人に見せる

3 種類のフィードバック

		+	-
意見	「もし〜〜〜なら、売れると思う」	論理的な説明はアイデアを助ける	声の大きい人のお気に入りのアイデアを進めることにつながる
経験	「前回のプロジェクトで、〜〜だとわかった」	過去の経験は価値ある学びとなり、高くつく失敗を防いでくれる	環境によっては結果も違う
（市場）の事実	「インタビューから、○○パーセントの人がこれに悩んでいることがわかった」	不確実性と市場リスクを低減してくれる	データが間違っていたり、質が低いと大きなチャンスを逃してしまう

良し悪しの判断を下さない

聞く

早期にアイデアを育てる

優秀なリーダーや意思決定者は、初期のアイデアを育てるようなフィードバックを与える訓練を受けています。こうしたリーダーは、自分たちの意見よりも市場の事実のほうが大切だということを知っていますし、それを受け入れています。

✕ すべきでないこと

- 新しい（大胆な）アイデアをこき下ろす
- リーダーや意思決定者に向けてだけ、改善されたアイデアを話す
- だらだらとまとまりのない議論を続ける
- 主観的な意見ばかりを募る
- 価値創造よりも社内政治や私的な利益を優先させる
- 前向きな創造的エネルギーを破壊し、否定的な雰囲気を生み出す
- 実行の難しい大胆なアイデアを破壊しがちな文化を醸成する
- 「なぜやるのか？」と訊ねる

✓ すべきこと

- （大胆な）アイデアが受け入れられやすい、安心できる環境を作る
- 早めにアイデアを出し合い、早めにフィードバックを与え合う文化を育てる
- 体系的なフィードバックのプロセスを運営する
- 経験や市場の事実に基づいたフィードバックを与える
- 社内政治と一線を画すような顧客中心のフィードバック文化を奨励する
- 楽しく生産的なフィードバックプロセスを育てる
- 実行が難しいことと、やるべき価値のあることを区別する
- 「なぜそれができないのか？」「もし？」「その他に何ができるか？」と訊ねる

Collect Efficient Feedback with de Bono's Thinking Hats

「6つの帽子」を使って、効果的にフィードバックを集める

エドワード・デ・ボノが提唱した「6つの帽子」を使って、フィードバックを集めましょう。この方法は、大人数のグループには特に効果的であり、堂々巡りの議論による時間の無駄をなくすことに役立ちます。

目的
効果的にフィードバックを集め、堂々巡りの議論を避ける

結果
アイデアの長所、短所、改善点を理解する

ワークショップの参加者が、特定の視点を表す色の帽子をかぶっていると仮定しましょう。このテクニックを使えば、異なる種類のフィードバックを迅速に集められますし、政治的な理由でアイデアが没にされることがありません。デ・ボノの6つの帽子のうち4色を使ってフィードバックを集めましょう。

1

プレゼンテーション
アイデアの段階によって、3分から15分

デザインチームがアイデアとバリュー・プロポジションキャンバス および／または ビジネスモデルキャンバスをプレゼンテーションします。

2

白い帽子

事実とデータ；中立的で客観的な視点

アイデアの段階によって、2分から5分

「聞き手」はアイデアの中身を確認する質問をし、理解を深める。

3a

黒い帽子

批判、弱点、危険；リスクを発見する

1分で書き出す

なぜそれが悪いアイデアかをポストイットに書き出す。

3b

3分でフィードバックを集める

ファシリテーターが急いでフィードバックを集め、次々にホワイトボードに貼り付ける間に、参加者がそれを大きな声で読み上げる。

アドバイス

- この訓練には、高いファシリテーション能力が必要になります。白い帽子をかぶって確認の質問をする時には、意見を出さないように注意しなければなりません
- アイデアの好き嫌いに関係なく、全員がかならず白、黒、黄色、緑のすべての帽子をかぶります
- 黄色の帽子の前に黒い帽子をかぶることで、極端に否定的な人は客観的になれるでしょう。自分のフィードバックを声に出したら、その後に前向きな考えに変わることもあります
- 「6つの帽子」は、少人数のグループでも、ひとりの場合も、アイデアの成功と失敗の要因を考えるのに役立ちます

4a

黄色い帽子

よい点、長所；なぜそれが役立つか

1分で書き出す

なぜそれがいいアイデアかをポストイットに書き出す。

4b

3分で集める

ファシリテーターがフィードバックを急いで集め、それをホワイトボードに1枚1枚張り出す間に、参加者がそれを大きな声で読み上げる。

5

緑の帽子

アイデア、別の選択肢；緑の帽子で出した問題へのソリューション

5分から15分で自由に議論する

全員で議論する。参加者は提示されたアイデアを改善するための具体策を出す。

6

進化させる

プレゼンテーションを行ったチームが、白、黒、黄色、緑の帽子からのフィードバックを基にアイデアを進化させる

Vote Visually with Dotmocracy

シールを張り出して投票を可視化する

目的
グループの好みを可視化し、だらだらとした議論を省く

結果
素早くアイデアを選べる

グループの好みを手早く可視化するために、特に参加者の人数が多い時にはシールを使いましょう。これで異なる価値提案やビジネスモデルを簡単に素早く順位付けでき、だらだらとした議論も省けます。

1
アイデア展示

アイデア、またはキャンバスを壁に展示しましょう。

2
シール

参加者がそれぞれ同じ数のシールを持ちます。1枚のシールを1票とします。

3 基準

投票の基準を決めます。例えば、お気に入りのアイデアにシールを貼るなどです。

4 投票

手持ちのシールをすべてひとつのアイデアに貼ってもいいですし、いくつかに分散してもかまいません。

5 数える

シールの数を数え、人気のアイデアに注目します。

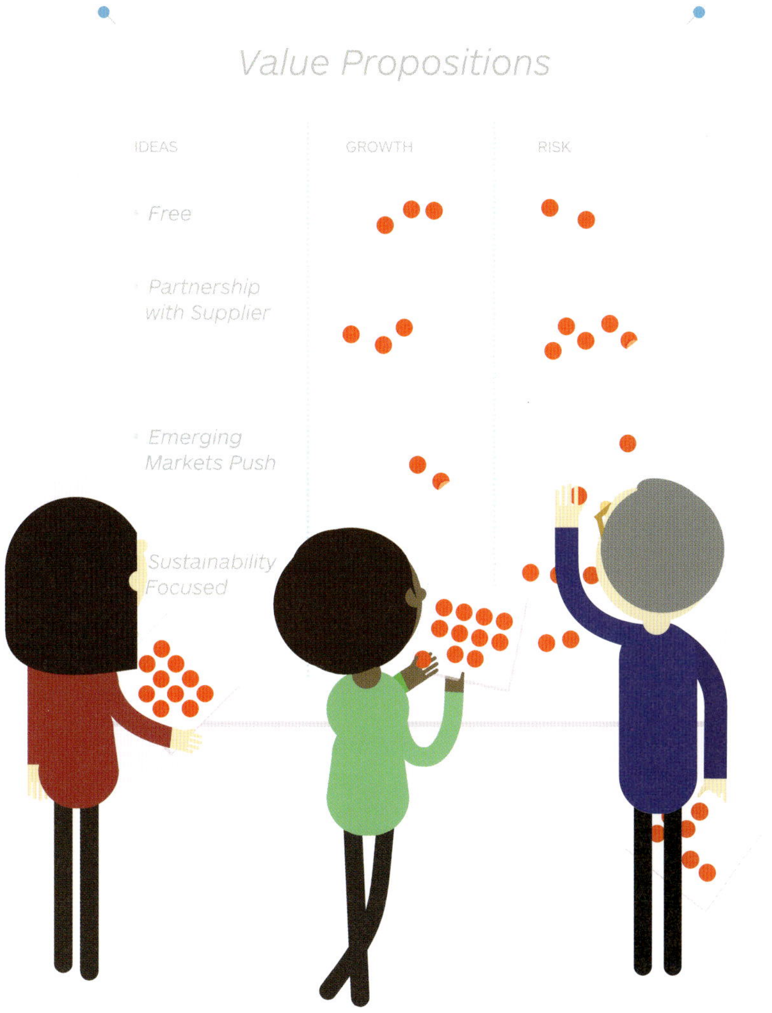

複数の基準

複数の基準を使って、いくつかの価値提案やビジネスモデルから選びましょう

ここでは内部の基準、例えば成長の可能性、リスク、差別化の可能性などに基づいてアイデアを選びましょう。この手法を使って選択肢を絞り込み、その後の現実社会で検証しましょう。

Define Criteria and Select Prototypes

基準を決め、プロトタイプを選ぶ

目的	結果
選択肢の中から選ぶ	プロトタイプの順位付け

あなたと組織にとってどの基準が最も重要かを考え、それに従って価値提案とビジネスモデルを選びましょう。最終的に決めるのは顧客ですが、この時点ではあなたが（魅力的な）選択肢に順位を付けましょう。

1
選択の基準をブレインストームする

出来る限り多くの評価基準を挙げて、それらを評価しましょう。

戦略とのフィット

そのアイデアは会社の方向性と合っていますか？

- 戦略と一致する
- タイミングがいい
- 望ましいリスク水準に合致する
- 時代遅れのビジネスモデルを置き換えられる

顧客インサイトとのフィット　そのアイデアは最初の市場調査から得た初期の顧客インサイトと一致していますか？

- 大切な仕事
- よいソリューションが存在しない
- 悩みがはっきりと目に見える
- 目に見える強力なエビデンスがある

競争と環境

そのアイデアは企業競争力にどう関係しているでしょう？

- 競争優位性を生み出す
- テクノロジーやその他のトレンドと一致する
- 差別化要因になる

現在のビジネスモデルとの関係　そのアイデアは現在のビジネスモデルの上に成り立っていますか？　それとも違いますか？

- ブランドと一致する
- 現在のビジネスモデルに合う
- 既存戦略の上に成り立つ
- 弱点を補強する
- 現在のキャッシュカウを破壊する

財務と成長　それぞれのアイデアは成長と財務にどう影響するでしょう？

- 市場規模
- 売上見込み
- 市場拡大
- 利益率

実行の基準

デザインを市場化するのはどのくらい難しいでしょう？

- 市場化までの時間
- 開発費用
- 適切なチームとスキルがあるか
- ターゲット顧客へのアクセス
- 技術リスク
- 実行リスク
- 経営陣の抵抗リスク

2

選考基準

あなたのチームと組織にとって最も重要な基準を選びましょう。

基準	プロトタイプA36	プロトタイプB32	プロトタイプC12	プロトタイプD42
差別化になる				
強みの上に成り立つ				
市場拡大				

3

プロトタイプを採点する（0点から10点）

あなたが選んだ評価基準ごとに点数を付けましょう。

4

プロトタイプを改善し、市場で試す

（例えば点数に基づいて）プロトタイプを改善し、本当に可能性があるかを市場で試しましょう。

2.5

Finding the Right Business Model

正しいビジネスモデルを見つける

PROTOTYPING
ASSESSMENT
TO TESTING
7 QUESTIONS
FINANCE
BUSINESS MODE
FAILED

Create Value for Your Customer *and* Your Business

顧客と企業に価値を創造する

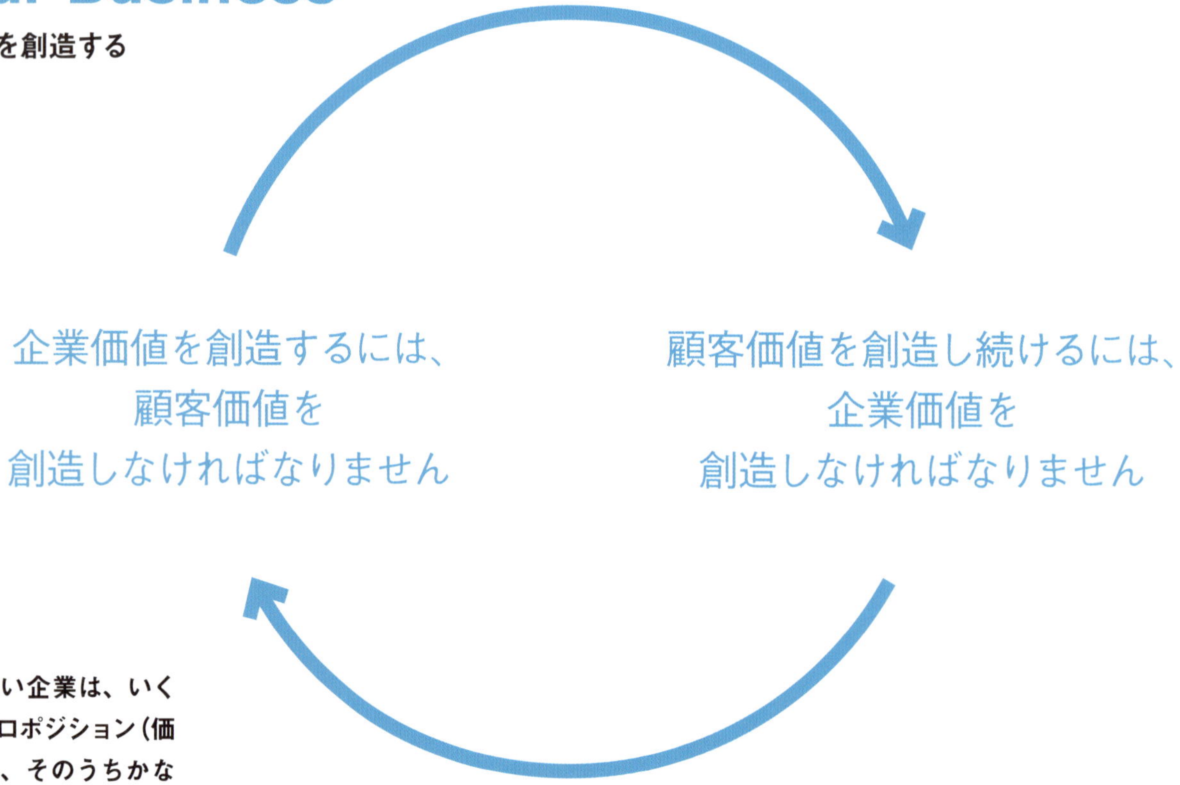
企業価値を創造するには、
顧客価値を
創造しなければなりません
顧客価値を創造し続けるには、
企業価値を
創造しなければなりません

売上が費用より少ない企業は、いくら優れたバリュー・プロポジション（価値提案）があっても、そのうちかならず行き詰まります。この章では、適切なビジネスモデルと価値提案の両方に到達するまでの反復的なプロセスを紹介します。

自社に価値を生み出していますか？

ビジネスモデルキャンバスは、企業のためにどう価値を生み出し、
それを取り込むかを明らかにします

ズームアウトして全体像を捉え、特定の顧客の価値提案の周りに、利益を生み出しながら価値を作り、届け、取り込むことができるかどうかを分析します。

-Zoom
ズームアウト

+Zoom
ズームイン

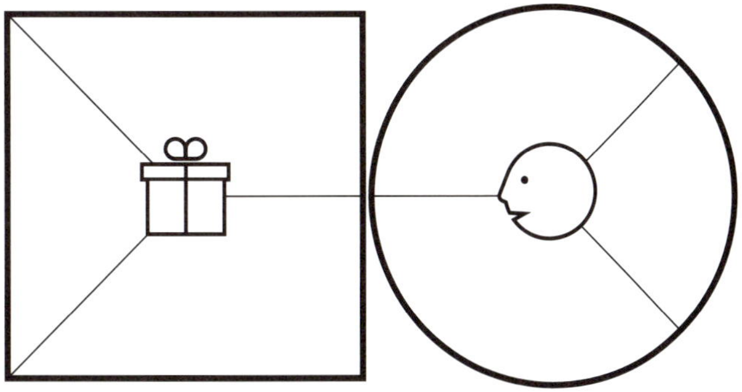

ズームインして詳細を見ることで、ビジネスモデルの中の価値提案が本当に顧客に価値を生み出しているかどうかを調べます。

顧客に価値を生み出していますか？

バリュー・プロポジションキャンバスは、
顧客のためにどう価値を生み出しているかを明らかにします

Azuri (Eight19): Turning a Solar Technology into a Viable Business

アズリ（エイト19）：太陽光テクノロジーを事業として成り立たせる

世界中で16億人がいまだに電気のない生活をしています。新技術に基づいた画期的な価値提案やビジネスモデルはその答えになるでしょうか？

サイモン・ブランズフィールド・ガースは、ケンブリッジ大学発の印刷プラスチック技術を基にエイト19を立ち上げました。この技術は低コストの太陽電池を届けるためにデザインされました。2012年、エイト19はアズリを立ち上げ、この技術を商業化して、送電網が整備されていない新興国の農村部に電気を届けています。

このような環境で、適切な価値提案とビジネスモデルを見つけることは簡単ではありません。ここで、それが反復的なプロセスであることをお見せしましょう。

1

最初のアイデア（事業機会）

低コストの太陽光技術を開発し、貧困層に電気を届ける。

アズリのビジネスモデル（バージョン0）

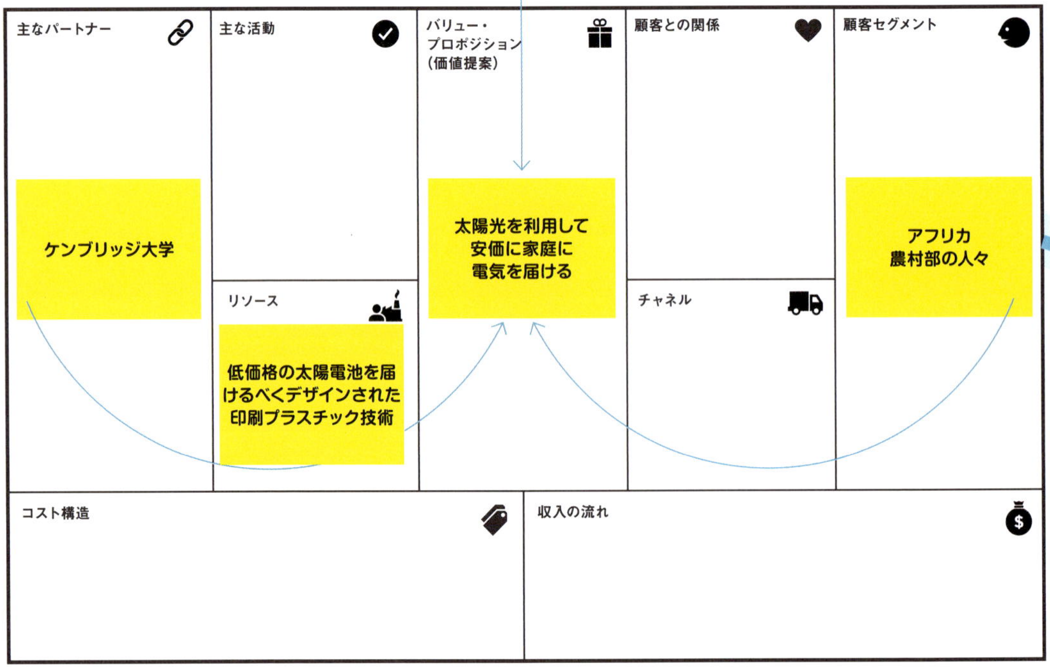

アズリに従って事例を紹介

Zoom in
ズームイン

2

観察　価格の壁

日給3ドルで働く農民に70ドルの太陽発電システムは買えない。

3

無料！　もし？

太陽光パネルの設置を無料にして初期費用の壁を破る。

アズリ　バリュー・プロポジション　バージョン0

アフリカ農村部の人々

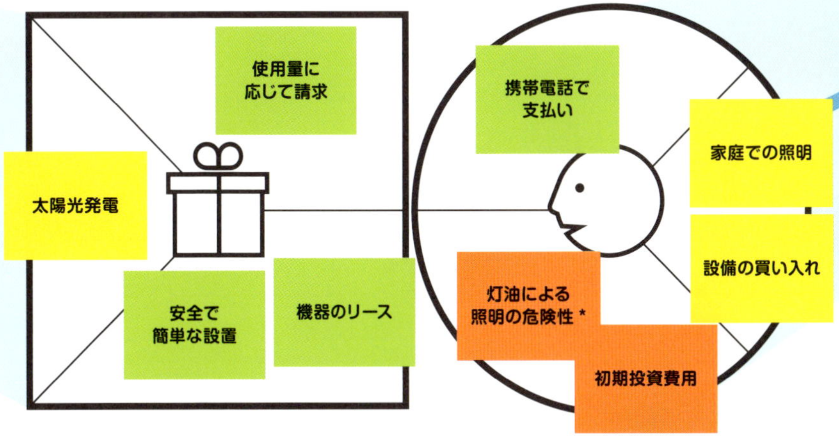

* 電気の代替は灯油を使った照明だが、これは危険で高価でもある

4

反復　2

ビジネスモデルのアイデア

太陽光発電設備を貸し出して、定期料金を徴収する；従来の太陽光パネルには最適；設置費用の資金調達にはリソースと提携先が必要。

Zoom out
ズームアウト

アズリのビジネスモデル（バージョン1）

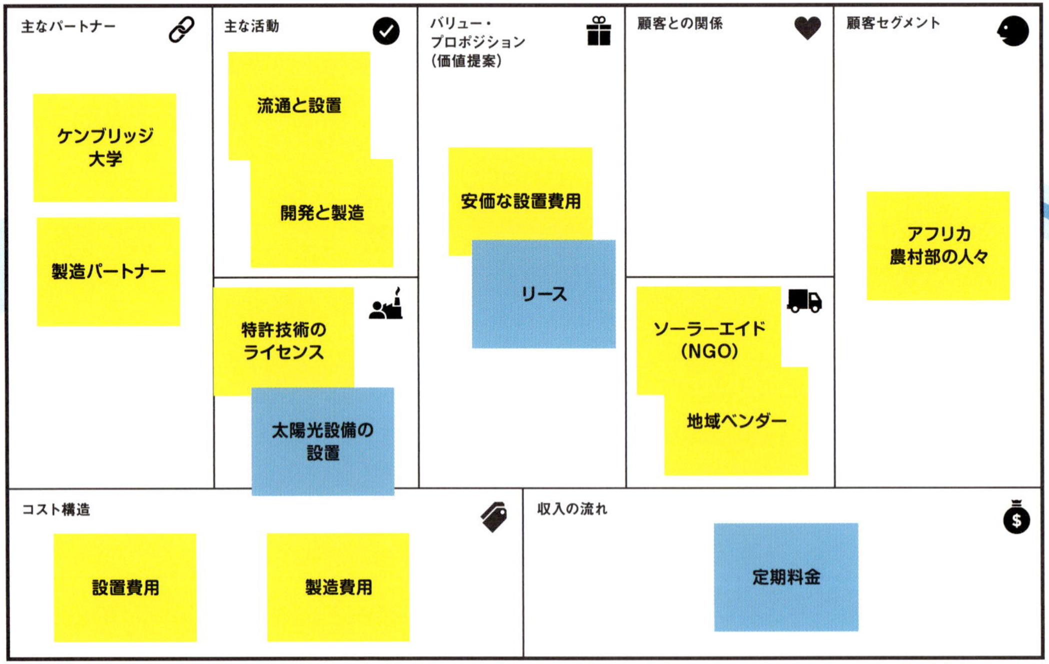

Zoom in
ズームイン

5

観察

金融不在の壁

効率的な銀行制度がない場所で定期料金をどう回収するか?

6

デザイン

ローテク解決法

携帯電話と太陽光技術を組み合わせ、スクラッチカードを使って一定時間だけ電気を利用できるようにする。

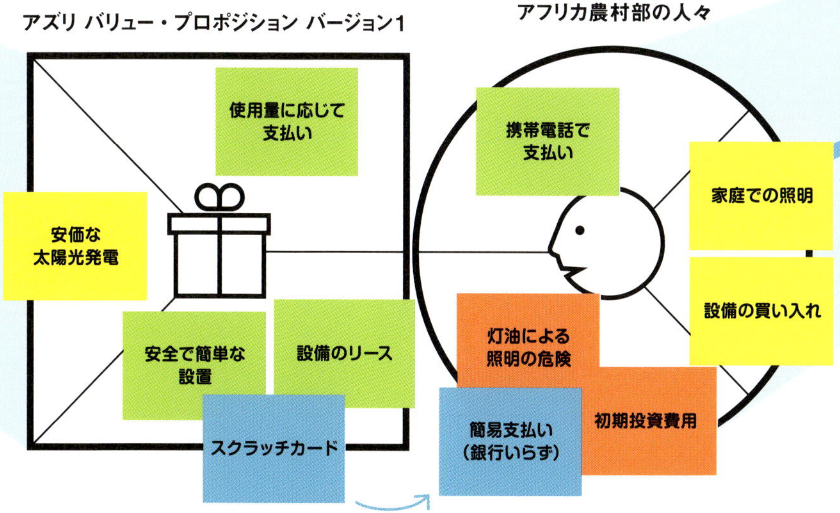

7

反復　3

ビジネスモデルのアイデア

スクラッチカード方式で週ごとに使用量に応じた支払いを可能にする太陽光発電機インディゴによるサービスを提供する。収入モデルをこれに合わせる。

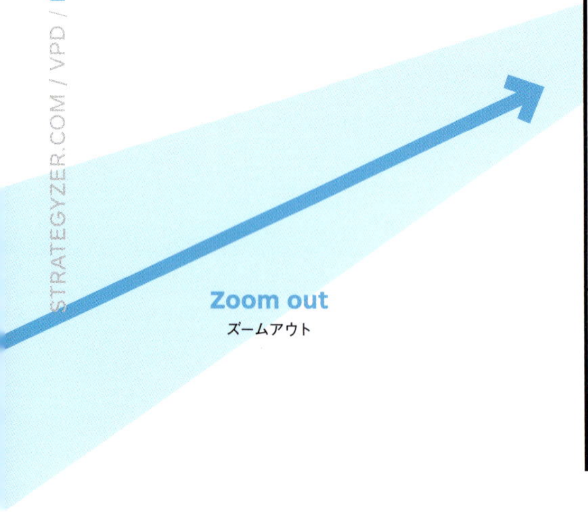

アズリのビジネスモデル（バージョン2）

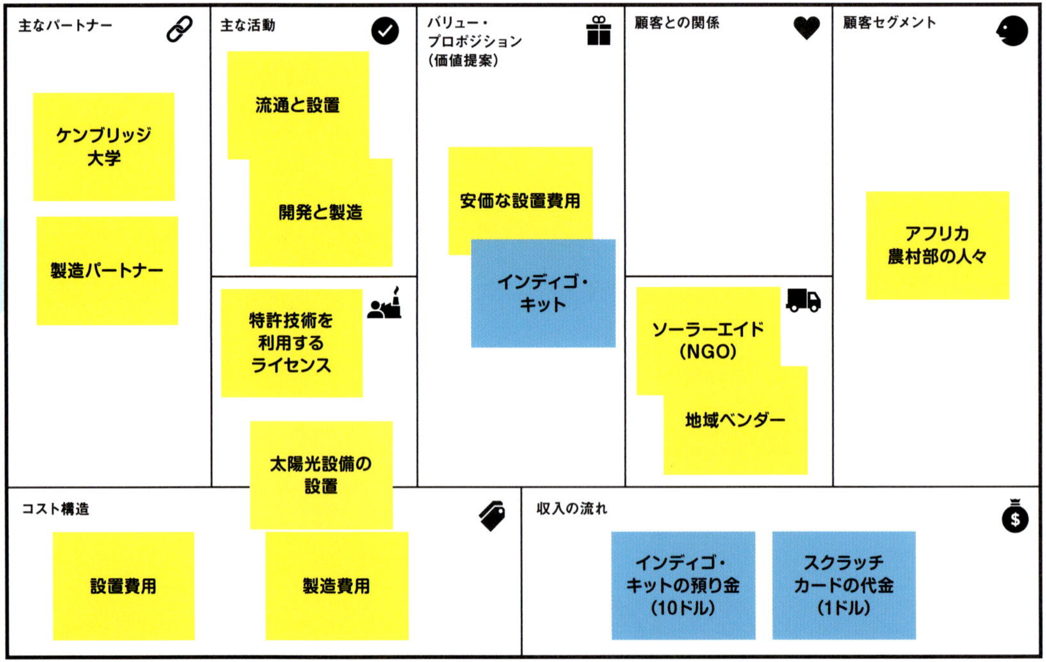

手頃なスクラッチカードの料金で、長期にわたって設置費用を回収する。

それでは…

**インディゴの価値提案は
顧客からどう見えるでしょう？**

10ドル

インディゴ・キットを購入（ソーラーパネル、ランプ、充電器）。

1ドル

スクラッチカードを購入して携帯電話のSMSに送信されるパスコードを入力し、一定期間（通常一週間）設備を使用する。

無料

スクラッチカードを80枚購入した後は、設備を所有できる。

アップグレード

より大規模なシステムに移行し、より多くの電力を使用する。スクラッチカードの購入を継続する。

Time

From Value Proposition to Business Model…

バリュー・プロポジションからビジネスモデルへ

目的

価値提案とビジネスモデルを結ぶ練習をする

結果

スキルの向上

p. 96から

Part A

ビジネスモデル全体をデザインする。

p. 96で、革新的な空気圧蓄電技術を商業化する価値提案を考えました。ここで、その残りのビジネスモデルと大まかな数字を試算しましょう。

A1 フロントステージ

収入モデルを試算し、流通経路を選び、顧客との関係を定義しましょう。

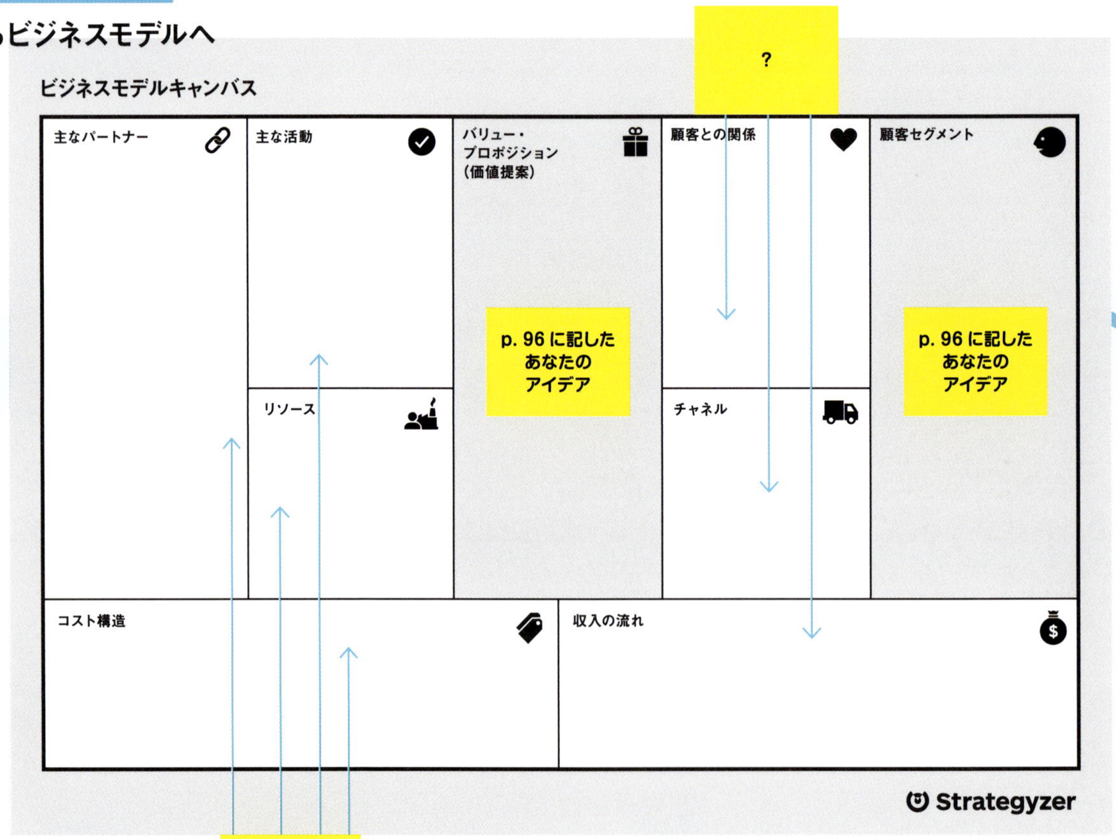

A2 バックステージ

ビジネスモデルの成功に必要な主なリソース、主な活動、キーパートナーを加え、コスト構造を予測しましょう。

A3 評価

プロトタイプを評価し、ビジネスモデルの弱点になりそうな部分を探しましょう。

...and Back Again ……そしてもう一度もとに戻る

Part B

価値提案を見直す

総合的なビジネスモデルのプロトタイプ（パートA）の弱点を評価しましょう。次の5つの質問を自問し、価値提案をどう改善するか、またはどう変えるか、全く異なるセグメントに目を向けるかを考えましょう。

B4

ベネフィットを変える、または取り消す

顧客プロフィールを変えたら、価値提案のベネフィットを変える、または取り消す必要がありますか？

B3

プロフィールを改良する、または取り消す

顧客プロフィールを改良しますか？　それとも顧客セグメントを変えて全く新しいプロフィールを作りますか？

B5

フィットを確かめる

新しい顧客プロフィールと新しくデザインした価値提案は一致していますか？（P.40参照）

必要ならステップAを繰り返す

Zoom in
ズームイン

アドバイス

・顧客を調査し（P.106）とエビデンスを手に入れて（P.216）、新しい前提を裏付けましょう

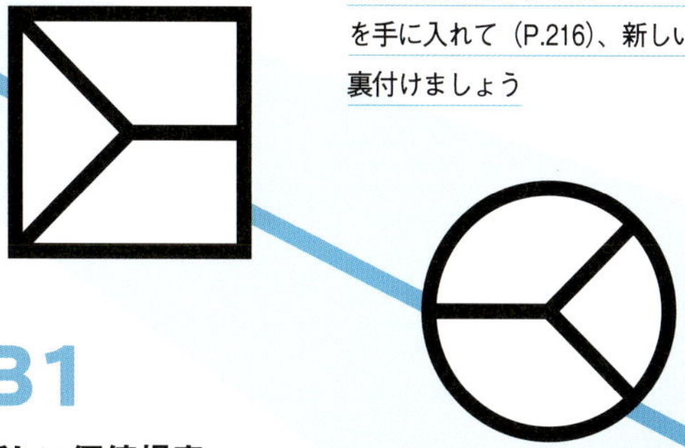

B1

新しい価値提案

同じ技術を使った全く違う価値提案はありますか？

B2

新しいセグメント

顧客セグメントはそのままでいいですか？　それとも全く異なるセグメント、より大規模な市場セグメントに移りますか？

バリュー・プロポジションキャンバス

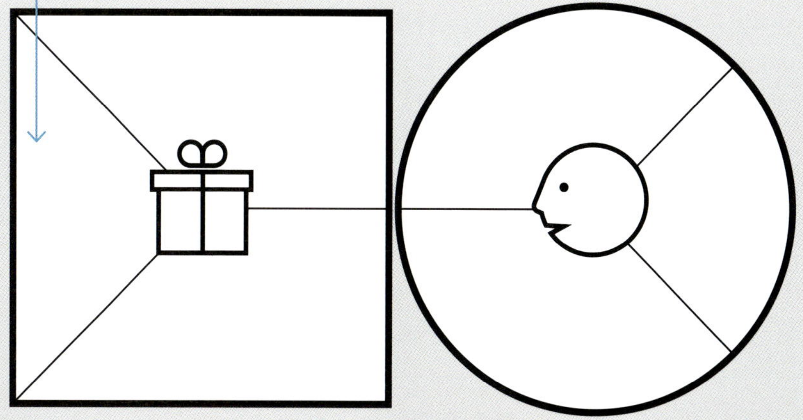

Strategyzer

Stress Testing with Numbers: A MedTech Illustration

定量的なストレステスト：メドテックの例

優れた価値提案も、財務的に健全なビジネスモデルがなければ、大きな成功にはつながりません。最悪の場合、収入よりも費用が嵩んで失敗に終わるでしょう。しかし、たとえ健全なビジネスモデルであっても結果はさまざまです。

異なるビジネスモデルと異なる収益予想を試算し、ベストなものを選びましょう。この見開きには、医療テクノロジー企業の例を挙げました。安価な診断装置の製造テクノロジーを使った2つのビジネスモデルを示しています。

ひとつめのプロトタイプは550万ドルの売上と50万ドルの利益が期待できます。同じテクノロジーを使いながら、価値提案とビジネスモデルが違う2つめのプロトタイプは3000万ドル以上の売上と2300万ドルの利益が期待できます。

どちらのモデルがうまくいくかは市場が判断することですが、いずれにしろ、ベストな選択肢を選んで検証すべきでしょう。

メドテック　プロトタイプ1

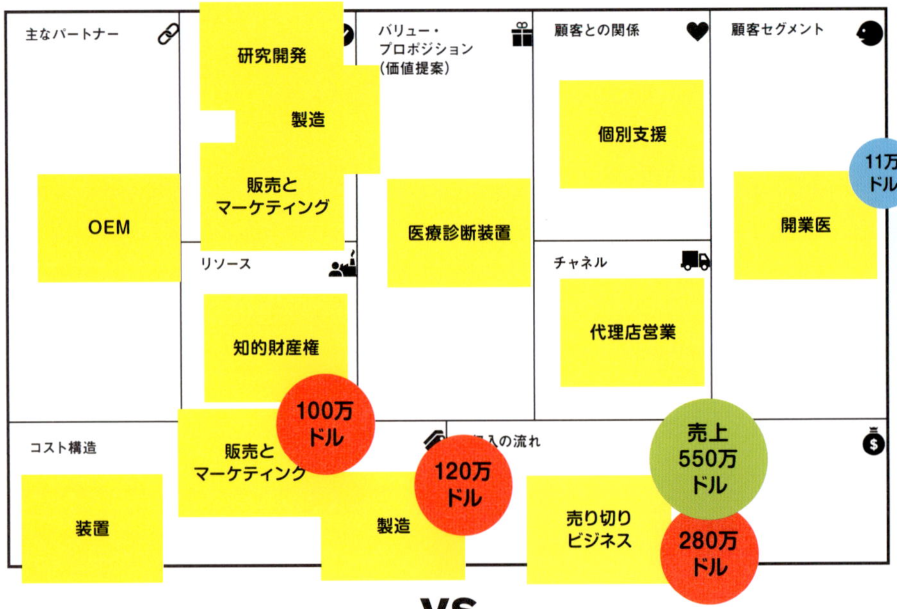

vs.

メドテック　プロトタイプ2

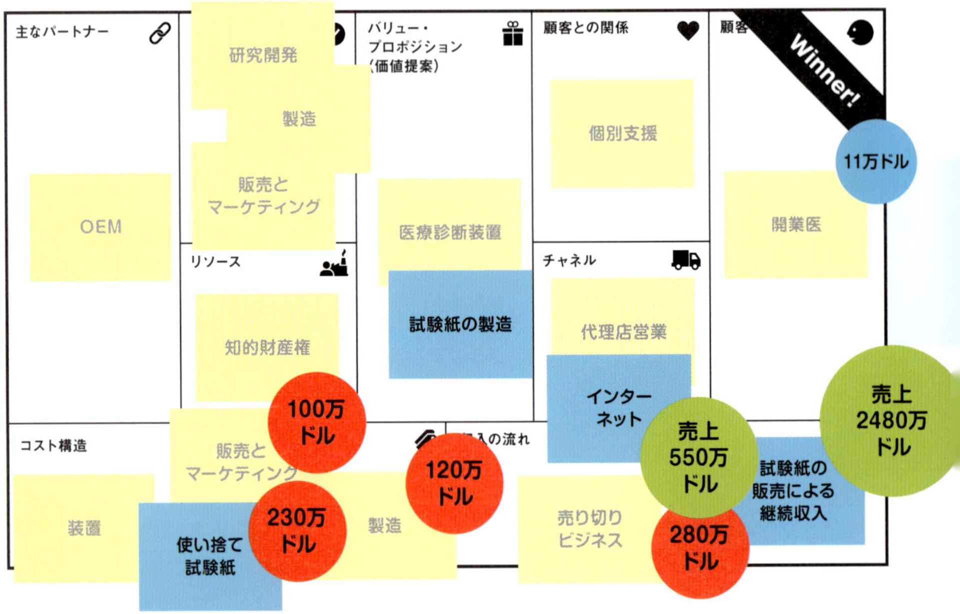

モデル1　医療診断装置の販売

- アメリカの開業医に1台1000ドルの診断装置を売り切りで販売する
- 市場シェア5パーセント
- 販売代理店に支払う手数料ー50パーセント
- 変動費1台あたり225ドル
- マーケティング固定費　100万ドル

コスト	売上
装置製造　120万ドル	装置売上　550万ドル
販売マーケティング　100万ドル	
販売手数料　280万ドル	
利益　50万ドル	

50万ドル

利益

簡単な試算では、このモデルはそれほど利益が出ないことがわかります。そこで、また始めに戻ってビジネスモデルの変更を考えます。

モデル2：使い捨て試験紙の販売による継続収入

- 診断にはその度に試験紙が必要
- 1ヵ月に1台あたり平均5枚で75ドルの継続収入
- 試験紙製造にかかる変動費は1枚あたり7ドル

コスト	収入
装置製造　120万ドル	装置売上　550万ドル
販売マーケティング　100万ドル	試験紙売上　2480万ドル
販売手数料　280万ドル	
試験紙製造　230万ドル	
利益　2300万ドル	

利益

同じテクノロジーでもビジネスモデルを変えれば潜在利益ははるかに大きくなります。この数字に確かな証拠があるわけではないとしても、次の段階に進むのはこちらのほうがはるかに魅力的です。

2300万ドル

バリュー・プロポジションモデル1

バリュー・プロポジションモデル2

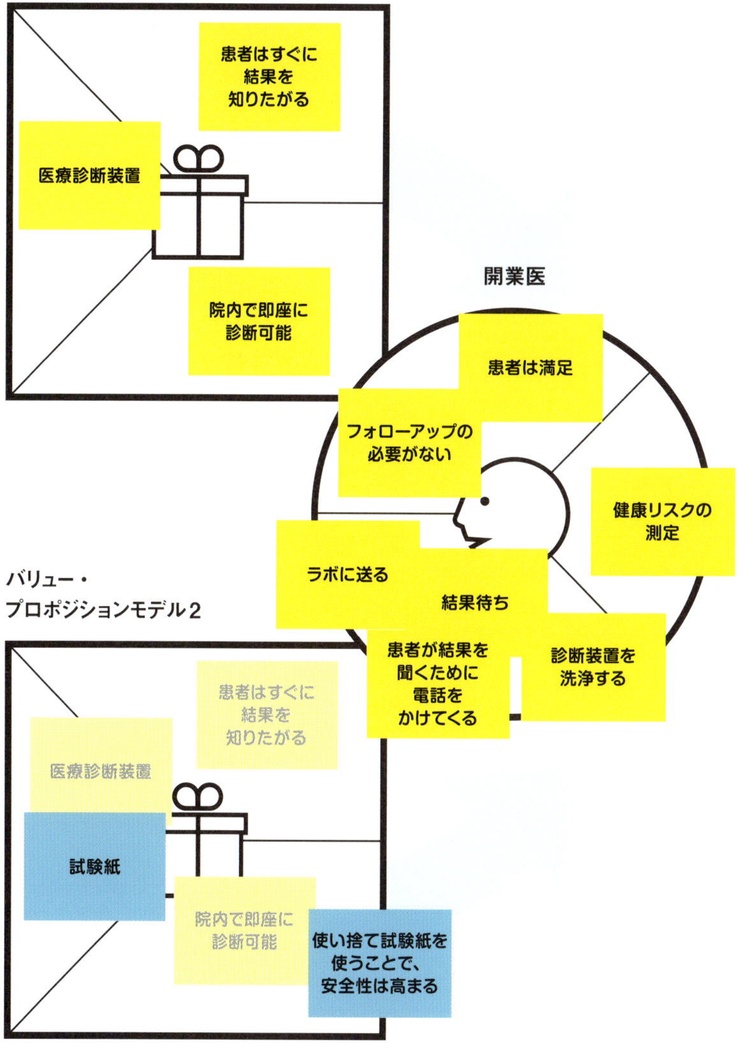

Seven Questions to Assess Your Business Model Design

ビジネスモデルを評価するための7つの質問

目的
ビジネスモデルの改善点を掘り起こす

結果
ビジネスモデルの評価

優れた価値提案は、優れたビジネスモデルの中に組み入れられなければなりません。よりよいビジネスモデルは、より多くの利益を生み出し、模倣が難しく、ライバルに差を付けることにつながります。

次の７つの質問に答えて、あなたのビジネスモデルに点数を付けましょう。

インターネット上でも実習ができます

1　スイッチング（乗り換え）コスト

顧客が他の企業に乗り換えるのはどのくらい簡単（難しい）ですか？

数年間は乗り換えられない

10
○
○
○
○
○
○
○
○
○
0

顧客を引き止めるものはなにもない

iPodの発売により、顧客はiTunesですべての音楽をダウンロードするようになり、乗り換えは難しくなりました。

2　継続収入

何かを販売すると、ほぼかならず追加的な売上や購買が伴いますか？

何かを販売すると、100パーセント自動的な継続収入につながる

10
○
○
○
○
○
○
○
○
○
0

100パーセント売り切り

ネスプレッソはそれまで売り切りモデルだったコーヒー業界を、専用機を使った1杯分のカプセル販売による継続的収入モデルに切り替えました。

3　売上とコスト発生のタイミング

コストが発生する前に売上を得ていますか？

コスト（原価）が発生する前に売上を全額回収する

10

0

売上の前に100パーセントのコストが発生する

パソコンメーカーはかつて販売よりかなり前に製造し、在庫リスクを抱えていましたが、デルはその慣行を破り直接販売に移行し、受注生産を行なったことで売上が先行するようになりました。

4　革命的なコスト構造

あなたのコスト構造はライバルに大きな差を付けていますか？

ライバルと比べて、少なくとも3割は低い

10

0

ライバルと比べて、少なくとも3割は高い

Skype と WhatsApp（ワッツアップ）は音声とテキストに無料のインターネットインフラを使うことで、多額の設備投資費用がかかる通信業界を破壊しています。

5　外部の助け

顧客や外部の人がどのくらいの価値を無償で創造してくれますか？

第三者がすべての価値を創造する

10

0

自分がすべての価値を創造する

Facebookのビジネスモデルの価値のほとんどは10億を超えるユーザーが生むコンテンツによるものです。クレジットカード会社の場合は、小売店と購買者が価値を創造しています。

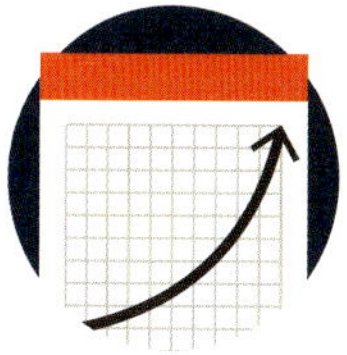

6　規模拡大

障害（インフラ、顧客サポート、採用など）に突き当たる前に、どのくらいの規模拡大が可能ですか？

無限の成長の可能性がある

10

0

規模拡大にはかなりのリソースと努力が必要

ライセンスとフランチャイズは極めて規模拡大がしやすく、Facebook や WhatsApp も数名の社員で数億のユーザーに対応できます。クレジットカード会社もまた、規模拡大の好例と言えるでしょう。

7　ライバルへの障壁

競合他社に対する障壁はどのくらい高いですか？

超えられないほどの障壁がある

10

0

障壁はなく、脆弱
誰でも参入できる

優れたビジネスモデルに打ち勝つことはなかなかできません。IKEA を模倣する会社はほとんどありません。また、Apple Store を抱える Apple のようなプラットフォームモデルも高い障壁になります。

2.6

Designing in Established Organizations

確立された組織における
バリュー・プロポジション・デザイン

Acme
OBSERVATION
PROTOTYPING
ASSESSMENT
FINANCE
7 QUESTIONS
BUSINESS MODEL
TO TESTING
FAILED

Adopt the Right Attitude to Invent or Improve

発明か改善に正しい姿勢で臨む

既存組織は既存のバリュー・プロポジション（価値提案）を改善すると同時に、積極的に新しい価値提案を作り出さなければなりません。プロジェクトのはじめに、自分たちが、発明から改善までの線上のどこにいるかを確認しましょう。その位置によって、必要とされる姿勢とプロセスが変わります。優れた企業は、発明から改善までの広い範囲を網羅するような、バランスの取れたプロジェクトのポートフォリオを備えています。

invent

発明

目的	既存の価値提案とビジネスモデルの制約にとらわれず、 新しい価値提案をデザインすること（経営的な制約が存在する場合もある）
狙い	・積極的な未来への賭け ・危機から救い出す ・革命的なテクノロジーを生み出し、新しい規制に対応する ・ライバルの破壊的な価値提案に対抗する
財務目標	年率50パーセントを超える売上成長
リスクや不確実性	高い
顧客知識	低い、または皆無
ビジネスモデル	ラジカルなモデルや変化が必要
失敗への姿勢	学習の一部であり反復プロセス
マインドセット	新しい可能性を探し求める
デザイン手法	ラジカルで破壊的な価値提案（とビジネスモデル）の変革
主な活動	調査、テスト、評価
事例	アマゾン ウェブ サービス 新しいITインフラに基づいたこの価値提案は、新たな顧客セグメントを狙ったものだった。 このサービスは主な既存リソースと活動の上に構築されたが、Amazonはビジネスモデルを大幅に拡張しなければならなかった。

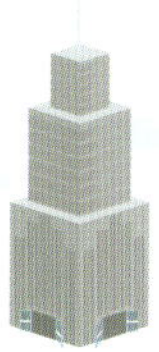

improve

改善

ビジネスモデルを大胆に変革したり影響を与えたりせず、既存の価値提案を改善する
・時代遅れの製品とサービスを刷新する ・フィットを確認し、維持する ・潜在利益またはコスト構造を改善する ・成長を維持する ・顧客の不満に応える
年率でゼロから15パーセントの（かそれを超える）売上成長（企業による）
低い
高い
あまり変わらない
失敗はありえない
ひとつ以上の面を改善する
既存の価値提案を段階的に改善し、調整する
改良し、計画し、実行する
Amazonプライム Amazon得意客を狙って特典会員制度を提供する

発明と改善の間に

改善に近いプロジェクトでは、既存のビジネスモデルを大きく変えるような投資をせずに、新しい成長エンジンを見つけなければならないという状況がよく見られます。この場合、既存のモデルとプラットフォームを通して投資をマネタイズする必要があります。

この場合の目的は、背景にあるビジネスモデルを大幅に変えずに、既存のモデルを拡大するような新しい価値提案を探すことです。

例えば、Kindleの登場によってAmazonは顧客にデジタルコンテンツを提供するチャネルを作りました。顧客にとっては非常に優れた価値提案ですが、それはすでに確立され効率的に運用されている電子コマースのビジネスモデルの範囲内にあるものです。

アドバイス

優れた企業は、発明から改善までの線上にある価値提案とビジネスモデルのポートフォリオを考え、そこにあるシナジーやライバルとの軋轢を明らかにします。こうした企業は前向きで、ただ危機が訪れるまで待つのではなく、成功している時に積極的に発明を世に出すことができるのです

The Business Book of the Future 未来のビジネス書

あなたがビジネス書の出版元だと仮定しましょう。どうしたらこれまでの商品を改善し、未来のビジネス書を発明できるでしょう？　それはもはや本とは言えないようなものかもしれません。ここでは、発明と改善の線上にある3つのアイデアを描いてみました。

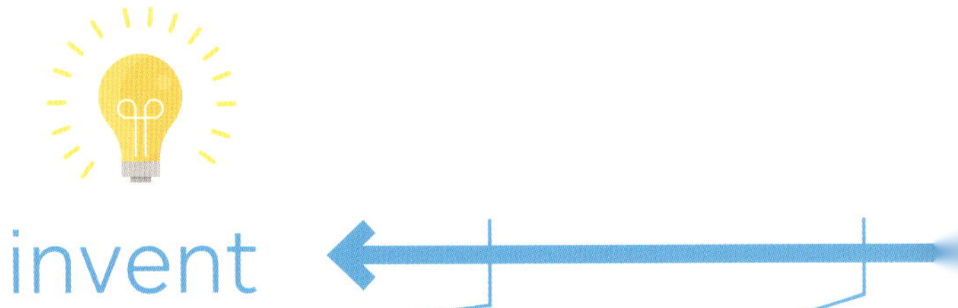

YouTubeによるビジネス研修

これは、問題解決を求める顧客とビジネスの専門家を動画でつなぐ、オンラインのプラットフォームです。これを実現するには出版のビジネスモデルを大きく超えるか、根本から作り変えなければなりません。

このコンセプトには全く異なるビジネスモデルが必要になります。これまでのビジネスモデルでは時代遅れなのです。

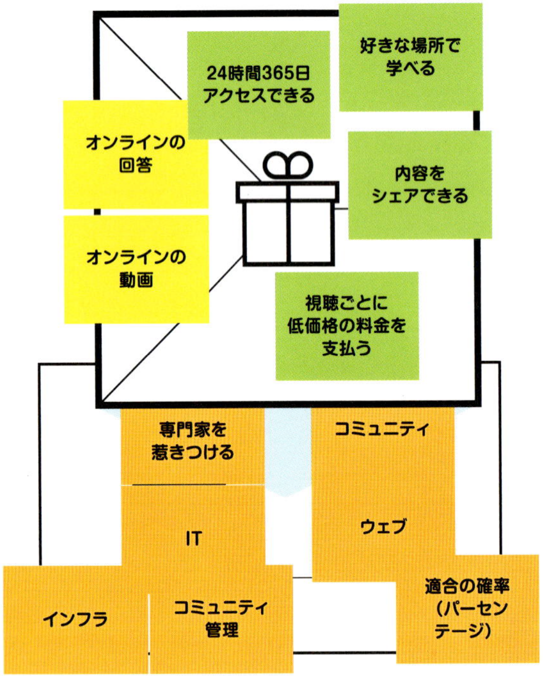

コールフリーのビジネス専用ライン（無料通話）

コールフリーの専用ラインを通じてビジネス書を販売し、オンデマンドの回答を提供するサービスです。既存のビジネスモデルの上に構築できますが、販売からサービスモデルへの拡大が必要です。

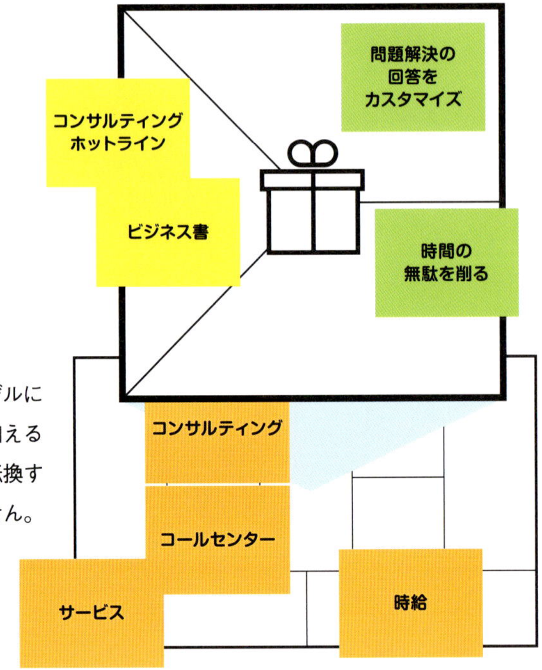

既存のビジネスモデルに追加のサービスを加えるだけで、モデルを転換するわけではありません。

improve

実践的なビジネス書

ビジネス書をビジュアル化して、より実践的な内容に変えますが、基本的なビジネスモデルは変わりません。

価値提案に改善を加えますが、ビジネスモデルは少し調整する程度です。

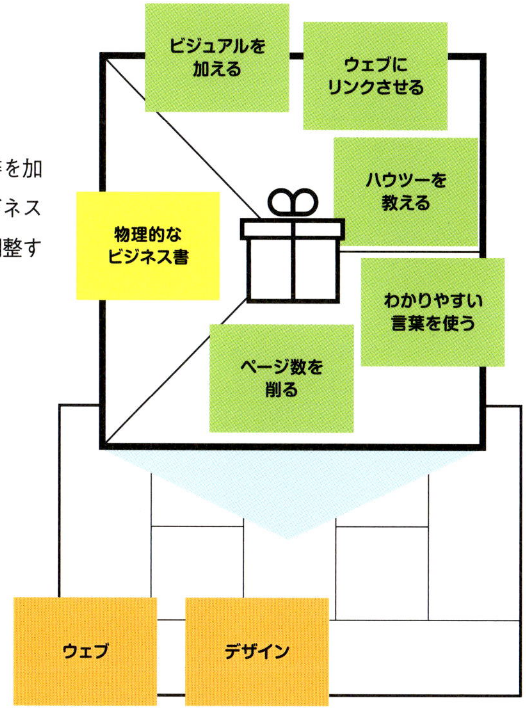

発明に近づくにつれ、新しい価値提案と既存のものとの違いは大きくなります。新しい価値提案を発明することで、顧客にとって本当に重要な課題に近づく可能性は高まるでしょう。
この本の価値提案は、物理的なビジネス書、共有可能なオンラインコンテンツ、そしてオンライン授業を通した先端的な学習の3層からできています。ビジネスの学習と実践の境界を広げることが、私たちの目標です。
オンライン演習とストラテジャイザー・ドットコムの教材を組み合わせ、読者にとって重要な課題により適切に対応することを目指しています。

Reinvent by Shifting from Products...

製品から……

建設機械メーカーのヒルティは、製品からサービスへの転換を通して、価値提案とビジネスモデルを作り直しました。自社ブランドの建設機械を販売する事業から、必要に応じて顧客に機械を貸し出す事業に変わるには、価値提案だけでなくビジネスモデルを大転換しなければなりませんでした。では、ヒルティがどのようにそれを成し遂げたのかを見てみましょう。
製造メーカーからサービス・プロバイダーへの転換を果たすことで競争優位性をふたたび手に入れようと考える企業は少なくありません。ですが、そのためには、現状を大きく変える必要があります。

古いモデル

以前のヒルティのモデルは、高品質の建設機械を建築会社に販売することでした。ヒルティの製品は壊れにくく、長持ちし、時間のロスが少ないため結果的に安上がりでした。また、とりわけ安全性には定評があり、使いやすいことでも知られていました。
ですが残念なことに、この古いモデルの利益率は下がりつつあり、また低価格のライバルとの競争にもさらされていました。

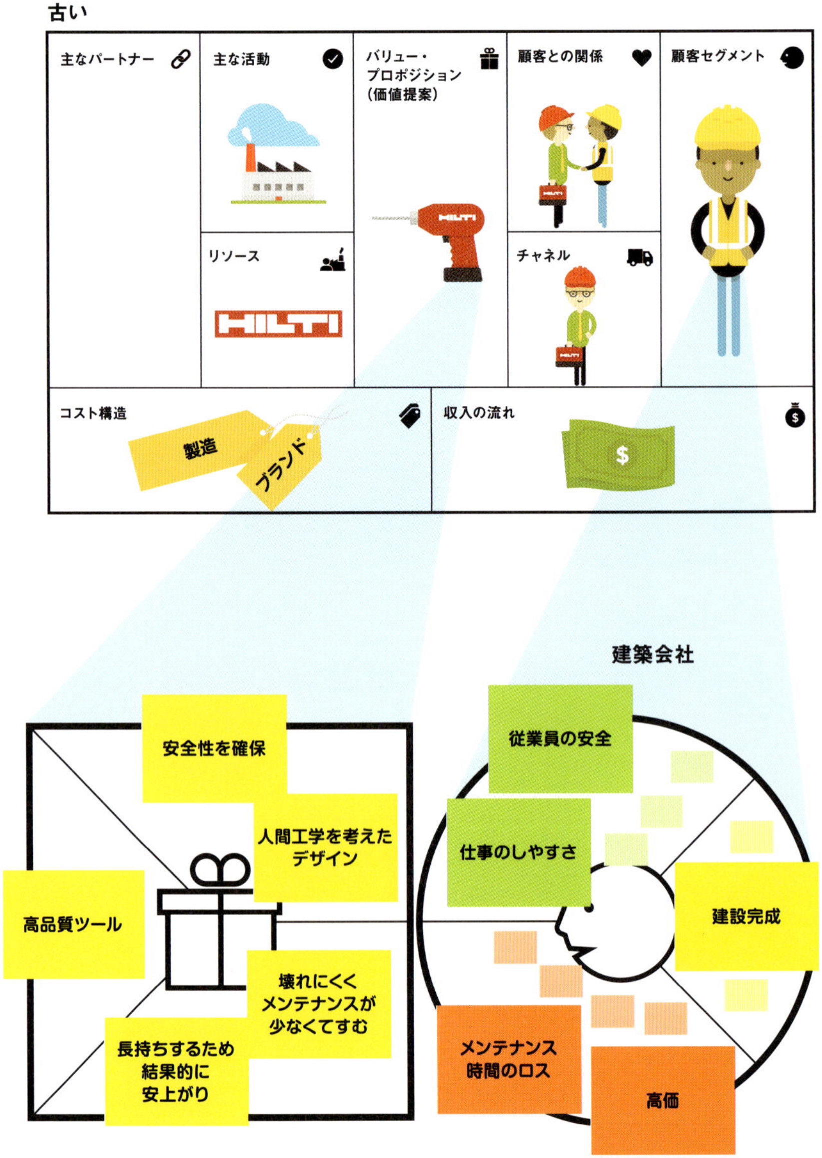

ヒルティについての詳細は、ジョンソン著『ホワイトスペース戦略』（CCCメディアハウス2011年）を参照

あたらしい

...to Services

……サービスへの転換

ヒルティは、自社の建設機械がより重要な顧客の仕事に関わっていることを発見し、達成すべき「新しい仕事」に注目しました。それは、納期を守り、損失を防ぐことです。機械の故障や不具合や盗難は、建設の遅れや損失につながります。そこで、ヒルティは建設機械周辺のサービスを提供する、新しい価値提案へと移行したのです。

新しい出発

ヒルティは、現場に応じた適切な機械をタイミングよく届けることで、建築会社のためにより大きな価値を創造するような、サービスベースの新しい価値提案を生み出しました。このサービスを使えば、建築会社はより精度の高いコスト管理が可能になり、利益を確保できるようになるのです。

ビジネスモデルへのインパクト

製品からサービスへの移行は、簡単で当たり前の変更のように見えますが、それにはビジネスモデルの大幅な再編が必要でした。ヒルティは製造の他にサービスのための新たなリソースと活動を追加しなければなりませんでした。この新たな価値提案によって、ヒルティの利益率と経常利益は高まり、より明確な差別化が可能になりました。

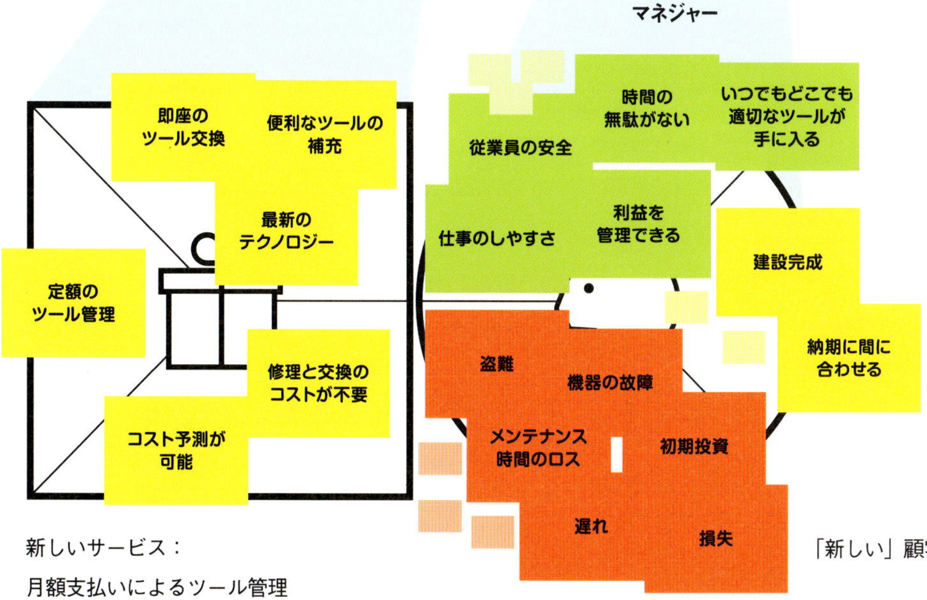

新しいサービス：
月額支払いによるツール管理

「新しい」顧客の重要な仕事：納期を守る

The Perfect Workshop Setting

理想のワークショップ環境

ワークショップは、確立された企業で価値提案をデザインするプロセスの重要な要素です。優れたワークショップはデザインプロセスを大きく改善し、よりよい結果につなげます。次の質問は、理想的な環境づくりに役立つでしょう。

太いマジックを使って遠くからでもアイデアが見えるようにする

大きな画用紙を壁に貼ってアイデアを描く

ポストイットを使ってアイデアを動かす――何色か準備して色分けするといい

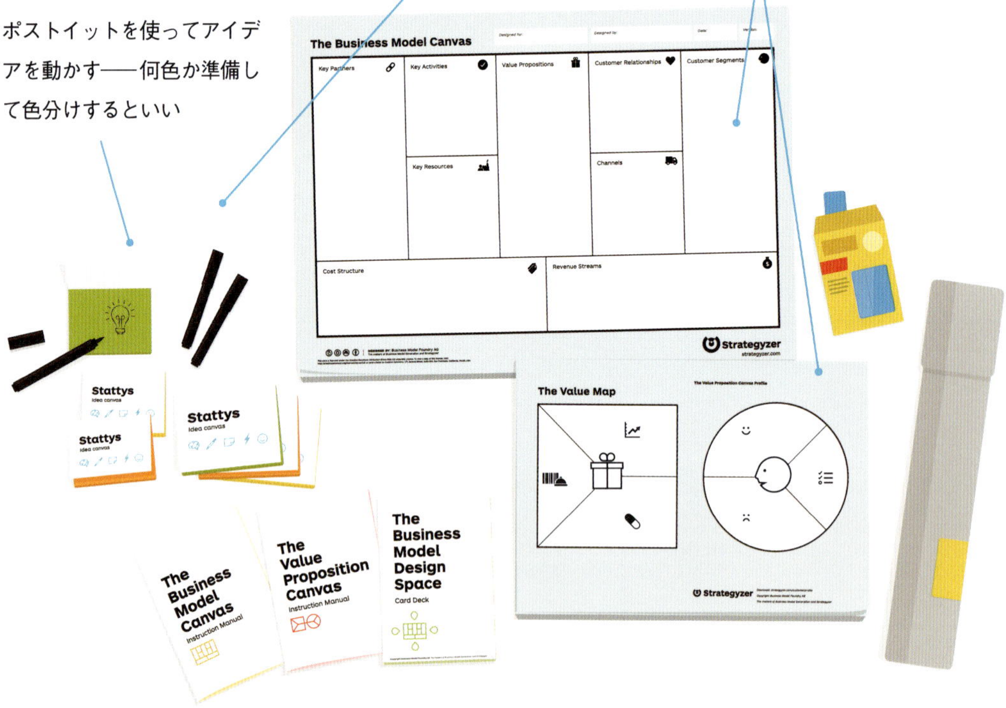

誰が参加すべき？

異なるバックグラウンドを持つ人、特にビジネスモデルに大きな影響を与えそうな人を招きましょう。彼らの賛同は欠かせません。また、顧客に直接接するスタッフを引き入れて、その知識を利用しましょう。顧客や事業パートナーも価値提案の評価に役立ちます。

フォーマットは？

バリュー・プロポジション・デザインの初期の段階では、多様な視点があるほうがいいでしょう。10名を超える参加者がいれば、五人ずつのグループを作って同時並行的に進めることができます。後の段階では少人数のほうがいいでしょう。

スペースをどう使うか？

スペースは見過ごされがちですが、結果を左右する要素です。壁面が大きく、作業エリアが充分に取れる広いスペースを選びましょう。創造やコラボレーションが進み、生産性が上がるような空間を準備しましょう。

必要なツールと教材は？

作業エリアを準備し、キャンバス、ポストイット、紙、画鋲、マジック、その他の必要なものを置きましょう。

どこでも手に入るワークショップの材料をチェックしましょう

仕掛かり中のアイデア／インスピレーションの展示
仕掛かり中の仕事やキャンバスを展示できるエリアを設けましょう。また「インスピレーションの壁」を設けて、参考になるモデルや事例や競合他社のモデルを展示し、そこからアイデアを膨らませましょう。

プロジェクターとスクリーン
スライドや顧客のビデオを見せるために使います。これは全員が見やすい配置でなければなりません。

少人数グループのエリア
ここで作業が行なわれます。ひとグループに4〜5人が理想的です。特に必要ない限り、椅子とテーブルを置いてはいけません。各グループ別々の部屋でなく、同じ部屋で作業をするほうがテンションを高く保てるでしょう。

機材制御
ワークショップの進行に必要な機材、コンピュータ、音響、Wi-Fi、プリンタなどのスペースです。

壁
大きな垂直のスペースはワークショップに欠かせません。動かせるものでもいいですし、建物の一部でもかまいません。大型画用紙、ポストイット、フリップチャートなどを貼る空間を準備しましょう。

部屋の大きさ、様子、感触
10人の参加者に50㎡が目安と考えましょう。ホテルの宴会場よりも、ワクワクするような場所を準備しましょう。

全員が集まれる場所
ここに全員が集まり、プレゼンテーションを見たり議論をしたりします。テーブルはあってもなくてもかまいません。

Compose Your Workshop

ワークショップを構成する

優れたワークショップからは、具体的で実行可能な結果が生み出されます。本書のツールとプロセスを使って、素晴らしい結果につながるワークショップの枠組みをデザインしましょう。

優れたワークショップを構成するための原則

・新しい、または改善された価値提案やビジネスモデルをどう作り出すかを参加者に示すような計画を作りましょう

・一度にひとつの簡単なタスク（モジュール）に注目し、順番に作業を行ないましょう

・キャンバスや6つの帽子などのツールやプロセスを使って体系的な議論を行ない、堂々巡りを避けましょう

・4人から6人の少人数のグループに分かれて、作業とプレゼンテーションを交互に行ないましょう

・それぞれのタスクの時間、特にプロトタイピングの時間を厳格に守りましょう。すべての参加者にタイマーが見えるようにしましょう

・デザイン、批評、反復、転換が繰り返されるように構成しましょう

1日目	2日目
9 AM	9 AM
10 AM	10 AM
11 AM	11 AM
12 PM	12 PM
1 PM	1 PM
2 PM	2 PM
3 PM	3 PM
4 PM	4 PM
5 PM	5 PM

ここに挙げたモジュールを使ってワークショップを構成しましょう。

ワークショップ前

宿題として事前に顧客に関する知識を集めましょう

→ P.106

ワークショップ後

価値提案とビジネスモデルを現実世界で検証してみましょう

→ P.172

オンラインで次のものを集めましょう

・ワークショップの議題サンプル

・テンプレートと手引き

・すべてがひとつになった資料パッケージ

プロトタイプを作る

- きっかけになる質問 — → p. 15, 17, 31, 33
- 顧客セグメント マッピング — → p. 22
- バリュー・プロポジションマッピング — → p. 36
- ナプキンスケッチ — → p. 80
- アドリブ — → p. 82
- バリュー・プロポジションキャンバスの肉付け — → p. 84
- 制約 — → p. 90
- ビジネス書のアイデア — → p. 92
- プッシュ／プルの練習 — → p. 94
- イノベーションを生む6つの方法 — → p. 102

選択する

- 仕事、ペイン、ゲインをランク付けする — → p. 20
- フィットを見る — → p. 94
- 仕事を選ぶ — → p. 100
- 10の質問 — → p. 122
- 顧客の声 — → p. 124
- 環境に照らして評価する — → p. 126
- ライバルとの差別化 — → p. 128
- ボノの帽子 — → p. 136
- シール — → p. 138
- プロトタイプを選ぶ — → p. 140

反復プロセスでビジネスモデルを練る

- いったりきたりを繰り返す — → p. 152
- 収益予想 — → p. 154
- 7つの質問 — → p. 156

テスト準備

- 仮説を引き出す — → p. 200
- 仮説に優先順位を付ける — → p. 202
- テストをデザインする — → p. 204
- 実験の組み合わせを選ぶ — → p. 216
- テストのロードマップを作る — → p. 242–245

休憩

- ランチ
- コーヒーとおやつ

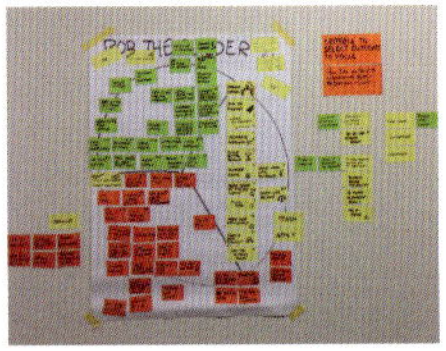

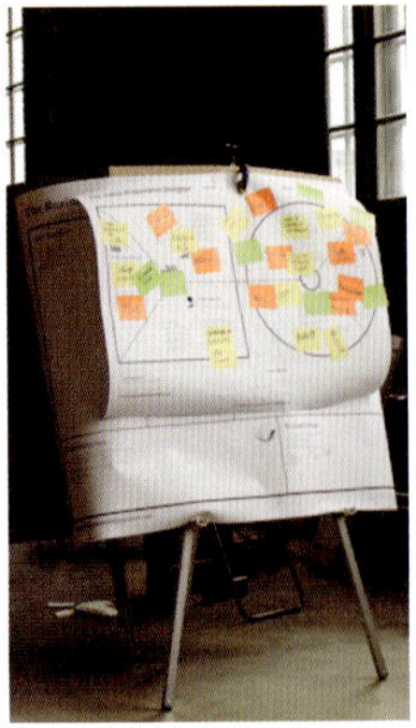

Lessons Learned 学んだこと

プロトタイピング

価値提案とビジネスモデルのプロトタイプを素早く何種類も作りましょう。最初のアイデアに固執してはいけません。初期のモデルは心置きなく捨てられるように粗く作ることを心がけ、のちに改善と改良を目指しましょう。

顧客を理解する

顧客を想像し、観察し、理解しましょう。顧客の身になって考えましょう。仕事や人生で何を成し遂げようとしているかを知りましょう。成功を妨げているのは何かを考えましょう。どんな結果を求めているのかを掘り起こしましょう。

正しいビジネスモデルを見つける

適切な価値提案を探し、正しいビジネスモデルにそれを組み入れましょう。適切なビジネスモデルは製品、サービス、テクノロジーによって違います。価値提案がどれほど優れていても、健全なビジネスモデルがなければ失敗することもあるのです。正しいビジネスモデルが失敗と成功の分かれ道になるかもしれません。

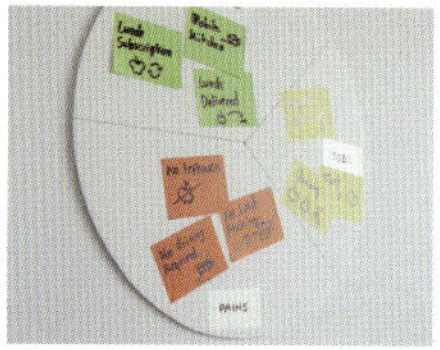

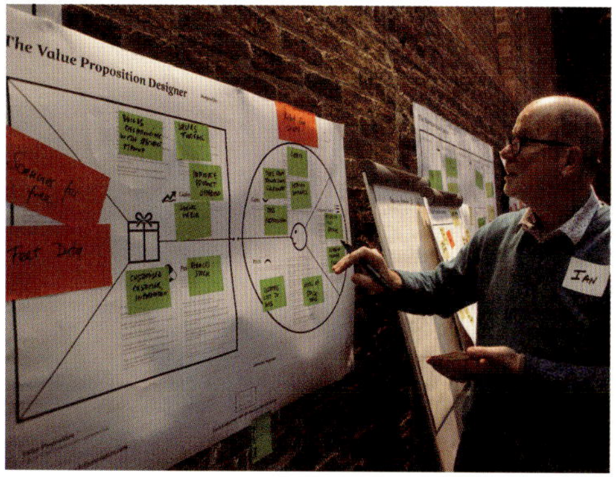
The Value Proposition Designer

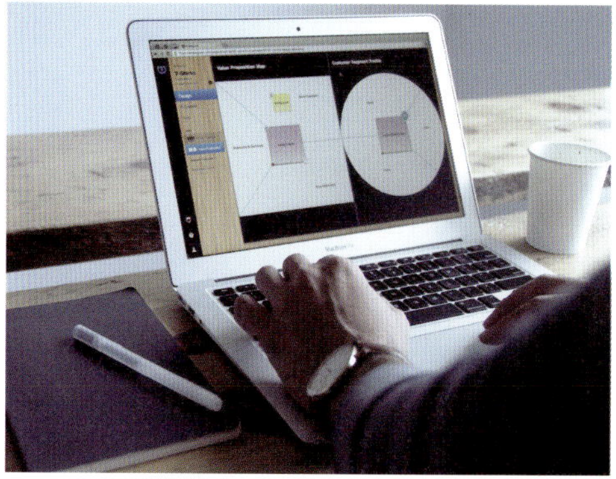

te

st

テスト

3

何を検証するか p. 118 を正しく判断し、改善された新しいバリュー・プロポジション（価値提案）のリスクと不確実性を減らしましょう。そして段階を踏んでテストを進め p. 196、「実験資料室」p. 214 を活用し、それらすべてを持ち寄って p. 238、進捗を測りましょう。

HYPOTHESIS EXTRACTOR
Test Card
Strategyzer
We believe that
HYPOTHESIS
#1
#2
#3
#4
#5
#6
#7
FROM DESIGN

DATA COLLECTOR
SUCCESS
TO DESIGN
DATA ANALYSIS
3
2
Learning Card
Strategyzer
We believe that
We observed

Start Experimenting to Reduce Risk

リスクを減らすために実験を始める

新しいアイデアを探し始める時点では、たいてい先が全く見えません。自分のアイデアがうまくいくかどうか、わからないのです。ビジネスプランを立ててアイデアを磨いたからといって、成功の確率が高まるわけではありません。お金をかけずにテストを行ない、そこから学ぶことでシステマチックに不確実性を減らしましょう。確実性が高まってから、実験やプロトタイプやパイロットにかける費用を増やしましょう。バリュー・プロポジションキャンバスとビジネスモデルキャンバスのすべての側面を、顧客からパートナー（流通パートナー）まで、すべての相手に検証しましょう。

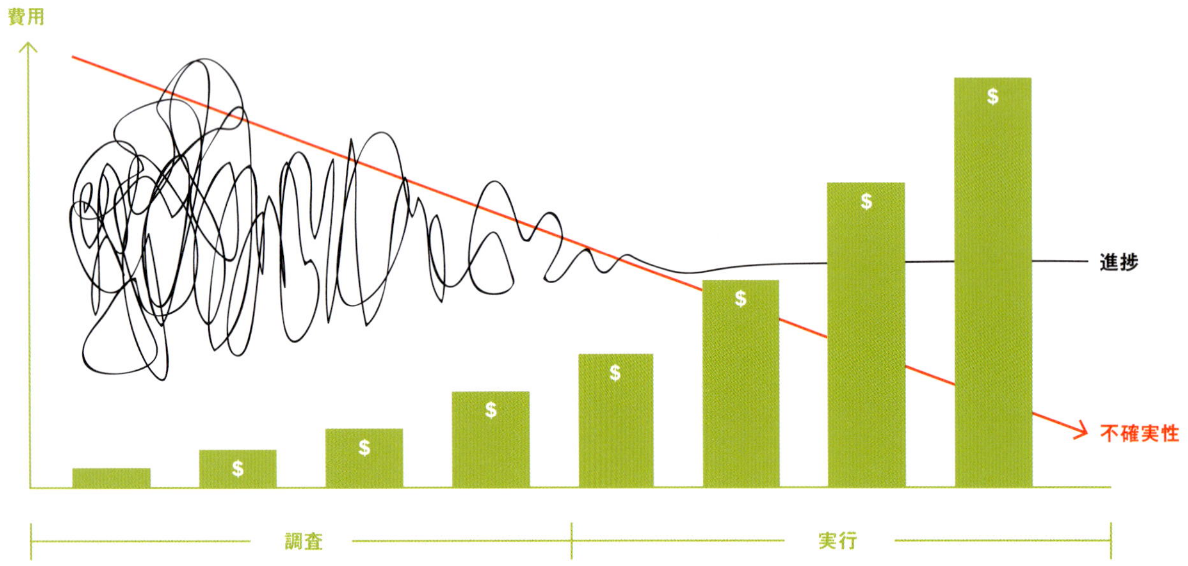

ビジネスプラン 対 実験プロセス

かつて起業の第一歩と言えば、ビジネスプランを書くことでした。ある程度先が見通せる環境なら、ビジネスプランは実行の優れた青写真になるでしょう。ですが、新しい事業はたいてい極めて不確実な状況のもとで始まります。ですから、体系的にアイデアをテストし、何がうまくいって、何がうまくいかないのかを知るほうがはるかに役に立つのです。むしろ、ビジネスプランを立てることで、リスクが増す場合もあります。隅々まで練られたプランがあれば失敗しないと思い込んでしまうからです。ですが、発想から市場化までにアイデアは大きく変わりますし、その過程で消え去ることも少なくありません。実験と学習を通して変化に適応し、積極的にリスクと不確実性を減らすことが必要です。次のページで紹介する実験のプロセスは、「顧客開発」と「リーン・スタートアップ」として知られています。

ビジネスプラン ⟷ 実験

新規事業にあてはめる

自分たちに知識がある	**姿勢**	顧客とパートナーに知識がある
ビジネスプラン	**ツール**	ビジネスモデルキャンバスとバリュー・プロポジションキャンバス
プランニング	**プロセス**	顧客開発とリーン・スタートアップ
社内	**場所**	社外
プランの実行	**注力点**	実験と学習
過去の成功からの事実	**意思決定基準**	実験からの事実と洞察
きちんと対応できない	**リスク**	学習によって最小化される
避ける	**失敗**	学習と改善の手段として受け入れる
綿密な計画の裏に隠される	**不確実性**	実験を通して認識され減る
詳しい記載と表計算	**詳細**	実験からの証拠による
仮定	**数字**	証拠に基づく

10 Testing Principles

検証における10の原則

次の10の原則を念頭に置き、一連の実験を通してバリュー・プロポジション（価値提案）のアイデアを検証しましょう。優れた実験を通して、何がうまくいき、何がうまくいかないのかが証明されます。また、これによって価値提案とビジネスモデルを調整したり変更したりできますし、体系的にリスクと不確実性を減らすことも可能になります。

「検証の10の原則」をダウンロードしましょう

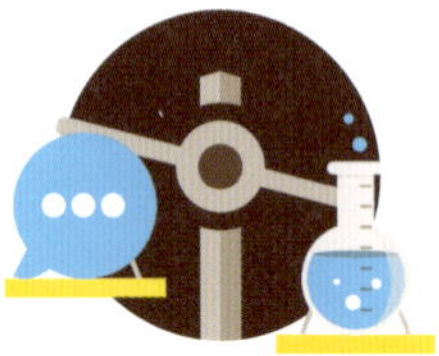

1

エビデンスは意見に勝る

（市場の）エビデンスは、自分、上司、投資家、その他の誰の意見よりも重要です。

2

失敗を受け入れることで、素早く学びリスクを減らす

アイデアの検証には失敗がつきものです。お金をかけずに早期に失敗すれば、学びも大きくリスクを減らすことにつながります。

3

早期にテストし、後で改良する

じっくりと考えたり、詳細を作り込んだりする前に、早い段階でお金をかけずに実験して知識を集めましょう。

4

実験と現実が食い違うこともある

実験とは、現実を理解するためのレンズです。実験は優れた物差しにはなりますが、現実と一致するわけではありません。

5

学習とビジョンのバランスを取る

ビジョンを諦めずに、テストの結果を取り入れましょう。

6

アイデアの決定的な欠陥を見つける

最初に一番重要な前提、あなたのアイデアを吹き飛ばすかもしれない前提を検証しましょう。

7

顧客を理解する

まず顧客の仕事、ペイン、ゲインを検証し、それから何を提供できるかをテストしましょう。

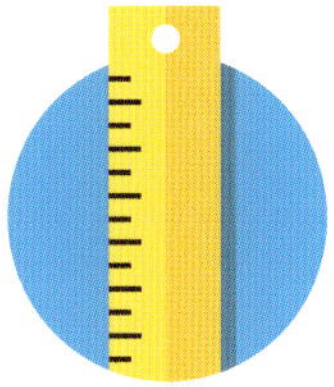

8

計測できる形で検証する

優れた検証は計測可能な学習につながり、そこから実行可能な洞察が導かれます。

9

すべての証拠が信頼できるとは限らない

取材相手が言葉通りに行動するとは限りません。エビデンスの信頼性をよく考えましょう。

10

取り返しのつかない決定については特に念入りに検証しましょう

取り返しのつかない影響を与える決定については、特に念入りに情報を集めましょう。

Introducing the Customer Development Process

顧客開発のプロセス

顧客開発は4段階からなるプロセスです。このプロセスを発明したのは、連続起業家であり、その後作家と教育家になったスティーブン・G・ブランクです。その基本的な前提は、社内にいても事実はわからないので、アイデアを実行に移す前に、かならず顧客やステークホルダー（流通パートナーその他の主要パートナー）に試す必要があるという考え方です。この本では、顧客開発プロセスを通して、バリュー・プロポジションキャンバスとビジネスモデルキャンバスの基になる前提を検証します。

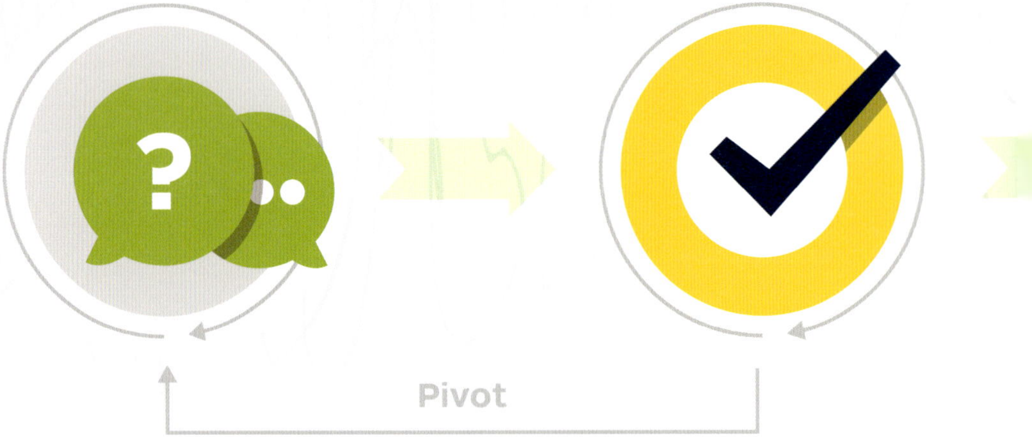

顧客の発見

現場に出て、顧客の仕事、ペイン、ゲインを学びましょう。悩みを取り除き、恩恵をもたらすために何が提供できるかを調査しましょう。

顧客への検証

実験を行ない、あなたの製品やサービスが悩みを和らげ、恩恵をもたらしていると顧客が感じているかどうかを検証しましょう。

Search

調査

調査 対 実行

調査段階での目標は、どの価値提案が賛同を得られるか、どのビジネスモデルがうまくいきそうかを実験し学習することです。重要な仮説を検証するうちに、キャンバスは大幅に変わり、進化し続けるでしょう。アイデアが立証されてはじめて、実行と規模拡大に進むことができます。プロセスの初期の段階では、キャンバスは刻々と変わっていきます。実験から充分な知識を得たところで、それが安定するのです。

顧客の創造

エンドユーザーの需要を積み上げましょう。流通チャネルへと顧客を誘導し、事業を拡大しましょう。

企業の構築

調査と実験から、立証されたビジネスモデルを実行するための組織作りへと移行しましょう。

アドバイス

あらゆる仮説、検証結果、学習したことを取り込みましょう。バリュー・プロポジションキャンバスとビジネスモデルキャンバスを使って、最初のアイデアから実践的な価値提案とビジネスモデルの出発点への進捗を辿りましょう。進捗を記録し、その過程で得たエビデンスを記しておけば、必要な時に振り返れます

スティーブン・G・ブランク＆ボブ・ドーフ著
『スタートアップ・マニュアル』、翔泳社、2012年

Integrating Lean Start-up Principles

リーン・スタートアップの原則を取り入れる

スティーブン・G・ブランクの顧客開発のプロセスに基づいてエリック・リースが始めたのが、「リーン・スタートアップ」です。継続的な構築、検証、学習の反復を通して欠陥や不確実性を取り除くことがその目的です。ここでは、キャンバスと顧客開発に加えて3段階のステップを組み合わせることで、アイデア、前提、いわゆる実用最小限の製品（MVP）をテストします。

0　仮説を掲げる

まずはバリュー・プロポジションキャンバスとビジネスモデルキャンバスを使ってアイデアの背後にある重要な仮説を定義し、正しい実験をデザインしましょう。

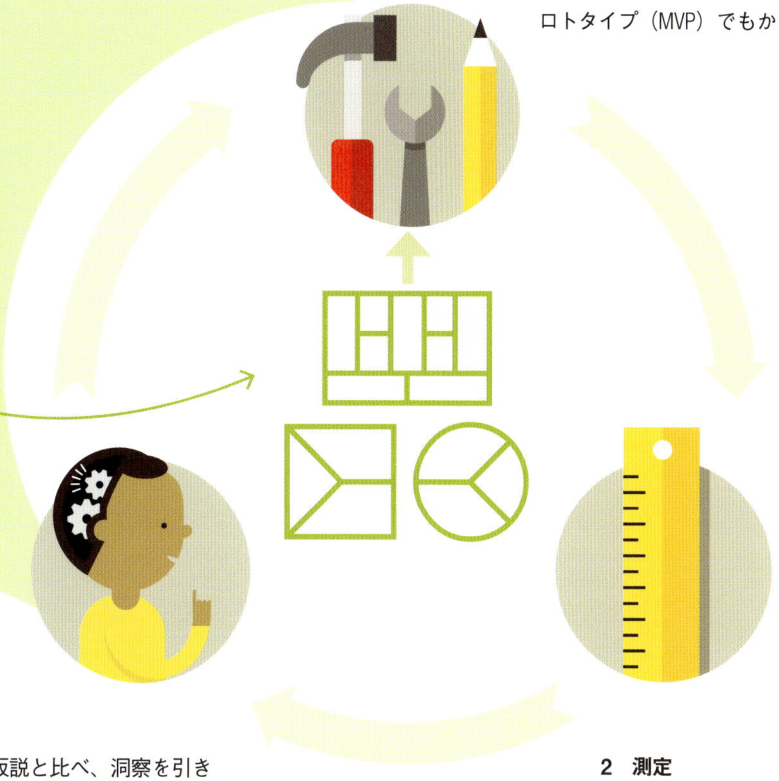

1　デザイン／構築

仮説を検証し、知識を得て、そこから学ぶための、実験専用の模型を作りましょう。提供しようとする製品やサービスのコンセプト模型でもかまいませんし、実験デザインでも、簡単なプロトタイプ（MVP）でもかまいません。

2　測定

デザインしたプロトタイプの効果を測定しましょう。

3　学習

効果を分析し、最初の仮説と比べ、洞察を引き出しましょう。どのような結果を予想していたかを自問しましょう。実際にどんな結果が出たかを記録しましょう。それから、何をどう変えるかを書き出しましょう。

エリック・リース著『リーン・スタートアップ』、日経BP社、2012年

Apply Build, Measure, Learn

構築、測定、学習を実践する

製品とサービス以外のことに、リーン・スタートアップのプロセスをあてはめましょう。プロトタイプを使ってデザイン／構築、テスト／測定、学習の3段階プロセスを用いましょう。

Conceptual Prototypes

コンセプト・プロトタイプ

アイデアを表現する簡単なプロトタイプを作り、何がうまくいくかを見つけ、どの仮説が正しければ成功できるかを突き止めましょう。そのプロトタイプを使って目に見える形でアイデアや仮説を位置づけ、追跡し、反復し、共有しましょう。

Hypotheses

仮説

実験をデザインし、アイデアの成功に必要な仮説を検証しましょう。まず始めに、間違っていたらアイデアが潰れかねない仮説から始めましょう。

Products and services

製品とサービス

MVPを作って価値提案をテストしましょう。MVPとは販売より学習を目的とする、最低限の機能を備えたプロトタイプです。

デザイン／構築	測定	学習
アイデアを形作るビジネスモデルキャンバス／またはバリュー・プロポジションキャンバス	コンセプト・プロトタイプの効果： 顧客プロフィールとバリューマップのフィット 大まかな数字 ビジネスモデルに関する7つの質問を用いたデザイン評価	コンセプト・プロトタイプを調整する必要があるか、それはなぜか？ ビジネスモデルの収益 フィットの存在 どの仮説を検証すべきか？
コンセプト・プロトタイプから導かれる、初期のバリュー・プロポジションキャンバスとビジネスモデルキャンバスの前提を検証するための取材、観察、実験	予想（仮説）と実際の実験結果の比較	ビジネスモデルキャンバスとバリュー・プロポジションキャンバスの構築ブロックを変える必要があるか、それはなぜか？
検証したいベネフィットや機能を備えたMVP	あなたの製品とサービスは実際に顧客の悩みを取り除き、恩恵を生み出すか	製品とサービスを変える必要があるか、それはなぜか？ ペインリリーバーとゲインクリエーターのどれがうまくいき、どれがうまくいかないか？

私はシュレックモデル、つまり、人を落ち着かなくさせるようなモデルを提案します

建築家　フランク・ゲイリー

オフィスの中にいては現実がわかりません外に出て顧客と話しましょう

起業家兼教育者　スティーブン・G・ブランク

始めに失敗すれば、成功に近づけます

デザイナー　デビッド・ケリー

What to Test

何を検証するか

Testing the Circle

顧客プロフィールを検証する

初期の顧客調査以上のエビデンスを生み出すような実験を行ない、顧客の重要な仕事、ペイン、ゲインを検証しましょう。バリュー・プロポジション(価値提案)の検証は、その後に行ないましょう。そうすれば、顧客が見向きもしない製品やサービスに時間を浪費しなくてすむでしょう。

顧客が何を気にかけているか(顧客プロフィール)を確かめるエビデンスを得た上で、顧客をどう助けるか(価値提案)に注目しましょう

まずは、仕事、ペイン、ゲインから

デザインの章では、顧客をより正しく理解するための一連のテクニックを紹介しました。この章ではそれをもう一歩深めます。ここでは、顧客プロフィール、初期調査、初期観察、インタビューで得た知識が正しいかどうかを確認します。顧客にとって本当に重要な仕事、ペイン、ゲインをより正確に知ることがその目的です。

価値提案に移る前に顧客の仕事、ペイン、ゲインのエビデンスを手に入れることは、非常に重要です。価値提案の検証から始めた場合、顧客が価値提案を気に入らないのか、それとも顧客にとって大切でない仕事やペイン、ゲインに対応しているのかがわかりません。顧客がその仕事、ペイン、ゲインを気にかけている証拠があれば、それがわかります。

ということは、MVPを使わずに、創意工夫によって顧客の好みを検証しなければなりません。実験資料室(P. 214)のツールを使った検証方法を紹介します。

エビデンスがありますか？

・どの恩恵が顧客にとって重要ですか？
・最も欠かせないものはどれですか？

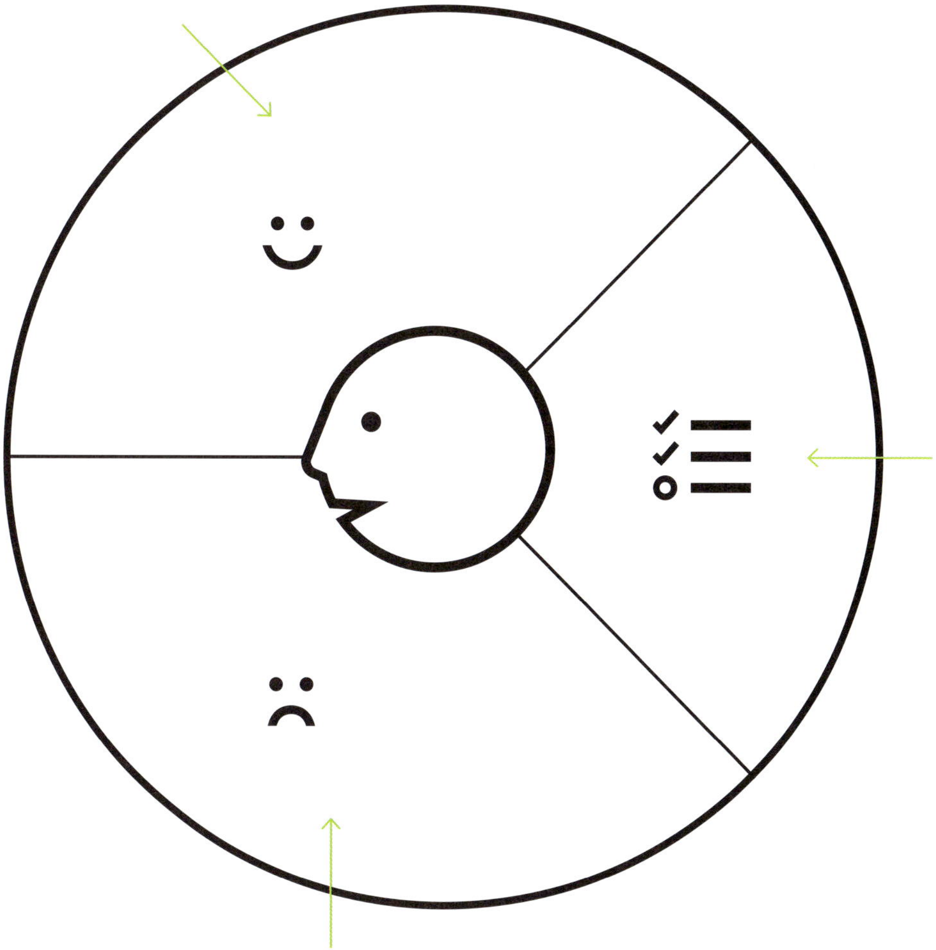

・どの仕事が顧客にとって重要ですか？
・最も重要なものはどれですか？

・どの悩みが顧客にとって重要ですか？
・最も深刻なものはどれですか？

Testing the Square

価値提案を検証する

あなたの解決策を顧客が果たして気に入るか、どのくらい気に入るかを確かめましょう。あなたの製品とサービスが顧客の悩みを取り除き恩恵を生むかどうかのエビデンスが得られるような実験をデザインしましょう。

・顧客にとって本当に必要なゲインクリエーターはどれですか？
・最も必要とされているのはどれですか？

エビデンスはありますか？

・顧客が本当に欲しがっているのはどの製品とサービスですか？
・最も望まれているのはどれですか？

・顧客の悩みを和らげるペインリリーバーはどれですか？
・最も求められているのはどれですか？

あなたの製品とサービスが顧客の悩みを取り除き、顧客に恩恵をもたらすというエビデンスを手に入れましょう

価値提案を検証するためのコツ

顧客が価値提案を気に入るかどうかを検証するには、技術が必要です。というのも、価値提案全体を実行することなく、お金をかけずに素早く検証しなければならないからです。

ペインリリーバーやゲインクリエーターを一度にひとつずつ検証するための測定可能な実験を行ない、洞察を集め、そこから学び、提案を改善しなければなりません (p.216)。

あなたの製品とサービスのどの部分を顧客が評価しているかがわかるような実験を行なう必要があります。そうすれば、無駄な提案を排除できます。つまり、知りたいことに直接つながらないような機能や努力を省くのです。

製品やサービスのプロトタイプを作る前に、ペインリリーバーやゲインクリエーターを最も簡単に手早く安価に検証するよう心がけましょう。

Testing the Rectangle

ビジネスモデル・キャンバスを検証する

価値提案の組み込まれたビジネスモデルの基礎となる重要な前提を検証しましょう。優れた価値提案も健全なビジネスモデルがなければ失敗に終わるかもしれません。あなたのビジネスモデルが成功し、収入がコストを上回り、顧客のためだけでなく自社のためにも価値を創造するというエビデンスを見つけましょう。

価値を創造し、届け、取り込むモデルが機能するというエビデンスを見つけましょう

ビジネスモデルの検証を怠ってはいけません
価値提案が優れていても、収入がコストを上回らないようなビジネスモデルなら、失敗に終わるでしょう。クリエーターの多くは製品とサービスのデザインと検証に明け暮れているため、ともすればビジネスモデルキャンバスから導かれる当たり前の計算（利益＝売上－費用）を忘れがちです。

顧客の望む価値提案も、顧客の望む経路で届けられなければ意味がありません。また、顧客獲得コストが収入を上回るようなビジネスモデルは、長続きしないでしょう。同様に、価値創造のためのリソースと活動の費用が、取り込む価値を上回れば、事業は立ちゆきません。市場によっては、あなたと協力したがらないキーパートナーに近づく必要もあるでしょう。

ビジネスモデルが機能するために必要な、最も重要な仮説を検証できるような実験を設定しましょう。重要な前提を検証することで、顧客が本当に求める優れた価値提案がありながら失敗してしまうような事態を避けることができるはずです。

エビデンスはありますか？

・価値創造に必要な活動を行なえますか？

・どのように顧客を獲得し、つなぎとめますか？

・成功に必要なパートナーと協力関係が結べますか？

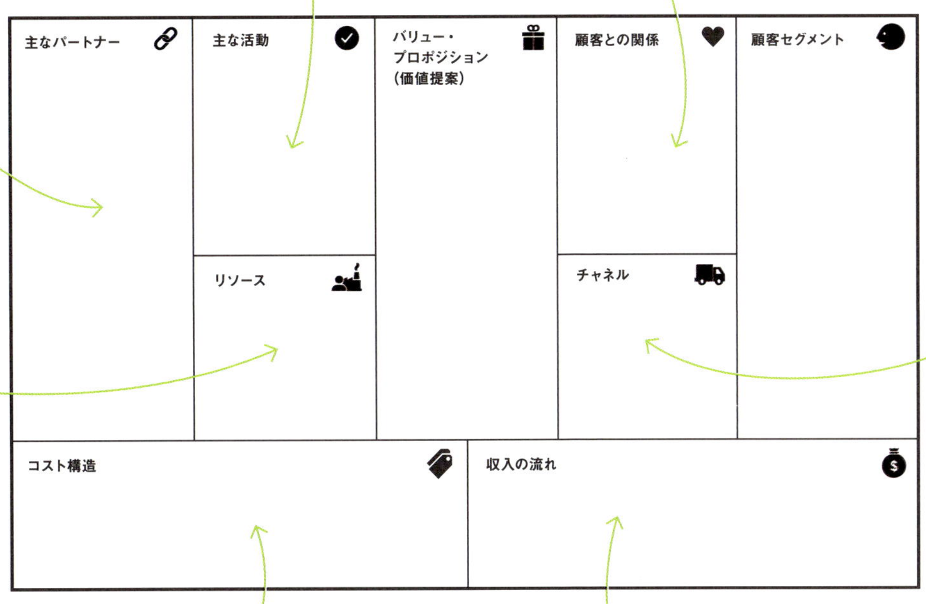

・どのチャネルを使って顧客に製品やサービスを届けますか？

・価値創造に必要なリソースを手に入れられますか？

・収入は費用を上回りますか？

・どう収入を生み出しますか？

Testing Step-by-Step

段階を踏んで検証する

HYPOTHESIS EXTRACTOR
HYPOTHESIS
#1
#2
#3
#4
#5
#6
#7
Test Card
Strategyzer
We believe that

Overview of the Testing Process

検証プロセスの全体像

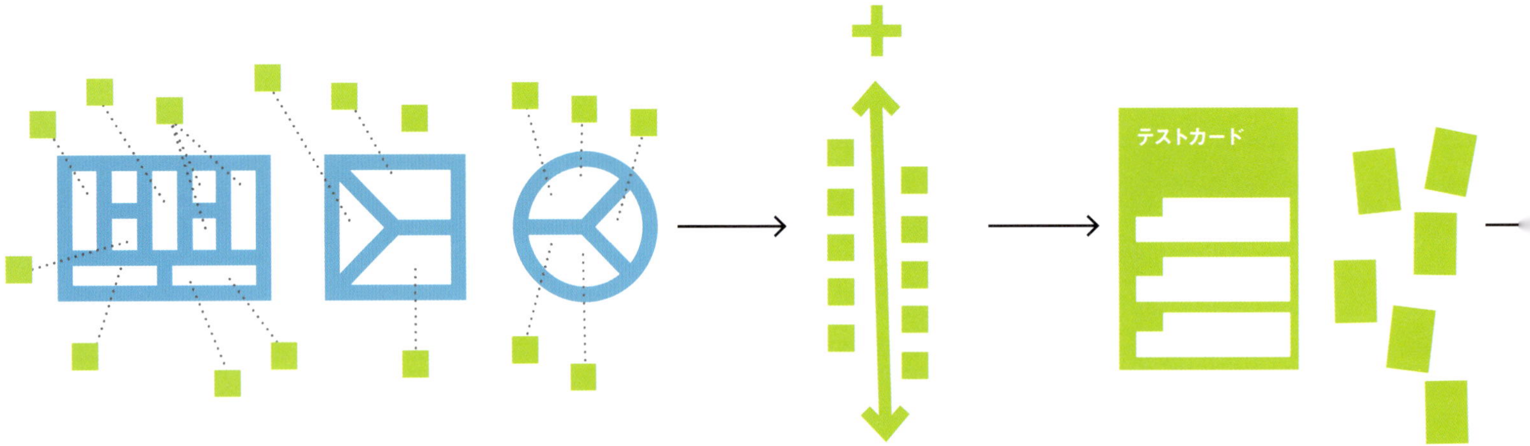

仮説を引き出す
➔ p. 200

仮説に優先順位を付ける
➔ p. 202

検証をデザインする
➔ p. 204

■ Design ■ Testing

検証に優先順位を付ける

➔ p. 205

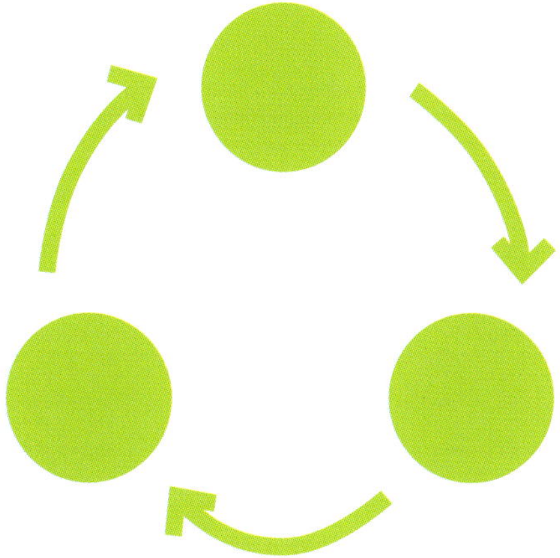

検証を行なう

➔ p. 205

学習を取り入れる

➔ p. 206

改善する

➔ p.242 – 245

「検証プロセスの全体像」をダウンロードしましょう

Extract Your Hypotheses: What Needs to Be True for Your Idea to Work?

仮説を引き出す：アイデアがうまくいくには、どの仮説が正しくなければならないでしょう？

「現場に出る」前に、バリュー・プロポジションキャンバスとビジネスモデルキャンバスを使って、何を検証するかを決めましょう。それが正しくなければアイデアが成り立たないような、重要な仮説を特定しましょう。

オンライン演習を行ないましょう

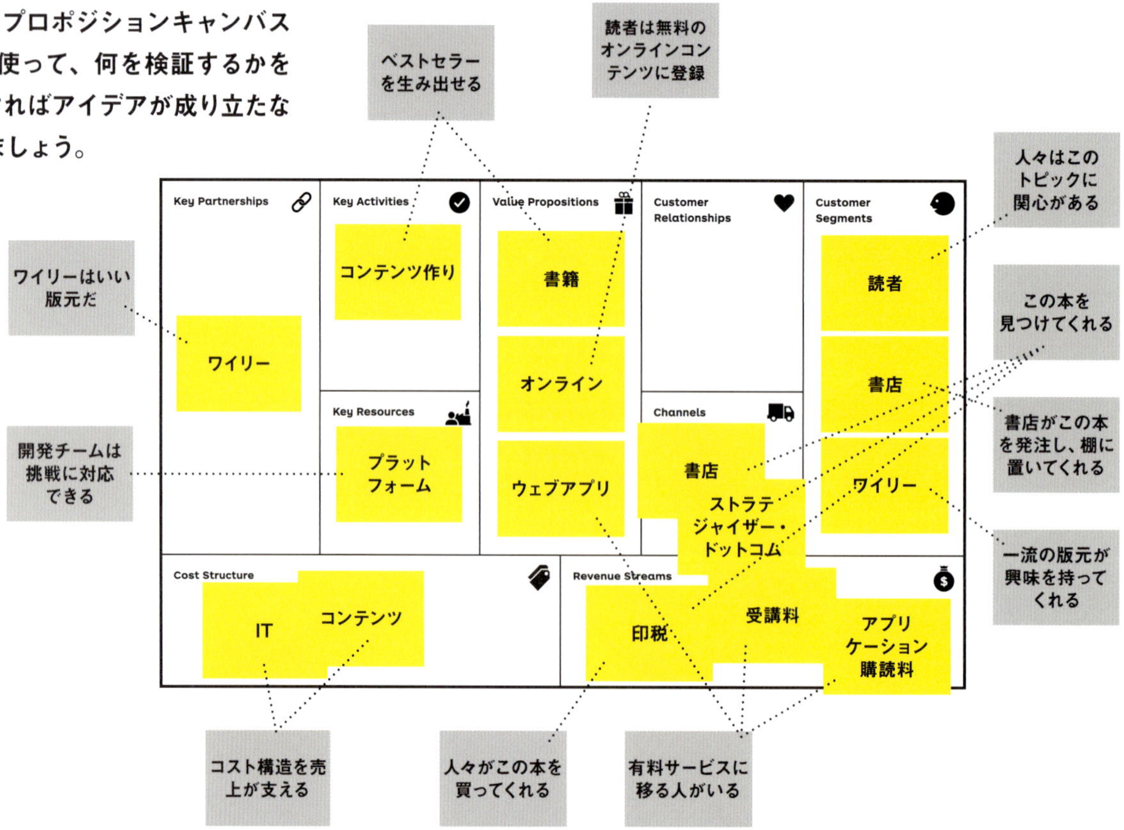

成功するために、正しくなければならないことは？ → **ビジネスモデル？**

定義

ビジネスの仮説

アイデアが部分的に、またはすべてにわたってうまくいくために必要なもので、まだ立証されていないもの

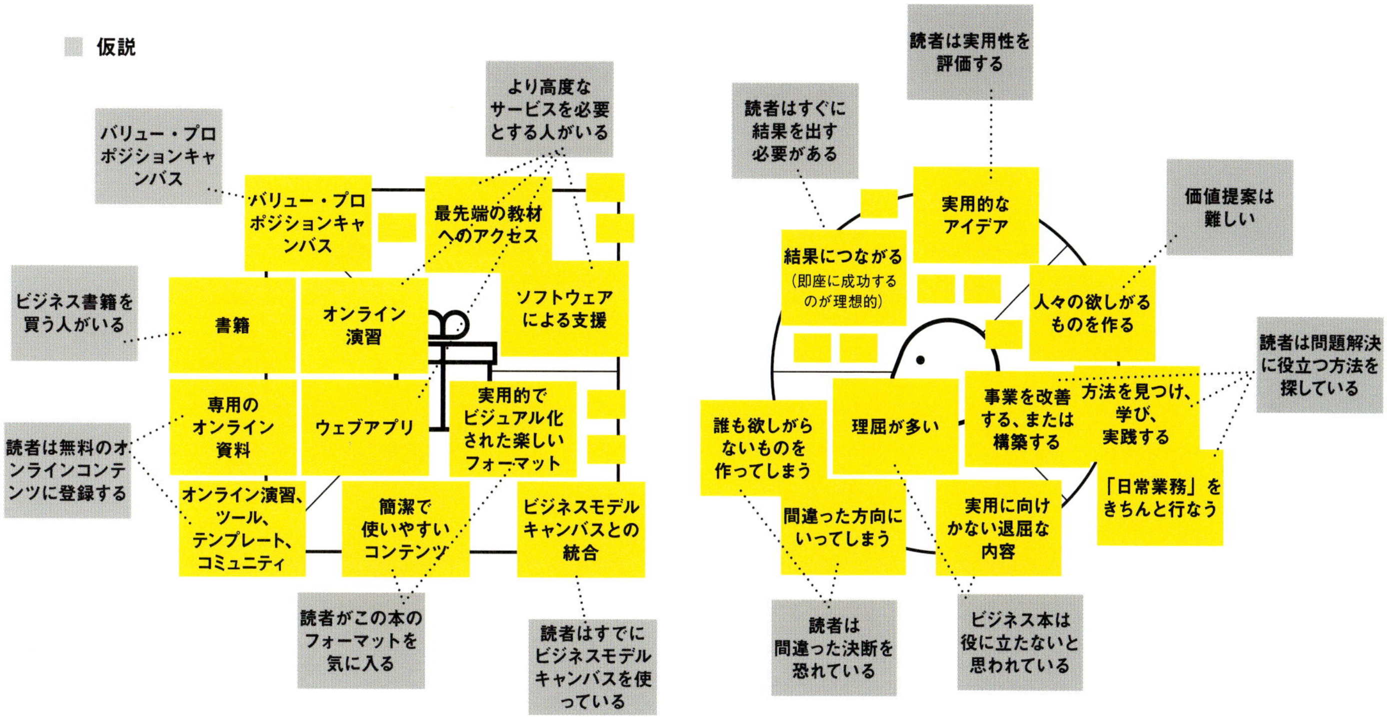

価値提案？

顧客？

Prioritize Your Hypotheses: What Could Kill Your Business

仮説に優先順位を付けましょう：あなたのビジネスを殺すのは何でしょう

すべての仮説が同じ重要性を持つわけではありません。ビジネスの命運を左右する仮説もあれば、一時的にのみ重要な仮説もあります。生き残りに絶対必要なものは何か、優先順位を付けましょう。

ビジネスを殺すことになりかねない要因を見つけましょう。
アイデアを活かすのに欠かせない仮説がそれです。
まず始めに、それらの仮説をテストしましょう。

**アイデアの成功や生き残りに欠かせないかどうかの順番に、
すべての仮説をランク付けしましょう**

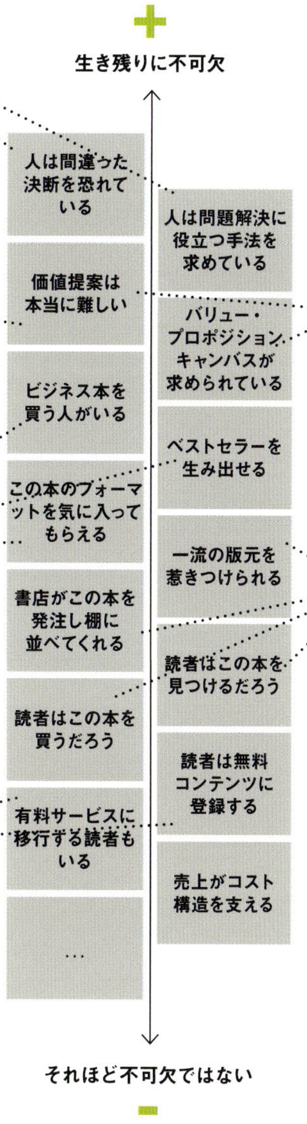

読者が間違った決断（特に製品やサービスに関して）を恐れていなければ、またはその問題の解決法を探していなければ、私たちのアイデアは成り立たない

重複する仮説——
ポストイットを取り除く

バリュー・プロポジション（価値提案）に悩んでいる人がいなかったり、バリュー・プロポジションキャンバスが役に立たないと思われた場合には、このアイデアは意味がない

ビジネス本を買う人がいなくなった場合や、読者の望むフォーマットでベストセラーを生み出す能力がない場合、このアイデアは成り立たない

読者に興味を持ってもらったり、気に入ってもらうことは重要だが、それはきっかけでしかない。潜在的なファンがいたとしても、本が見つからなかったり、本の存在を知らなかったりすれば、買ってもらえない

有料サービスを売るためには、読者にストラテジャイザーを使ってもらうことが鍵になる

どの仮説が
一番大切ですか？

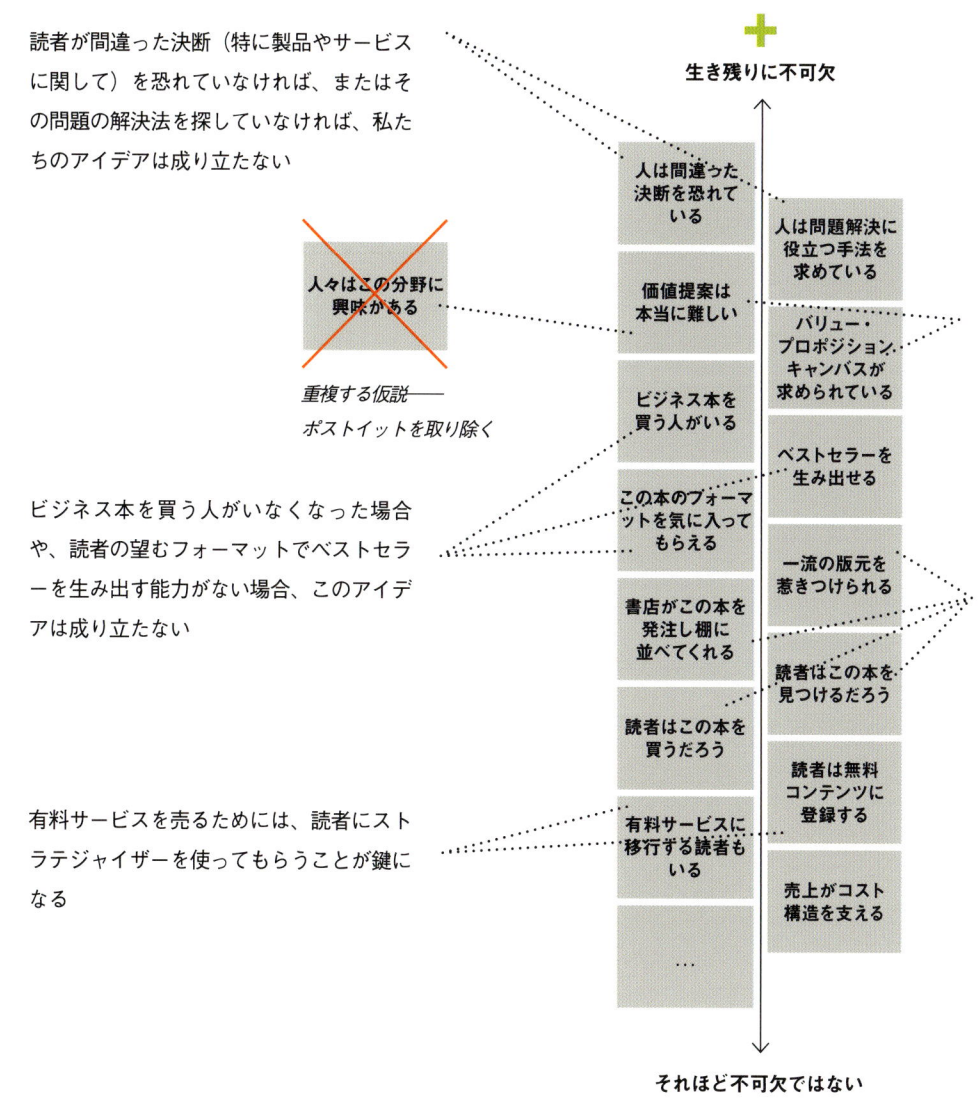

Design Your Experiments with the Test Card

テストカードを使って実験をデザインする

簡単なテストカードを使って、すべての実験を整理しましょう。最も重要な仮説の検証から始めましょう。

テストカードをダウンロードし、オンライン演習を行ないましょう

1

実験をデザインする

検証したい仮説を書く

その仮説が正しいか、または再考すべきかを検証するような実験の枠組みを描く

計測するデータを書き出す

検証の結果、仮説が正しいかどうかをどこで見極めるかを決める
コツ：確実性を高めるために追加実験を行なうことも考える

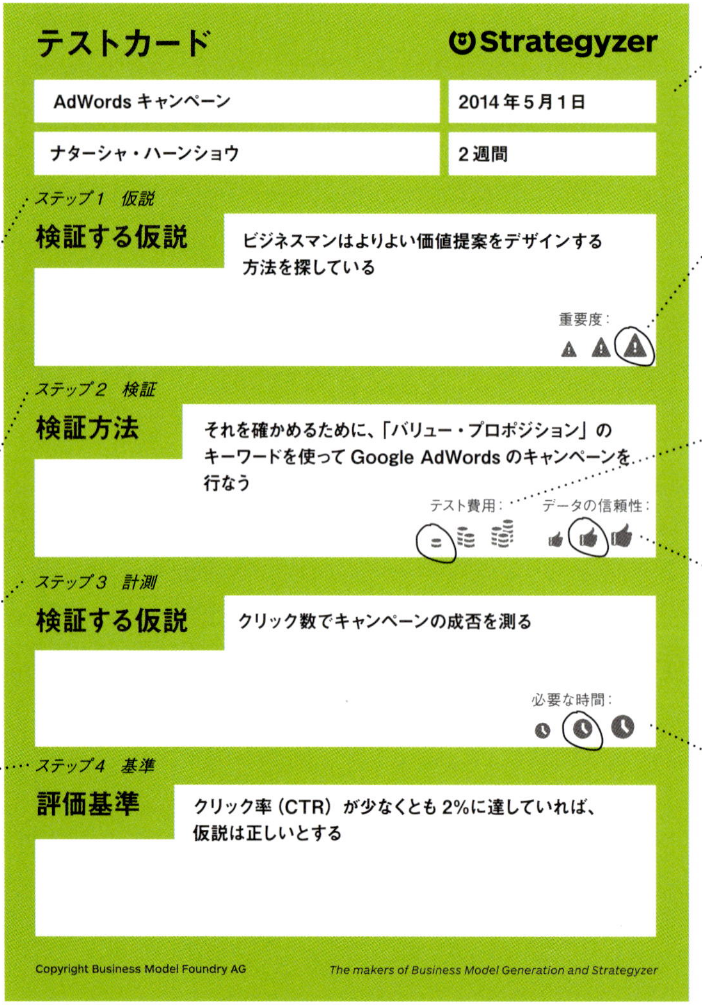
テストカード
Strategyzer
AdWords キャンペーン
2014年5月1日
ナターシャ・ハーンショウ
2週間
ステップ1　仮説
検証する仮説
ビジネスマンはよりよい価値提案をデザインする方法を探している
重要度：
ステップ2　検証
検証方法
それを確かめるために、「バリュー・プロポジション」のキーワードを使って Google AdWords のキャンペーンを行なう
テスト費用：
データの信頼性：
ステップ3　計測
検証する仮説
クリック数でキャンペーンの成否を測る
必要な時間：
ステップ4　基準
評価基準
クリック率（CTR）が少なくとも2%に達していれば、仮説は正しいとする
Copyright Business Model Foundry AG
The makers of Business Model Generation and Strategyzer

テストに名前を付け、期日を設け、責任者を挙げる

アイデアの成功にとってその仮説がどれだけ重要かを示す

このテストにどれだけ費用がかかるかを示す

計測データの信頼性を示す

結果を得るまでの時間の長さを示す

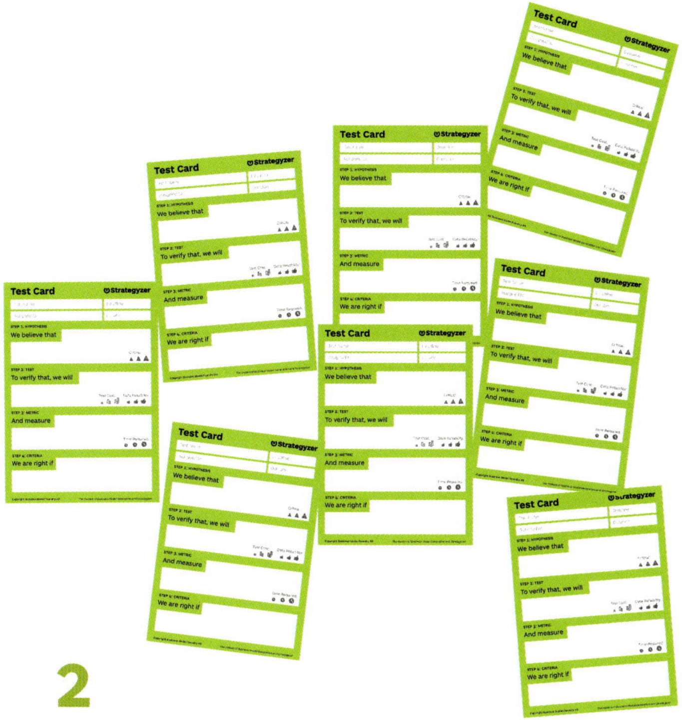

2

一連の実験をデザインし、最も重要な仮説を検証する

アドバイス

最も重要な仮説に関して複数の実験を行ないましょう。まずは、簡単で安上がりなテストから始めましょう。その後、必要ならより細かく信頼性の高いテストを行ないましょう。同じ仮説に対して数枚のテストカードを作ることが必要です

3

テストカードを順位付けする

テストカードに優先順位を付けましょう。最も重要な仮説を一番上に置きましょう。とはいえ、不確実性の極めて高い初期の段階では、簡単で安上がりなテストを上位に置きましょう。確実性が高まるにつれて予算を増やし、より信頼できるエビデンスや洞察を得られるような実験を行ないましょう。

4

実験を行なう

上位の仮説から実験を行ないましょう。*コツ：最初の実験で初期の仮説が覆されたら、始めに戻ってアイデアを考え直しましょう。見直しによって残りのテストカードが的外れだと判明するかもしれません*

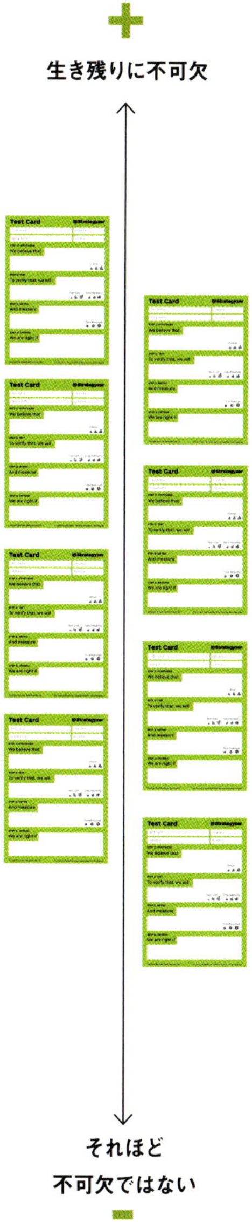

反復

最も早く一番学びを得られるのはどこでしょう？

Capture Your Insights with the Learning Card

学習カードで知識を取り込む

簡単な学習カードに学んだことのすべてを整理しましょう

学習カードをダウンロードしましょう

学習カード Strategyzer

バリュー・プロポジションメソッドに対する需要	2014年5月1日
ナターシャ・ハーンショウ	

ステップ1　仮説

検証する仮説

ビジネスマンはよりよいバリュー・プロポジションのデザイン方法を探している

ステップ2　観察

得たデータと結果

ワークショップで大きな需要が見られ、Google AdWords キャンペーンで 2.5% のクリック率を確認した

データの信頼性：

ステップ3　学習とインサイト（洞察）

結論とインサイト

人々はこのトピックにかなり強い興味を持っていることがわかった

必要な行動：

ステップ4　決定と行動

取るべき行動

セグメント別（プロダクション・マネジャーなど）の興味を調べるため、LinkedIn での実験を立ち上げた

The makers of Business Model Generation and Strategyzer

学習カードのタイトル、学習日、責任者の名前を書く

検証した仮説を書く

実験から得たデータと結果を書き出す。複数のテストカードからの観察をまとめる

計測されたデータの信頼性を示す

テスト結果から引き出した結論と洞察を説明する

学んだことに基づく必要な行動の大胆さを表す

この洞察に基づいてどんな行動を取るかを書き出す

実験し、結果が出ました。
では、ここからどうしましょう？

立証できない場合

最初に戻って方向を変える

最初の実験で仮説が間違っていたとわかったら、新しい顧客セグメントを見つけるか、価値提案またはビジネスモデルを変えましょう。

例えば、新技術を基にした価値提案に顧客の興味がないとわかれば、新しい顧客、価値提案、またはビジネスモデルを探しましょう。

追加の実験が必要な場合

確信を得る

簡単な初期の実験の結果、限られたデータから大胆な行動が必要だとわかったら、さらにテストをデザインして実施しましょう。

例えば、見込み客への取材で、初期投資の大きなサービスへの関心が強いとわかれば、その関心を確認するより信頼度の高いデータを得られるような実験と研究を追加しましょう。

理解を深める

トレンドを発見したら、その理由を理解するための追加的なテストをデザインして実施しましょう。

例えば、実験データから見込み客の興味が薄いことが定量的にわかったら、取材を通してなぜ興味がないのかを定性的に調べましょう。

立証できた場合

次に移る

洞察とデータの信頼性に満足できたら、次の重要な仮説の検証に移りましょう。

例えば、顧客が製品に興味を持っているとわかったら、流通パートナーが製品を注文し売り込んでくれるかを検証する実験を行ないましょう。

実行する

洞察の質とデータの信頼性に満足したら、その発見に基づいてすぐに計画を実行してもいいでしょう。

例えば、どうしたら流通パートナーがあなたの価値提案に興味を持つかをはっきりと確認できたら、営業マンを雇って販売を拡大し始めてもいいですし、そのチャネル用の販売パンフレットを作ることもできるでしょう。

How Quickly Are You Learning?

学習スピードは速いですか？

顧客やパートナーが本当に何を望んでいるかを発見できるかどうかは、デザイン／構築、計測、学習のサイクルの一貫性とスピードにかかっています。これをサイクルタイムと呼びます。

学習スピードは、バリュー・プロポジション・デザインの初期の段階では特に、アイデアの成功を左右する要因です。サイクルのはじめは、不確実性が最も高い時期です。あなたの価値提案を顧客が気に入るかどうかがわからないのはもちろんのこと、その対応する仕事、ペイン、ゲインを顧客が気にかけているかどうかもわかりません。

そこで、初期の実験から素早く最大の学びを得て、それを迅速に取り入れることが極めて重要になります。したがって、始めからビジネスプランを書いたり、大規模な市場調査を行なったりするのは間違いで、後になって行なうほうが理にかなっています。

		学習ツール
超高速	ナプキンスケッチ	素早くアイデアを共有し、それに挑戦し、再考し、検証すべき仮説を立てる。
	ビジネスモデルキャンバス、バリュー・プロポジションキャンバス	
高速	顧客、パートナー、ステークホルダーの取材 一連の実験	素早く最初の市場知識を得る。これを社内に留め、迅速に行動に移せるよう、学習の新鮮さと重要性を保つ。
	実験資料室	実験資料室 (p.214) にリストアップされたさまざまな実験を利用する。不確実性の高い段階では手早いものから始める。方向性が正しいことが確認できたら、より信頼でき時間のかかる実験を行う。
スロー	ビジネスプラン	ビジネスプランは細かく、固定的。確実なエビデンスを得て、実行段階が近づいてきたら、ビジネスプランを書く。
かなりスロー	市場調査の外注	市場調査にはお金と時間がかかる。環境変化に対応できないので、最善の方法ではない。価値提案を段階的に改善する場合には合理的。
超スロー	パイロット実験	パイロット調査は社内アイデアを検証する場合のデフォルトになっていることが多い。しかし、その前に手早く安上がりな学習ツールを使うべき。パイロット調査にかなりの時間とお金がかかる。

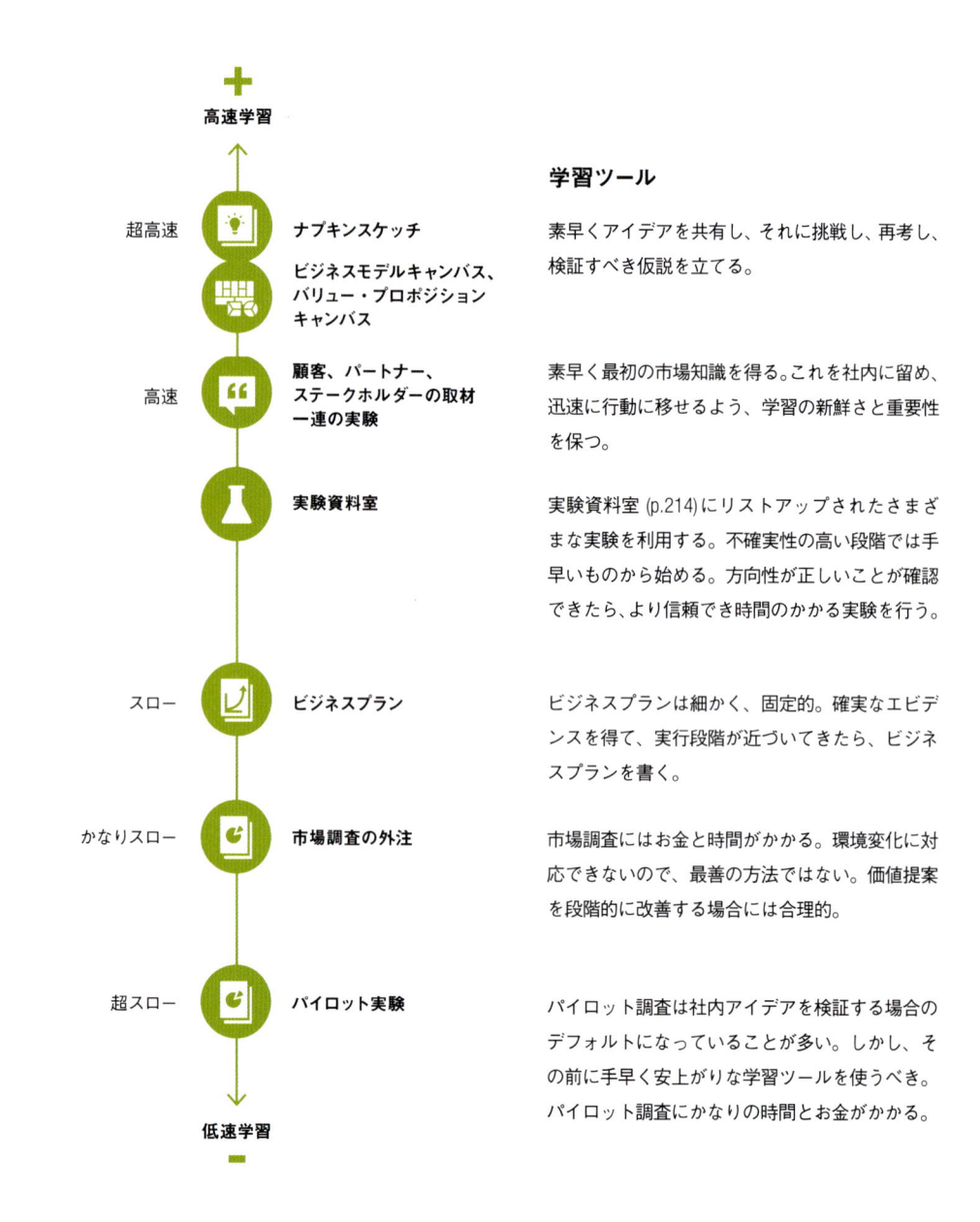

反復のスピードが速ければ速いほど、多くを学び、早く成功できる。

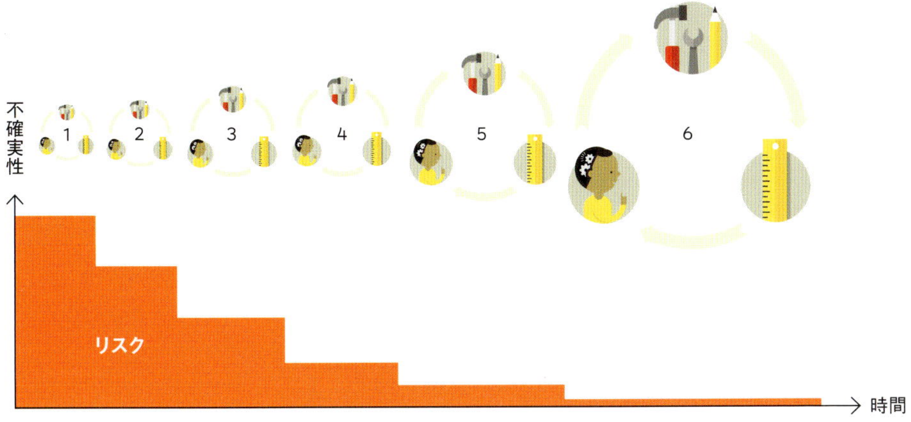

素早い実験に基づいた6段階の反復サイクルは、時間のかかる実験に基づいた3段階の反復サイクルよりも多くの学びを可能にします。知識をより早く得ることができるため、リスクや不確実性を大幅に下げることができるのです。

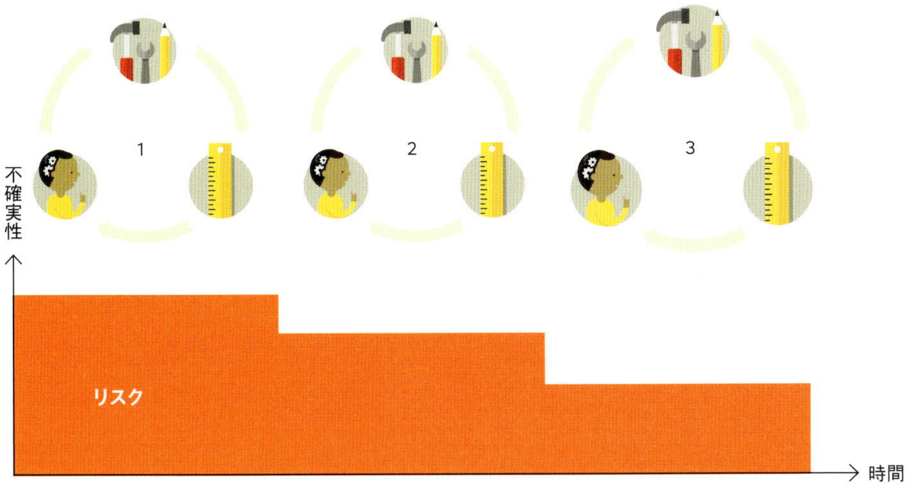

時間を無駄にしてはいけません

アイデアを練り上げて完璧にしようと、１週間、１カ月、またはそれ以上を費やしていませんか？　長い時間をかけて成長戦略に必要なことを考え詰めた後に、顧客やパートナーがそれを気にかけてもいないとわかるかもしれません。それは時間の無駄です！

Five Data Traps to Avoid

データの5つの罠を避ける

データを懐疑的に見ることで、失敗を避けましょう。実験からのデータを利用してリスクと不確実性を減らすことはできますが、100パーセント正確に未来の成功を予測できるわけではありません。データから間違った結論を導いてしまうこともあります。次の5つの罠を避け、アイデアを正しく検証しましょう。

偽陽性の罠

リスク：そこにないものを見てしまう

こんな場合：検証データから間違った結論を導いてしまう時。例えば、顧客が悩みを感じていないのに、そこに悩みが存在すると思ってしまう場合

アドバイス

- 価値提案の前に顧客プロフィールを検証しましょう。顧客にとって何が重要かを理解し、意味のない価値提案を避けましょう
- 重要な決断を下す前に、ひとつの仮説に複数の実験を行ないましょう

偽陰性の罠

リスク：存在するものが見えない

こんな場合：例えば、実験で掘り起こすべき顧客の仕事を見逃してしまった場合

アドバイス

- 検証が適切であることを確かめましょう。ファイルホスティングサービスのDropboxは、当初Google AdWordsを使って顧客の興味を検証しました。検索数は少なく、仮説は立証できませんでした。ですが、検索が少なかったのは、それが新市場だったからで、人々の興味がなかったからではありませんでした

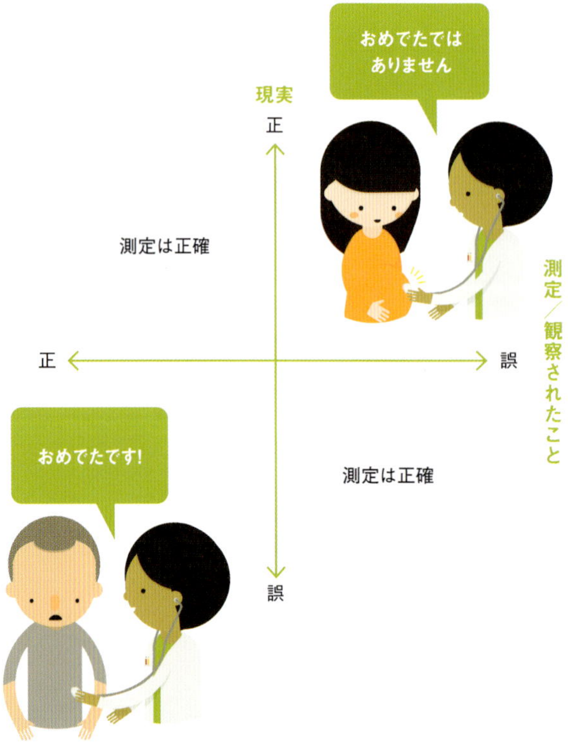

ローカル最適の罠

リスク：本当の可能性を見落としてしまう

こんな場合：ローカル最適を前提に実験を行なうと、より大きな可能性を見逃してしまう。例えば、テストの結果が前向きであれば、より利益の出るモデルがあっても、利益率の低いモデルで満足してしまうような場合

アドバイス

・最適化よりも学習に集中しましょう

・検証データの数値が予想より低い場合（市場規模、収入、利益）には、元にもどってよりよい選択肢をデザインし直しましょう

天井知らずの罠

リスク：制約を見逃してしまう（市場など）

こんな場合：現実より大きなチャンスが存在すると思い込む。例えば、テストの対象者は顧客全員なのに、それを一部だと思い込んでしまう

アドバイス

目の前の対象者を超えた可能性を証明できるように実験をデザインする

データ違いの罠

リスク：間違った場所を探してしまう

こんな場合：間違ったデータを見ているためにチャンスを諦めてしまう。例えば、実際にはアイデアに興味を持ってくれる人が存在するのに、テスト対象顧客が興味を持たないために諦めてしまうことがある

アドバイス

諦める前に、もとに戻って他の選択肢をデザインしましょう

テストカード

Strategyzer

名前

締め切り日

担当者

期間

ステップ1　仮説

検証する仮説

重要度：

ステップ2　検証

検証方法

テスト費用：

データの信頼性：

ステップ3　計測

検証する仮説

必要な時間：

ステップ4　基準

評価基準

The makers of Business Model Generation and Strategyzer

テストカードをダウンロードし、オンライン演習を行ないましょう

学習カード

Strategyzer

名前

学習日

担当者

ステップ1　仮説

検証する仮説

ステップ2　観察

得たデータと結果

データの信頼性：

ステップ3　学習と洞察

結論と洞察

必要な行動：

ステップ4　決定と行動

取るべき行動

The makers of Business Model Generation and Strategyzer

学習カードをダウンロードしましょう

3.3

Experiment Library

実験資料室

DATA COLLECTOR
SUCCESS
TO DESIGN
DATA ANALYSIS
3
2
Learning Card
Strategyzer
We believe that
We observed
that we learned that
fore we will

Choose a Mix of Experiments

実験を組み合わせましょう

どの実験にも長所と短所があります。手早くお金もかからないかわりに、データの信頼度が低い実験もあるでしょう。信頼度が高くても、時間とお金がかかる実験もあります。

コストとデータの信頼度、そして必要な時間を考えて、実験を組み合わせましょう。一般的に、確実性の低い時にはコストをかけず、確実性が高まるにつれて、予算を増やしていきましょう。

定義

実験

バリュー・プロポジション（価値提案）または ビジネスモデルの仮説を検証できるような データを生み出すしくみ

私たちの実験資料室のリストから一連の実験から選ぶこともできますし、想像力を使って新しい実験を考えることもできます。実験を組み合わせる時には、次の２つのことを念頭に置きましょう。

顧客は言葉通りに行動するとは限らない

実験を通して得られる顧客の証言は、出発点だと考えましょう。顧客に行動を起こさせるか、関与させて（プロトタイプを使ってもらうなど）、言葉ではなく行動の裏付けを取りましょう。

あなたがいる時といない時では、顧客の行動は違う

顧客と直接に接することで、その行動や言葉の理由を知り、価値提案をどう改善したらいいかについて意見を得ることは可能です。ですが、あなたの前での顧客の行動は、そうでない時とは違っているかもしれません。

間接的に顧客を観察することで（例えば、ウェブを通して）、あなたの存在に左右されない、より現実に近い行動を見ることができるでしょう。そのデータを集め、何人の顧客があなたに誘発された行動をとったかを追跡することは可能です。

アドバイス

このテクニックを使って、顧客の本当に言いたいことを裏付けましょう。彼らが口にする仕事、ペイン、ゲインは本物で、あなたの製品やサービスに真剣な興味を抱いているという証拠を手に入れましょう

顧客と直接接触する
改善の理由と方法を知る

顧客を間接的に観察する
数と量を知る

顧客の行動
行動を観察する

アドバイス

このテクニックを使って、顧客がどうプロトタイプに反応するかを理解しましょう。費用はかかりますが、具体的で行動可能なフィードバックを得られます

研究室内

- プロトタイプ／MVP ➔ p. 222
- 実物大のプロトタイプ ➔ p. 226
- オズの魔法使い ➔ p. 223

人類学者 ➔ p. 114

現場学習

販売行動

- 架空品の販売 ➔ p. 236
- 先行販売 ➔ p. 237
- クラウドファンディング ➔ p. 237

行動追跡

- 広告とリンクの追跡 ➔ p. 220
- 仮想サイト ➔ p. 228
- スプリットテスト ➔ p. 230

顧客の言葉
態度を観察する

アドバイス

このテクニックは、デザインプロセスの初期に使いましょう。お金をかけずに素早く洞察を得られます

参加型デザインと評価

- イラスト、ストーリーボード、シナリオ ➔ p. 224
- モーターボート ➔ p. 233
- 商品パッケージ ➔ p. 234
- 機能を買う ➔ p. 235

ジャーナリスト ➔ p. 110

インタビュー

データ探偵 ➔ p. 108

データ分析

Produce Evidence with a Call to Action

顧客への行動要請（CTA）を行なって、エビデンスを手に入れる

実験を通して、顧客の興味、嗜好、あなたの提供するものに代金を支払うかどうかを検証しましょう。顧客に行動を求め（CTA）、何がうまくいって何がうまくいかないのかを裏付ける証拠を手に入れましょう。

顧客（テストの被験者）がCTAに応じる確率が高ければ高いほど、興味が強いことのエビデンスになります。ボタンをクリックする、アンケートに答える、個人的なEメールを書く、先行販売品を買うなど、行動のレベルはさまざまです。目的に合った実験を選びましょう。
バリュー・プロポジション・デザインの初期には、あまり手のかからないCTAが最適です。面倒なCTAはプロセスの後ろにもっていくほうがいいでしょう。

定義

CTA

顧客に行動を促すこと：
仮説を検証するための
実験に使われる

実験を通して次の項目を検証しましょう

興味と重要性

潜在顧客やパートナーが口先だけではなく、本心から興味を持っていることを証明しましょう。顧客がリップサービス以上にあなたのアイデアを重要だと思っていることを行動で表す（メールアドレスを登録する、意思決定者や予算責任者と会う、契約書を交わすなど）ような実験を行ないましょう。

優先順位と嗜好

潜在顧客とパートナーにとって最も重要性の高い仕事、ペイン、ゲインはどれか、また最も重要性の低いのはどれかを明らかにしましょう。価値提案のどの部分を顧客が気に入っているかを示すエビデンスを手に入れましょう。顧客にとって本当に重要なこととそうでないことを証明しましょう。

代金を支払う意思

潜在顧客が代金を支払うほど、あなたの価値提案に興味があることを示すエビデンスを取りましょう。言葉通りにお金を払うかどうかを示す事実を確認しましょう。

Ad Tracking

広告トラッキング

広告トラッキングで、潜在顧客の仕事、ペイン、ゲイン、そして新しい価値提案への興味（または興味の欠如）を探りましょう。トラッキングとは、広告の費用対効果を測るための確立されたテクニックです。このテクニックを使えば、価値提案を作る前に顧客の興味を探ることが可能です。

Google AdWordsで顧客の興味を確かめる

ここでは、Google AdWordsを使います。これは、検索ワードを使った広告のテストに最適です（LinkedInやFacebookでもいいでしょう）。

1.　検索語を選ぶ

検証したいことを一番的確に表す言葉を選びましょう（顧客の仕事、ペイン、ゲイン、または価値提案への興味など）。

2.　広告／テストをデザインする

見出し、ページへのリンク、広告文をデザインしましょう。検証したいことが確かめられるようなデザインにしましょう。

3.　キャンペーンを立ち上げる

予算を決めて広告キャンペーンを立ち上げましょう。あなたへの興味を示すクリック数に応じて支払う形にしましょう。

4.　クリック数を測る

広告のクリック数を確認しましょう。クリックがなければ、誰も興味を示していないということです。

いつ使う？

プロセスの初期に、顧客の仕事、ペイン、ゲイン、また特定の価値提案への興味が存在するかどうかを調べるために、使いましょう。

Unique Link Tracking

専用リンクのトラッキング

いつ使う？

工業製品や医療機器など、MVPを作るのが難しい業界で特に役立ちます。

専用リンクを立ち上げて、潜在顧客やパートナーがミーティングや取材や電話で口にする以上の関心があるかどうかを確かめましょう。これは、関心が本物かどうかを確かめる、極めて簡単なやり方です。

1

加工した専用リンクを作る

アイデアをより詳しく説明した専用の追跡可能なリンク（ダウンロード、ホームページなど）をGoogleなどに立ち上げましょう。

2

売り込み、追跡する

潜在顧客やパートナーにアイデアを説明しましょう。ミーティング中かその後に（メールなどで）専用リンクのアドレスを伝え、より詳細な情報がそこにあると伝えましょう。

3

本物の興味かどうかを知りましょう

その顧客がリンクを訪れたかどうかを追跡しましょう。リンクにアクセスしていなければ、興味がないか、それより重要な仕事、ペイン、ゲインが存在するということです。

MVP Catalog

MVP カタログ

MVPとは実用最小限の製品を意味する略語で、リーン・スタートアップの中で製品を完成させる前に顧客の興味を検証するためのコンセプトです。価値提案の検証にも、すでに一般的になったこの用語を使います。

価値提案を現実的な形で表す

次のテクニックを使って、あなたの価値提案を現実的で形あるものにし、実行に進む前に、潜在顧客やパートナーにそれを試しましょう。

MVPとは?

価値提案の仮説や前提を検証するためにデザインされた制作物、またはプロトタイプ。

素早く、お金をかけず、効率的に検証することが目標。主に、潜在顧客やパートナーの興味の所在を探るために使われる。

アドバイス

予算の大きな大企業であっても、まずはお金をかけずに始めましょう。例えば、最初からプロを雇ってビデオを作り拡散するのではなく、まずはスマホで撮影したもので反応を試しましょう

データシート

仮想の価値提案の仕様

必要なもの：ワープロ

パンフレット

仮想の価値提案のパンフレット

必要なもの：ワープロとデザイン技術

ストーリーボード

仮想の価値提案を表すイラスト

必要なもの：イラストレーター

仮想サイト

仮想の価値提案を表すようなウェブサイト（CTAを備えたもの）

必要なもの：ウェブデザイナー

製品のパッケージ

仮想の価値提案のパッケージ

必要なもの：パッケージデザイナーとプロトタイプ

動画

仮想の価値提案を見せたり、機能を説明したりする動画

必要なもの：動画制作スタッフ

機能を確かめるためのMVP

潜在顧客やパートナーに使ってもらうために特別にプロトタイプをデザインします

学習プロトタイプ

価値提案の基本的な機能を備え、学びを得るために開発するプロトタイプ

必要なもの：製品開発力

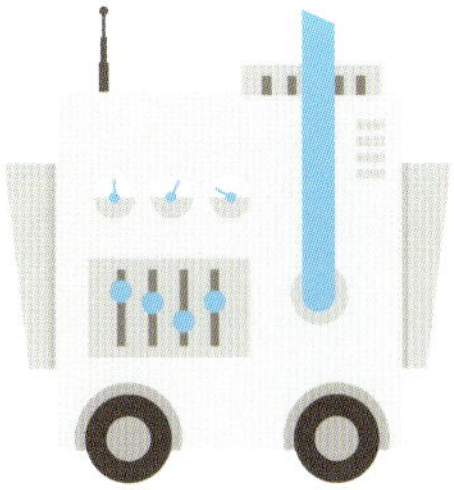

オズの魔法使い

表面は本物の価値提案のように見えて、裏で製品やサービスを手動で動かすようなプロトタイプ

必要なこと：手を動かす

Illustrations, Storyboards, and Scenarios

イラスト、ストーリーボード、シナリオ

価値提案に関連するイラスト、ストーリーボード、シナリオを潜在顧客に見せ、彼らにとって本当に重要なことを学びましょう。手早くお金をかけずに複雑な価値提案を形にして見せましょう。

アドバイス

・B2Bの事業では、ユーザー、予算責任者、意思決定者といった、重要な各顧客セグメントを念頭に置いた価値提案を考えましょう

・既存組織の場合には、顧客に直接接するスタッフをプロセスに関わらせ、顧客にイラストを見てもらいましょう

・イラストを補うため、架空のデータシート、パンフレット、動画などを準備し、アイデアを具体化しましょう

・いくつかの異なるシナリオを準備して、A/Bテストを行ないましょう

・ひとつの顧客セグメントにつき、4回から5回のミーティングを行ない、意味のあるフィードバックを得ましょう

・顧客との関係を利用し、のちほどより洗練されたプロトタイプでこのプロセスを繰り返しましょう

1

さまざまな価値提案のプロトタイプを作る

同じ顧客セグメントに対して数種類の価値提案のプロトタイプを作りましょう。いくつかの異なるプロトタイプ（8種類から12種類の全く違った価値提案）を作ったり、バリエーション（少しずつ違うプロトタイプ）を持たせましょう。

2

シナリオを定義する

顧客が現実の世界でそれぞれの価値提案をどう経験するかを想定するシナリオとストーリーボードを描きましょう。

3

説得力のあるビジュアルを作る

イラストレーターを雇って、説得力のあるビジュアルを作り、顧客にはっきりと目に見える形でアイデアを示しましょう。それぞれの価値提案または各ストーリーボードに1枚のイラストを作りましょう。

顧客への質問

あなたにとって本当に価値のある提案はどれですか？

どれを先に進め、どれを諦めるべきでしょう？

それぞれの価値提案についてさらに詳しく聞きましょう。仕事、ペイン、ゲインに注目して質問しましょう。

- **なにか見落としていることはありますか？**
- **脇に置いたほうがいいことは何でしょう？**
- **減らすべきものは何でしょう？**
- **定性的なフィードバックに対しては、常に理由を聞きましょう**

3

顧客にテストする

顧客に会い、異なるイラストやシナリオやストーリーボードを見せて話を始め、反応を誘い、彼らにとって何が大切かを学びましょう。重要性に従って価値提案を順位付けしてもらいましょう。

4

結果をまとめ、取り入れる

顧客との会話から得た知見を活用しましょう。どの価値提案を次に進め、どれを諦め、どれに手を加えるかを決めましょう。

Life-Size Experiments

実物大の実験

実物大のプロトタイプや現実に近いレプリカを顧客に使ってもらいましょう。大掛かりな方法でも、手早くお金のかからないプロトタイピングの原則を守って、顧客インサイトを集めましょう。

コンセプトカーと実物大模型

新しいデザインとテクノロジーを表現するための車がコンセプトカーです。大量生産に入る前に顧客の反応を得ることが目的です。

リット・モーターズはリーン・スタートアップの原則に従って、電気のジャイロセンサーでバランスを取る2輪車のプロトタイプを作り顧客にテストしました。これまでにないコンセプトの自動車なので、初期に顧客がこれをどう見て、どう受け入れるかを知ることは欠かせませんでした。

リット・モーターズはこの実験にCTAを加えて、顧客の興味が本物かどうかを検証しました。250ドルから1万ドルの前金で、この自動車を予約できることにしたのです。前金は自動車ができるまで預かり口座に留められ、前金の金額が多いほど、予約の順番が上位にくるようにしました。

空間をプロトタイピングする

顧客に製品とサービスを体験してもらい、その行動を観察して新しい知見を得るために、空間を試作します。潜在顧客と一緒に最高の経験を作り出しましょう。業界のエキスパートを引き入れて新しいコンセプトとアイデアを作り、テストを行ないましょう。ホテルチェーンのマリオットは本社の地下に「アンダーグラウンド」と呼ばれる仮想スペースを作っています。ここでは、ゲストや専門家が客室やその他のスペースを共創することで、未来のホテル体験を創り出しています。ゲストはまた、簡単に配置替えのできるような仮の客室に置く家具やコンセントの位置を決め、電気製品などの備品も選びます。

アドバイス

- 実物大のプロトタイプとCTAを組み合わせ、サービス体験を検証することを心がけましょう。顧客はプロトタイプに常に完璧な体験を求めますが、実際にその体験にお金を支払うとは限りません
- 実物大のプロトタイプや現実に近いサービスを試す前に、手軽でお金のかからない方法を試しましょう
- この種のプロトタイプに際限なく費用をかけてはいけません。手早くお金のかからないプロトタイプの原則を出来る限り守りながら、現実の経験に近いものを提供して検証しましょう

Landing Page

仮想サイト

典型的な仮想サイトのMVPとは、1枚のウェブページか、価値提案を表現するような、シンプルなウェブサイトです。サイトへの訪問客はひとつ以上の仮説を裏付けるようなCTA（メールアドレス登録、架空の商品購入など）を行なうように誘導されます。サイトへの訪問者がCTAを行なう割合が、学習すべき指標になります。

「仮想サイトMVPの目的は、ひとつ以上の仮説を検証することであって、メールアドレスを集めたり商品を販売することではありませんが、それができればうれしいおまけになります」

いつ？

早期にテストを行ない、あなたやあなたの価値提案が狙う仕事、ペイン、ゲインが、顧客にとって行動を起こすだけの重要性があることを確かめましょう

バリエーション

スプリットテスト（A/Bテスト）を組み合わせ、選択肢の中のどれが嗜好や興味に合うかを調べましょう。訪問者があなたのどのページをクリックするかを知るため、「ヒートマップ」を使ってクリック数を測りましょう

バリューマップを使って、仮想ウェブサイトに価値提案を説明する見出しと文章を作りましょう。

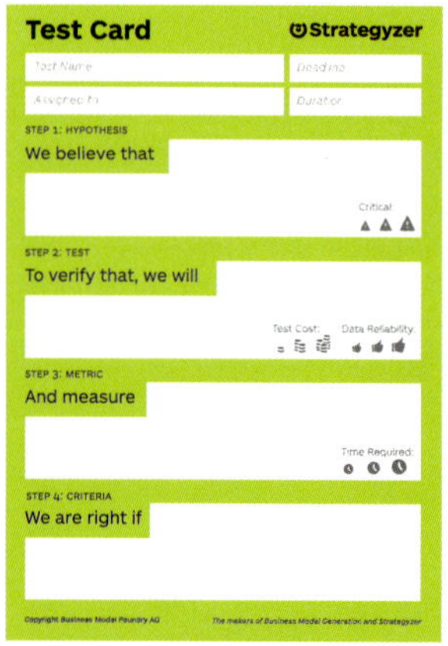

学習目的に基づいた仮想サイト、集客方法、CTAをデザインしましょう。

集客

広告、ソーシャルメディア、既存チャネルを使って、トラフィックを集めましょう。不特定多数ではなく、ターゲットとする顧客が集まることを確かめましょう

見出し

潜在顧客に呼びかけ、価値提案を紹介するような見出しを作りましょう

価値提案

先ほどのテクニックを使って、価値提案をはっきりと目に見える形で潜在顧客に伝えましょう

CTA

サイトの訪問者に行動を起こさせ（メールアドレスの登録、アンケート、架空の商品購入、買戻しなど）そこから学びましょう。学習を最大化させるようなCTAに絞りましょう

アウトリーチ

CTAを行った人たちに連絡をとり、行動を起こした理由を聞きましょう。彼らの仕事、ペイン、ゲインを知りましょう

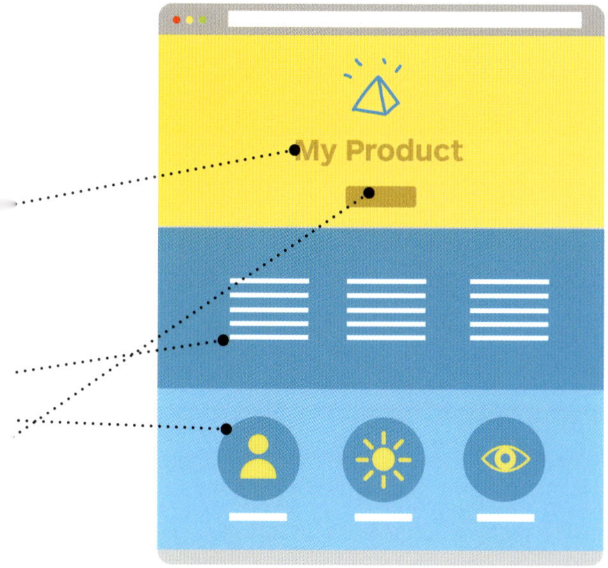

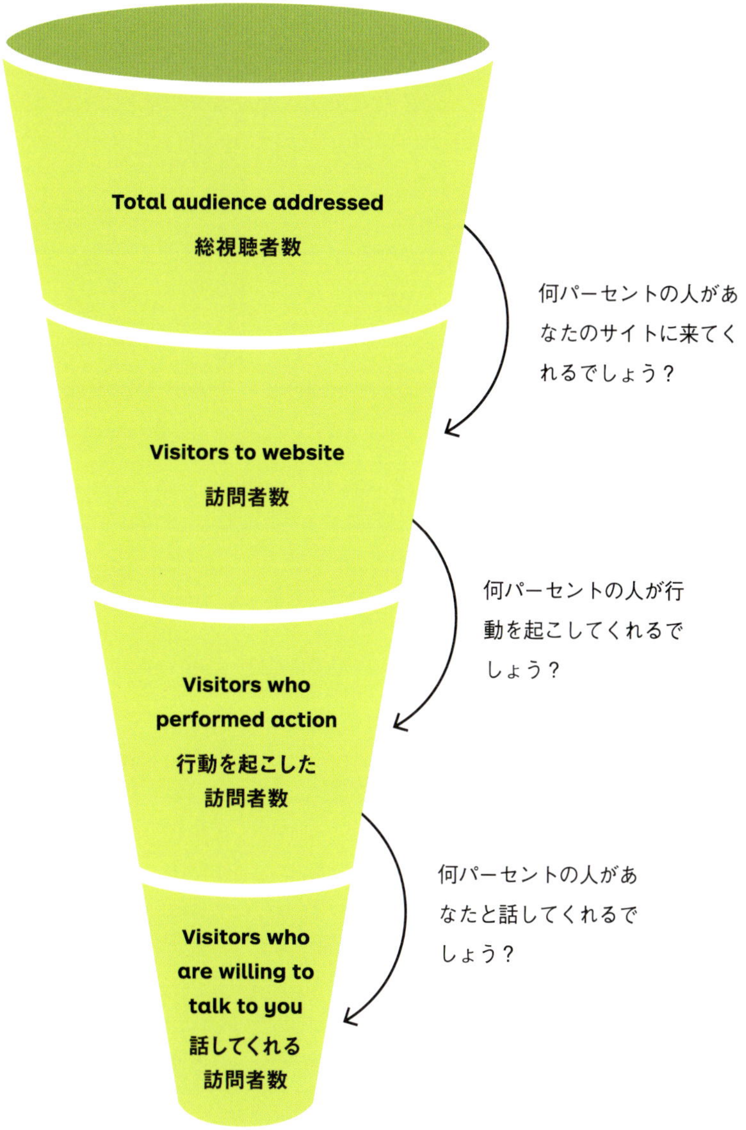

アドバイス

- 仮想サイトのMVPを作る際、まだ存在しない価値提案があたかも存在するような印象を与えるよう心がけましょう。より現実に近いCTA（架空の商品販売など）から学んだインサイトは、例えばメールアドレスの登録や先行予約よりも現実的なエビデンスとなるでしょう
- 実験が終わったら、価値提案が架空だったことを参加者にはっきりと伝えましょう。実験参加への謝礼を提供しましょう
- 仮想サイトのMVPは、既存のウェブサイト上に立ち上げても、独立したウェブサイトとして立ち上げてもいいでしょう

Split Testing

スプリットテスト（A/B テスト）

スプリットテスト、通称A/Bテストは、2つ以上の選択肢の効果を比べるためのテクニックです。本書では、このテクニックを使って顧客への異なる価値提案を比較し、仕事、ペイン、ゲインについてより多くを学びます。

スプリットテストを行なう

2種類以上のウェブページか、目的を組み入れた仮想サイトをテストするのが、最も一般的なスプリットテストの手法です（デザインをいじったり、価値提案を少しまたは全面的に変えたりして、バリエーションをつけます）。このテクニックは、GoogleやLinkedIn、また2008年の大統領選でオバマ陣営が使ったことで、一般に広まりました。スプリットテストはリアルな世界でも実施できます。選択肢別に特定のCTAへの転換比率の違いを比較することが、学習の主眼です。

何をテストする？

次の項目は、A/Bテストで簡単に検証できます

- 機能
- 価格
- 値引き
- キャッチコピー
- パッケージ
- ウェブサイト

CTA

被験者のうち何パーセントがCTAに従ったでしょう？

- 購入
- メールアドレス登録
- クリック
- アンケート
- その他のタスク

この本の題名を スプリットテストしてみました

私たちはこの本のためにいくつかのスプリットテストを行ないました。例えば、ビジネスモデルジェネレーション・ドットコムから顧客を誘導し、3種類の書名をテストしてみました。5週間かけて12万を超える人々にこれらの書名を試してみたのです。

私たちは数種類のCTAを準備しました。ひとつは、「さらに詳しく知る」のボタンをクリックすること。次に、本の発売を知らせるためにメールアドレスを登録してもらうこと。最後にアンケートに協力してもらい、彼らの仕事、ペイン、ゲインについてもっと学ばせてもらうことです。ちょっとしたお返しに、私たちはバリュー・プロポジションキャンバスを説明する短い動画を見せました。

アドバイス

- より効果の高いものをはっきりと特定したい場合には、選択肢のバリエーションをひとつに絞ってテストしましょう
- 複数のバリエーションをテストする場合には、いくつかの要素を組み合わせて、どの組み合わせが最も効果的かを調べましょう
- Google AdWordsなどを使って集客しましょう
- 95パーセントを超える統計的な優位性を確認しましょう
- Google ウェブサイトオプティマイザーや、Optimizelyなどのツールを使って手早くスプリットテストを行ないましょう

転換比率：

バリュー・プロポジション・デザイン
8.51 パーセント

顧客殺到
6.62 パーセント

バリュー・プロポジションツールキット
8.21 パーセント

Innovation Games®

イノベーション・ゲーム

イノベーション・ゲームとは、ルーク・ホウマンが一般に普及させた、（潜在）顧客と協力しながらプレーすることで、よりよい価値提案のデザインを助けるような手法です。このゲームは、オンラインでも対面でも楽しめます。ここでは3種類のゲームを紹介します。

ここで紹介する3つのイノベーション・ゲームはすべて、さまざまな使い方ができます。ここではバリュー・プロポジションキャンバスとそれに関連する仮説に役立つような、3つのタスクを紹介します。

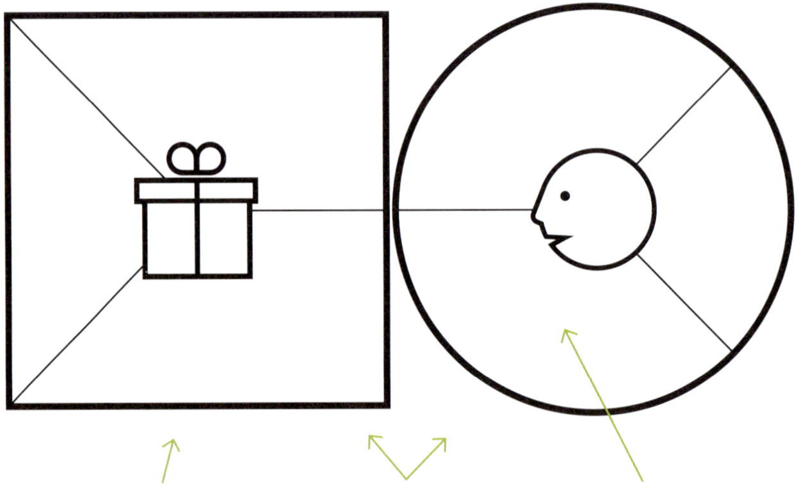

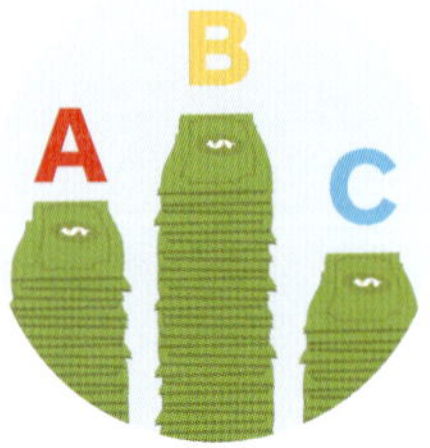

機能を買う

タスク：顧客がどの機能を欲しがるかをランク付けする

商品パッケージ

タスク：顧客の仕事、ペイン、ゲインを理解し、望ましい価値提案を知る

モーターボート

タスク：顧客の足を引っ張り仕事の障害となるような深刻なペインを見つける

Speed Boat

モーターボート

これは、顧客のペインを理解していることを確かめる、簡単ですが効果的なゲームです。モーターボートの底にぶら下がっている錨の例えを使って、仕事の完了を阻むような問題、障害、リスクを顧客に明示してもらいます。

1

準備

海に浮かぶモーターボートが描かれた大きなポスターを準備します。

2

ペインを見つける

顧客を呼んで、仕事の成功を阻む問題、障害、リスクを挙げてもらいます。各項目を大き目のポストイットに書き込みます。ボートの錨のようにポストイットを貼ってもらいましょう。錨が下にあるほど、悩みが深刻であることを意味します。

3

分析する

事前に予想したペインと、この結果を比べます。

アドバイス

- 顧客の悩みを見つける段階、または既存の認識を検証する段階で、この手法は効果的です
- ペインとゲインの両方に同時に対応したい場合には、錨と帆が描かれたボートを使いましょう。帆は「どうしたらボートが早く進むか」を考えさせ、錨は「何が自分たちの足を引っ張っているか」を考えさせるものです

Product Box

商品パッケージ

このゲームでは、顧客に、買いたくなるような価値提案が描かれた商品パッケージをデザインしてもらいます。顧客にとって重要なことと、顧客がどんな機能を欲しがっているかがわかるでしょう。

1

デザインする

顧客をワークショップに招きます。空箱を与えて、買いたくなるようなパッケージをデザインしてもらいます。パッケージには主なマーケティングメッセージ、機能、期待するベネフィットなどを書いてもらいます。

2

売り込む

顧客にその商品を展示会で売り込むふりをしてもらいます。あなた自身が懐疑的な見込み客の役になり、顧客にその商品を売り込んでもらいましょう。

3

取り入れる

パッケージに書かれたメッセージ、機能、ベネフィットを観察し、売り込みの間に彼らがどの側面を強調したかを見ましょう。彼らの仕事、ペイン、ゲインを見つけましょう。

Buy a Feature

好ましい特性を選ぶ

これは、あらかじめ定義された（まだ存在していない）価値提案の特性を顧客に順位付けしてもらう、複雑なゲームです。顧客は限られた予算の中で、好みの特性を手に入れます。その値段は、あなたが現実世界に即して付けておきます。

特性	値段				必要総額	購入?
	$35	20	0	10	-5	No
	$50	5	0	0	-45	No
	$70	10	35	25	0	Yes

1

特性を選び値段を付ける

顧客の好みを試したい特性を選びます。開発費、市場価格、その他の重要な要素を基にして値段を付けましょう。

2

予算を決める

参加者はグループとして特性を買いますが、各自に予算が与えられ、それを好きに配分できることにします。個人に予算を与えることで参加者はお金を貯め、欲しい特性に選択的に配分せざるを得なくなるのです。

3

参加者に購入させる

参加者に、欲しい特性に予算を配分してもらいます。より多くの特性を手に入れるために他の参加者と協力してもかまいません。

4

結果を分析する

どの特性が最も人気が高く、みんなが買いたがり、どの特性がそうでなかったかを分析します。

Mock Sales

架空品の販売

顧客の興味が本気かどうかを調べるには、架空品の販売を行なうといいでしょう。ここでは、顧客に本当の販売だと信じさせることが大切です。オンラインの場合は簡単ですが、リアルの世界でも行なえます。

オンライン

次の3種類の実験で、顧客の本気度を試しましょう。

「購入」ボタンのクリック数で、顧客の興味を測る

価格がどう影響するかを調べよう。A-Bテストと組み合わせて、需要の価格弾力性と最適価格を探る

クレジットカード情報の入力により取引を完了させて、データを得よう。これは顧客の需要が存在する最も強力な証拠になる（顧客の見方を管理するコツはP.237を参照）

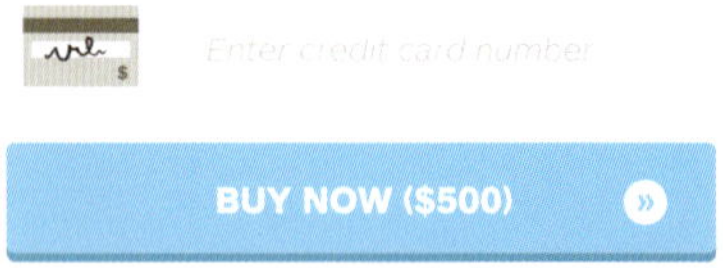

リアルな世界

架空品の販売はオンラインに限られるわけではありません。リアルな小売店の場合は次のような方法で顧客の興味と価格をテストしましょう。

まだ存在していない商品を限られた数のカタログ（通信販売）で紹介する

期間限定で、1店舗だけで商品を販売する（全市場をカバーするパイロット販売とは異なる）

Presales

先行販売

ここでの先行販売の目的は顧客の興味を探ることです。売るためではありません。顧客は購入の約束をしますが、あなたの価値提案が100パーセント実在しているわけではないことを知っています。興味がない場合には、販売はキャンセルされ、顧客は返金を受けます。

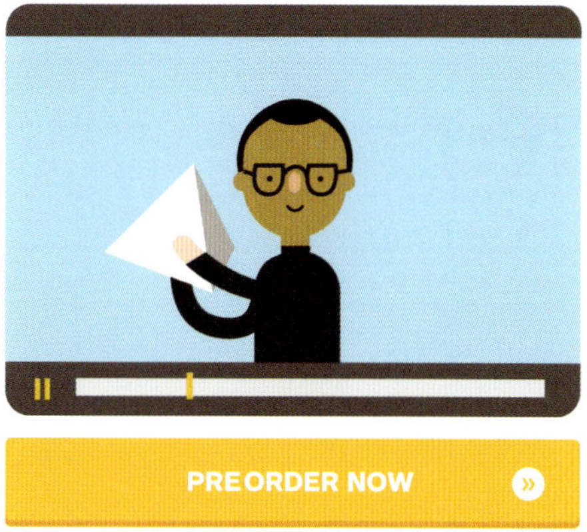

オンライン

キックスターターなどによって、先行販売は一般的になりました。このプラットフォーム上で製作者はプロジェクトを宣伝でき、顧客は商品を気に入れば、代金を前払いします。調達目標に達した時だけ、プロジェクトは資金を受け取れます。必要なインフラを構築できれば、自分で先行販売を始めることもできます。

リアルな世界

架空品の販売はオンラインに限られるわけではありません。リアルな小売店は次のような方法で顧客の興味と価格をテストしましょう。

アドバイス

架空の商品を販売することで、顧客を失ったりブランドに悪影響が出るのではないかと恐れる必要はありません。顧客の期待をうまく管理すれば、架空品の販売をプラスに変えることができるでしょう。次のベスト・プラクティスを行ないましょう

- 顧客が架空商品を購入した後で、テストだったことを説明する
- あなたがどの情報を保持し、どれを手放すのかを率直に打ち明ける
- クレジットカード情報はかならず廃棄する
- 参加者に謝礼を渡す（品物、値引きなど）

参加者の期待を上手に管理できれば、彼らを遠ざけるどころか、ブランドのファンにできるでしょう

注意点

架空の販売が成功したからといって、実際にうまくいくとは限りません。Androidベースのゲーム機、OUYA（ウーヤー）はキックスターターで数百万ドルを資金調達しましたが、マス顧客を惹きつけることも、大規模なビジネスモデルを構築することもできませんでした。

3.4

Bringing It All Together

すべてを持ち寄る

HYPOTHESIS EXTRACTOR
HYPOTHESIS
#1
#2
#3
#4
#5
#6
#7
Test Card
DATA COLLECTOR
SUCCESS
DATA ANALYSIS
3
Learning Card

The Testing Process

検証プロセス

アイデアを現実のものにするため、これまでに学んだすべてのツールを使って、何を検証するか、またどう検証するかを描き出しましょう。

What to Test

何を検証するか

バリュー・プロポジションキャンバスとビジネスモデルキャンバスを使って、アイデアが成功するまでの道のりを描きましょう。この土台から、アイデアの実現に必要な仮説を明らかにできます。まずは一連の実験を通して最も重要な仮説から検証していきましょう。

How to Test

どう検証するか

最も重要な仮説をどう検証するのかと何を測るのかをテストカードに具体的に書き出します。いくつかの実験が終わったところで、学習カードに知見を書きとめ、追加情報を集めるべきか、反復すべきか、方向転換すべきか、次の仮説の検証に移るべきかを決めましょう。

What's Next

次に何をするか

目標に目を向け、前進していることを確かめましょう。問題一解決のフィット、製品一市場のフィット、ビジネスモデルのフィットを通して、最初のアイデアが、利益の出る規模拡大可能な事業に向かっていることを確認しましょう。

1
アイデアを形作る
（作り直す）
(6)
2
仮説を引き出す
テストカード
3
テストを
デザインする
4
学習サイクルに
入る
構築
計測
学習
学習カード
5
学びを取り入れ
次の行動を起こす
5A
仮説は無効
反復または方向転換
5B
不確実
さらに検証を行なう
5C
仮説は有効
次の仮説に進む
6
進歩を測る
顧客の発見
顧客の発見
方向転換
（ピボット）
顧客の確認
顧客の創造
企業構築

Measure Your Progress

進捗を測る

検証のプロセスを経ることで、不確実性を減らし、アイデアを現実の事業に近づけることが可能になります。活動とその結果を追跡し、目標への進捗を測りましょう。スティーブン・G・ブランクの投資準備温度計に基づくこの見開きで、前進しているかどうかを確かめることができるでしょう。

「進捗を測る指標」をダウンロードしましょう

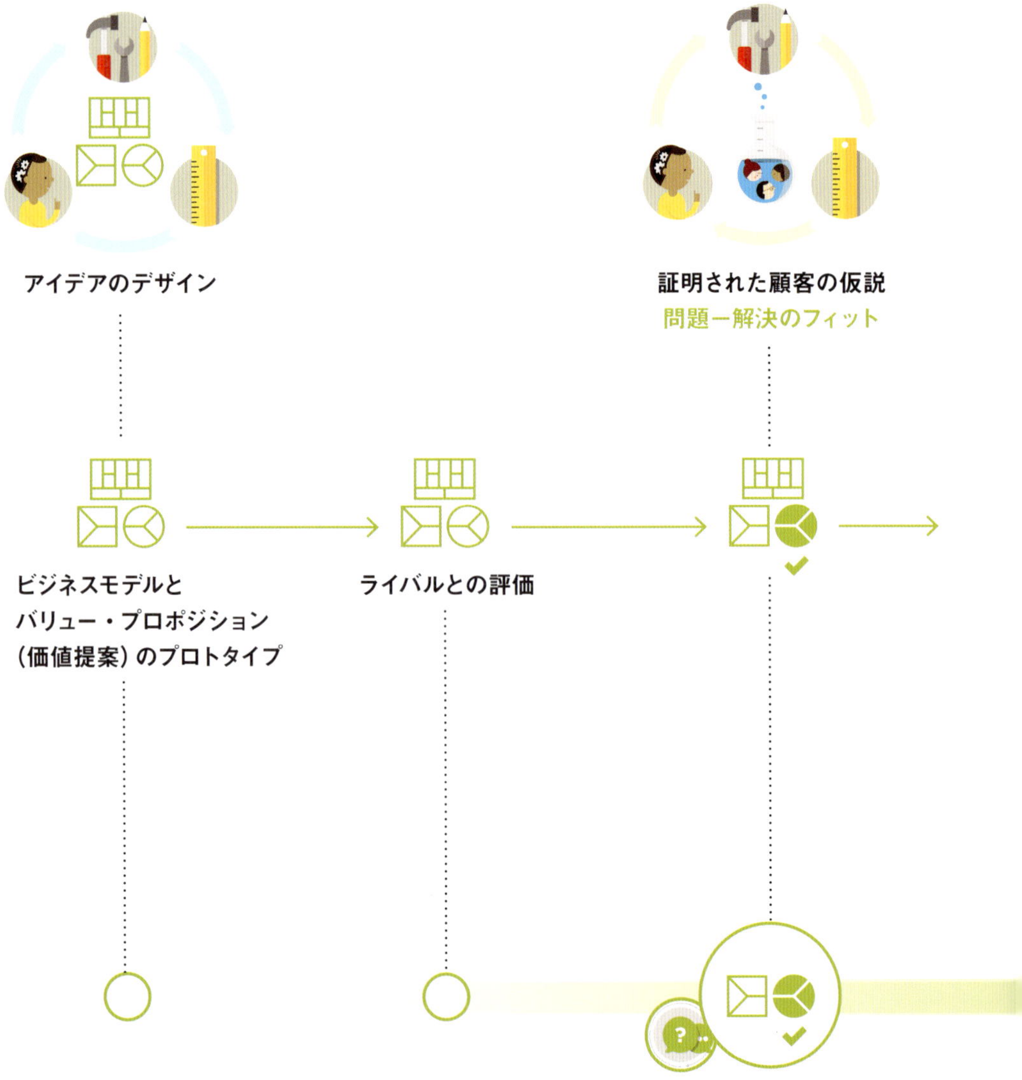

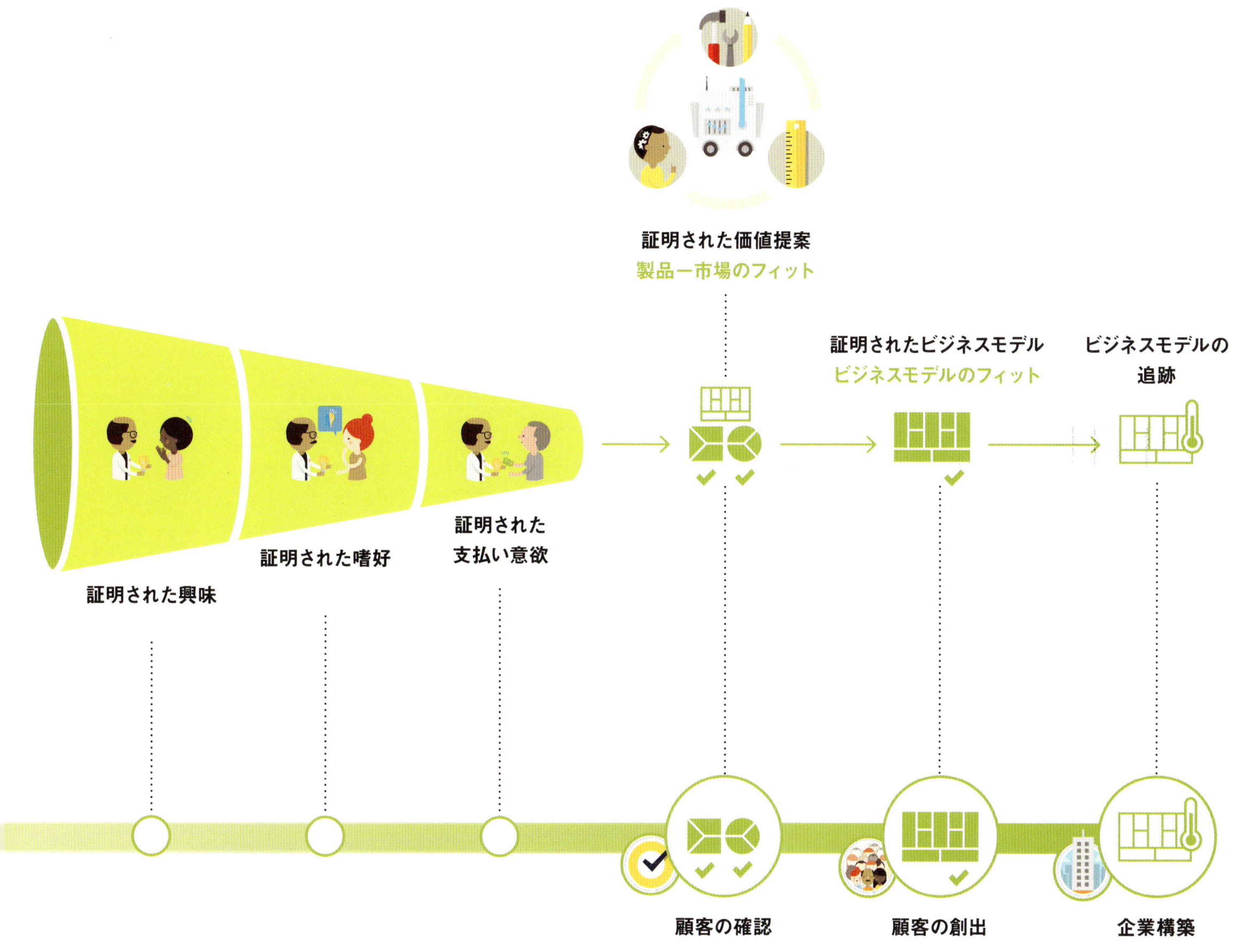
証明された価値提案
製品ー市場のフィット
証明されたビジネスモデル
ビジネスモデルのフィット
ビジネスモデルの
追跡
証明された興味
証明された嗜好
証明された
支払い意欲
顧客の確認
顧客の創出
企業構築

The Progress Board
進捗表

進捗表を使ってテストを管理・追跡し、成功に向けての進捗度を評価しましょう

進捗表をダウンロードしましょう

What did I test already?
すでに検証したことは何ですか？

バリュー・プロポジションキャンバスとビジネスモデルキャンバスを使って、どの要素を検証したか、どれが有効でどれが無効かをチェックしましょう。

What am I testing, and what did I learn?
これまでに何を学びましたか？

計画中、構築中、計測中、学習中の検証を追跡し、学んだ知見や追加の活動をはっきりとさせましょう。

How much progress did I make?
どのくらい進歩しましたか？

進捗状況を点数で表しましょう。

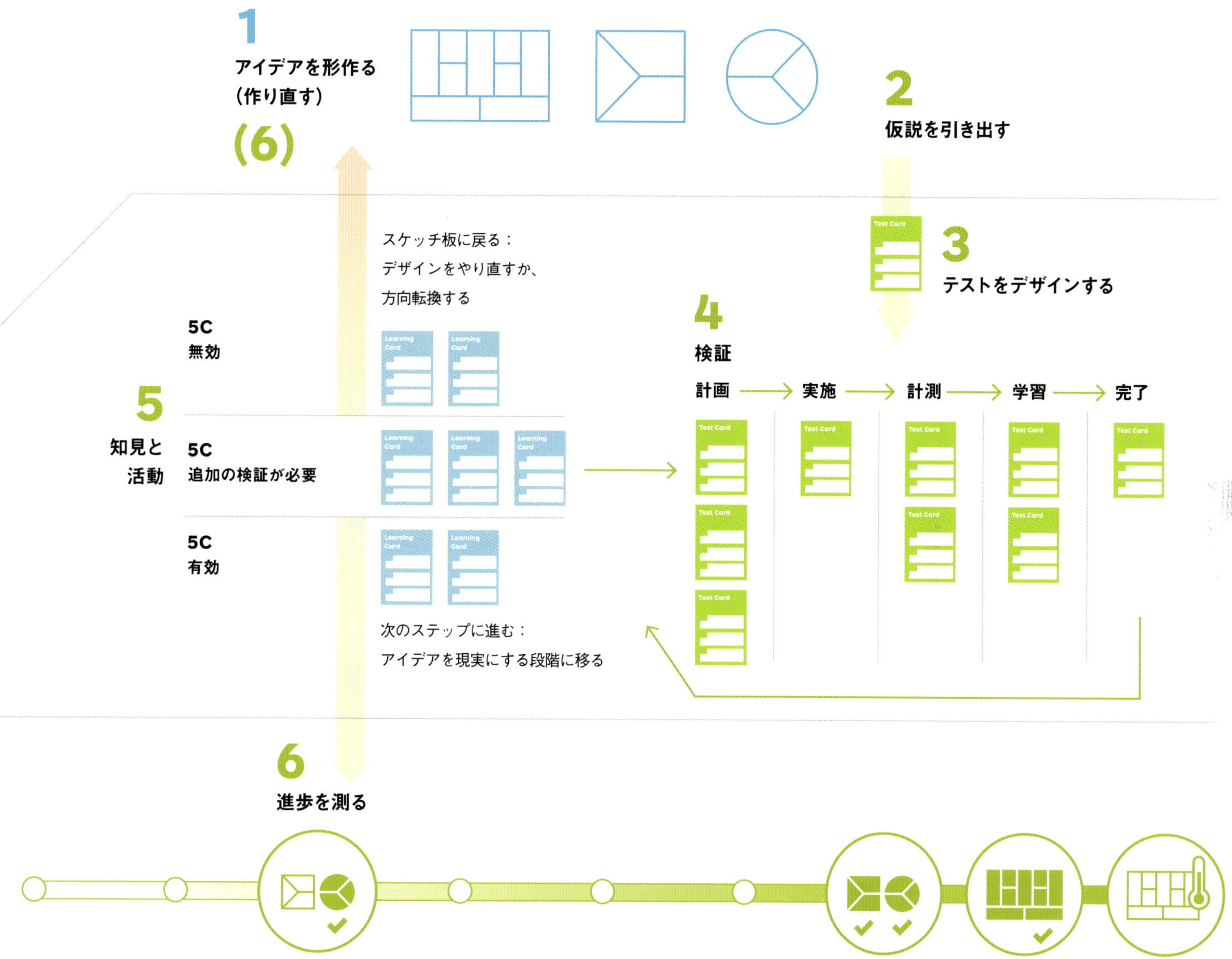
1
アイデアを形作る
（作り直す）
(6)
2
仮説を引き出す
3
テストをデザインする
4
検証
計画
実施
計測
学習
完了
スケッチ板に戻る：
デザインをやり直すか、
方向転換する
5
知見と
活動
5C
無効
5C
追加の検証が必要
5C
有効
次のステップに進む：
アイデアを現実にする段階に移る
6
進歩を測る

Owlet: Constant Progress with Systematic Design and Testing

Owlet（オウレット）：デザインと検証を体系的に進化させ続ける

赤ちゃんの血液、酸素、心拍、睡眠データをワイヤレスでモニターする*

オウレット・ビジネスモデル：バージョン 0

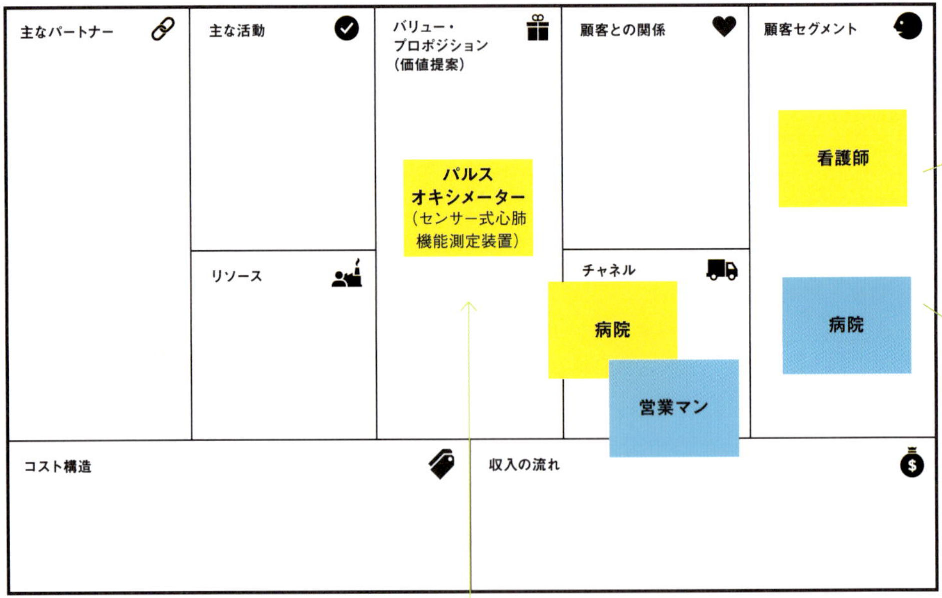

1

初期のアイデア

ビジネスチャンス

デバイスとモニターの間にコードがなければ、心肺機能測定がより簡単便利になる。

オウレットのプレゼンテーションをオンラインで見ましょう

*この事例はオウレットによって準備されたものです。
オウレットは2013年の国際ビジネスモデルコンテストの優勝企業です。

テスト1A　看護師へのインタビュー

仮説：ワイヤレスのパルスオキシメーターは従来品よりも便利

指標：前向きなフィードバックの割合

テスト：看護師へのインタビュー

データ：58名の看護師のうち93パーセントがワイヤレスを好んだ

仮説は有効：1週間、コストゼロ

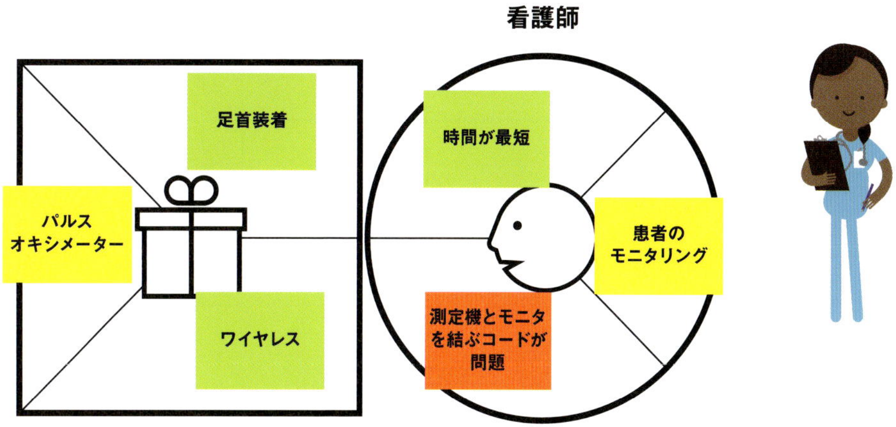

テスト1B　病院スタッフへのインタビュー

仮説：ワイヤレスのパルスオキシメーターは従来品よりも便利

指標：前向きなフィードバックの割合

テスト：病院スタッフへのインタビュー

データ：ワイヤレス装置にこれまでより高い値段を支払う意欲は0パーセント

「費用対効果がなければ、使いやすくても意味がない」

仮説は無効：1週間、コストゼロ

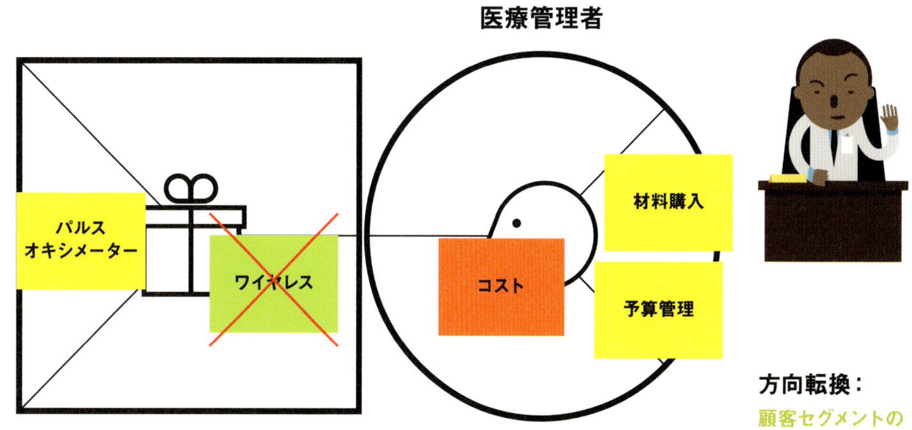

方向転換：

顧客セグメントの変更

乳幼児突然死症候群 (SIDS) は、乳幼児死亡の主な原因です

オウレット・ビジネスモデル：バージョン 2

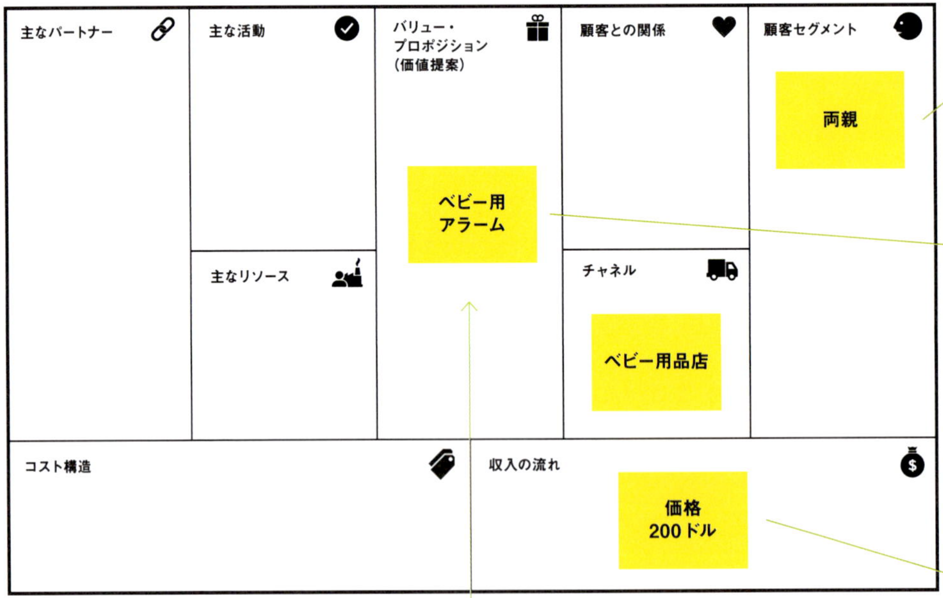

2

反復

親の安心

赤ちゃんの心拍、血中酸素濃度、睡眠パターンを測定し Bluetooth を通してスマートフォンでアラーム表示；ベビー用品店で販売。

1 週間後に一度目の方向転換

ピボット：

顧客セグメントを、看護師や病院スタッフから、心配性の親に変更

テスト2：両親へのインタビュー

仮説：親はワイヤレスのベビー用アラームを利用し購入する意欲がある

指標：利用したい両親の割合

テスト：母親にインタビュー

データ：105人の母親のうち96パーセントがワイヤレスモニターを利用したがった

「すごいわ、今すぐ買いたい！」

仮説は有効

テスト3：仮想サイトMVP

仮説：スマート足カバーでの測定は簡単便利

指標：前向きなコメントの数

テスト：MVPとサイト上の動画

データ：1万7000名が視聴、フェイスブックで5500回のシェア、両親、小売店、調査組織から500の前向きなコメント

仮説は有効：2週間、220ドル

テスト4：　A/B　価格テスト

仮説：レンタル　対　販売　価格200ドル超

指標：　販売価格の割合

テスト：　ウェブサイト上でA/Bテスト　3ラウンド

データ：1170名にテスト　299ドルが最適価格

仮説は有効：8週間、30ドル

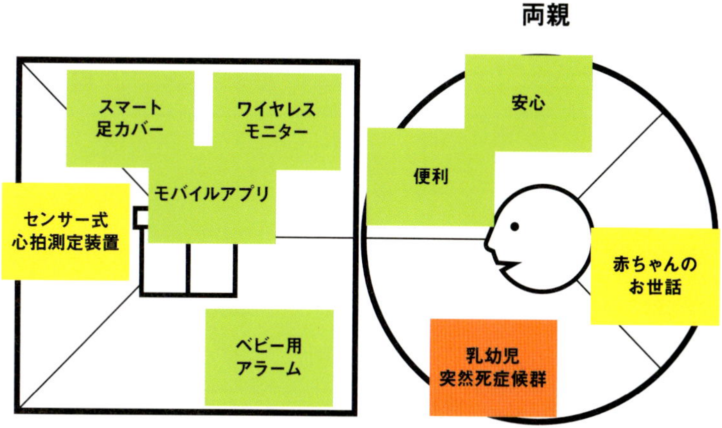

有望なビジネスに見えるが……

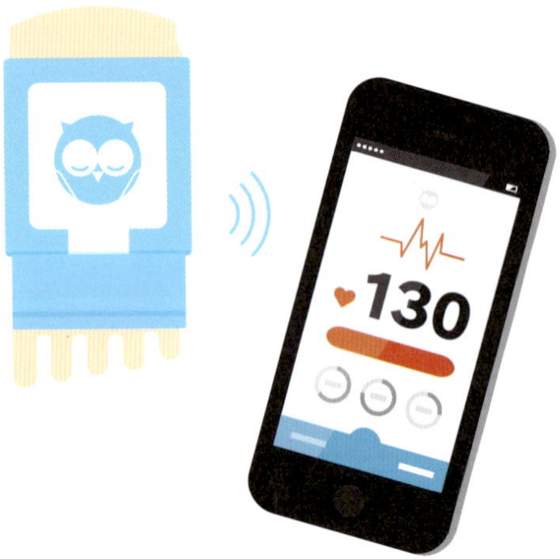

コンセプトの技術的証明を含めて、24週間、1150ドルをテストに費やした

オウレット・ビジネスモデル：バージョン 3

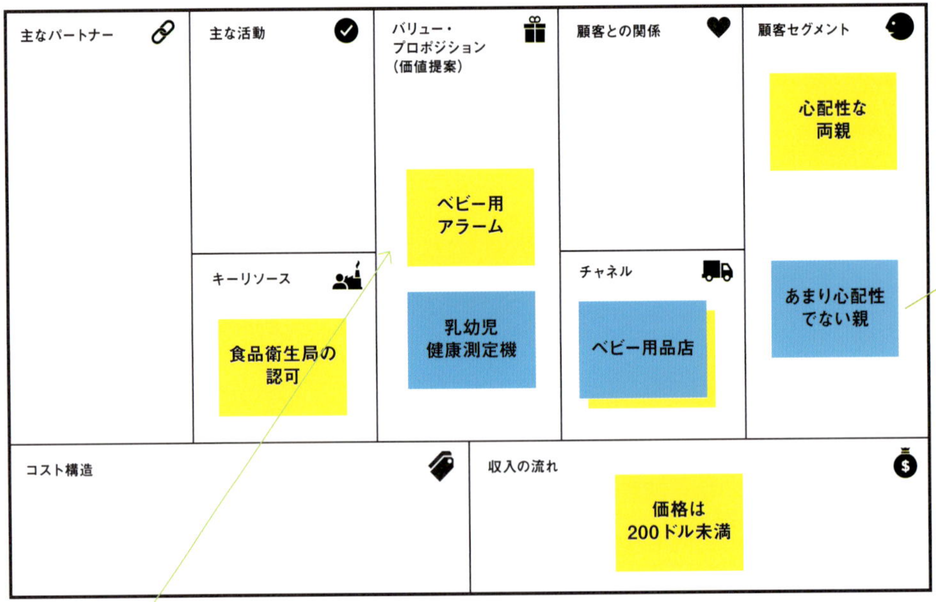

再検証の必要あり

3

反復

あまり心配性でない親をターゲットに、安心を提供

機能を必要最低限に絞り、リスクの少ない、乳幼児の健康測定機（心拍、血中酸素濃度、睡眠パターン）に変え、アラームを削り、ターゲットとする顧客セグメントを「あまり心配性でない親」に変えた。

リーンを維持する

専門家によると、ベビー用アラームに食品衛生局（FDA）の認可を得るには1年の期間と12万から20万ドルの費用がかかるとのこと

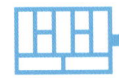

テスト5：インタビュー／提案

「オウレット・チャレンジ」

仮説：あまり心配性でない親は、アラーム機能のないワイヤレス健康測定機を購入し利用する意欲がある

指標：　アラームなしの測定機を利用する親の割合

テスト：小売店でのインタビューで、オウレット製品と、他の似たような測定機（ビデオ、音声、動き）を選んでもらう

データ：取材した81名のうち、20パーセントがオウレット製品を支持した

仮説は有効：３週間、コストゼロ

あまり心配性でない親

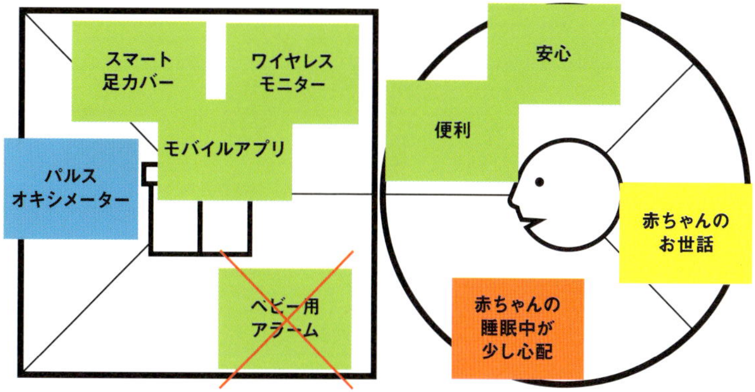

オウレットはまず赤ちゃんの健康測定機から始め、FDAの認可が下りた時点でアラーム機能を付けることにした

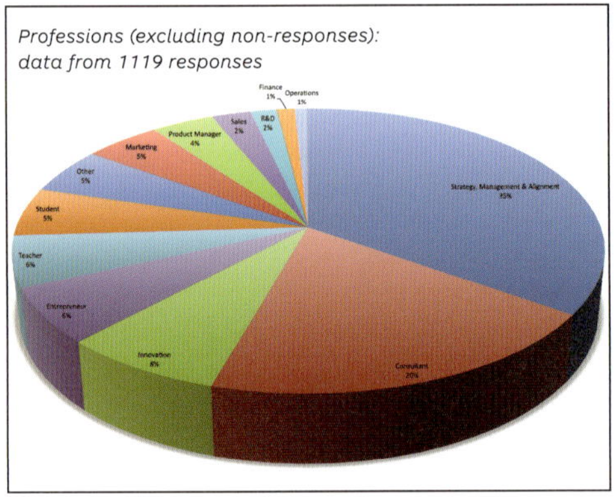

Lessons Learned 学んだこと

段階を踏んでテストする

顧客はあなたの価値提案の判事であり、陪審員であり、執行者です。現場に出て、顧客開発とリーン・スタートアップのプロセスを通し、あなたのアイデアを顧客に試してみましょう。不確実性の高い段階では手早くお金のかからない実験から始め、仮説を検証しましょう。

実験資料室

顧客の言葉と現実の行動が大きく違うこともありえます。顧客から話を聞くだけでなく、一連の実験を行ないましょう。顧客に行動を要請し、彼らの興味、嗜好、支払い意欲のエビデンスを手に入れましょう。

すべてを持ち寄る

検証を行なわずにアイデアを実行に移すのは無謀です。検証を行っても、アイデアを実行に移さなければ時間の無駄になります。証明されたアイデアを実行に移すことで、起業家としての人生が変わります。アイデアから現実のビジネスまでの進捗を、段階ごとに測りましょう。

EXIT

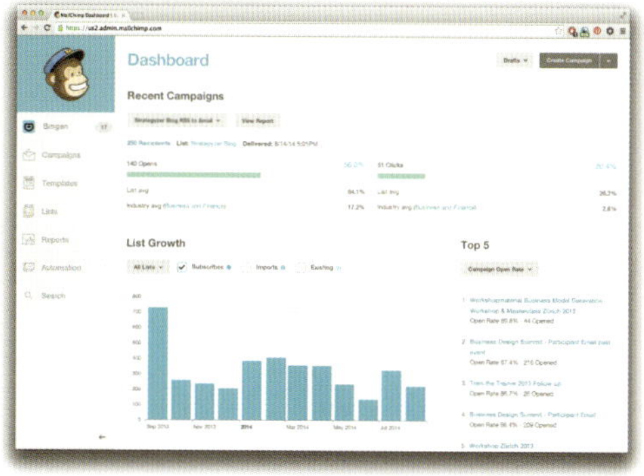
Dashboard
Recent Campaigns
List Growth
Top 5

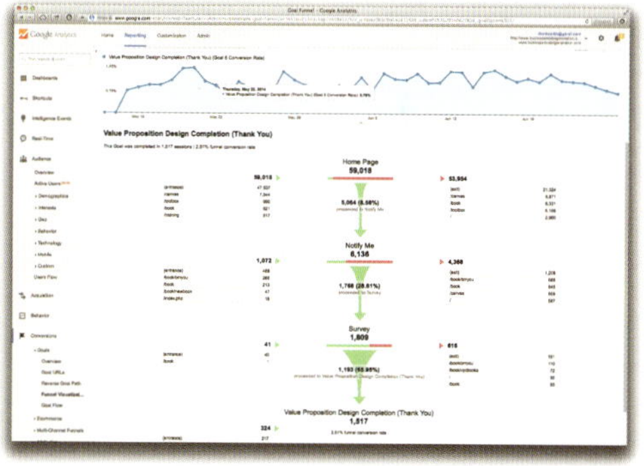
Value Proposition Design Completion (Thank You)

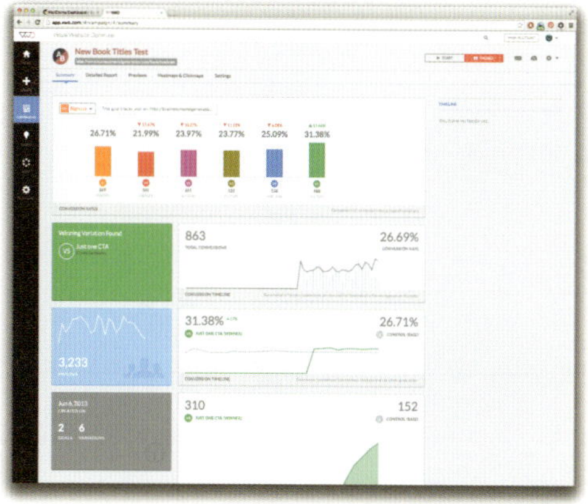
New Book Titles Test
26.71%
21.99%
23.97%
23.77%
25.09%
31.38%
863
26.69%
31.38%
26.71%
3,233
310
152

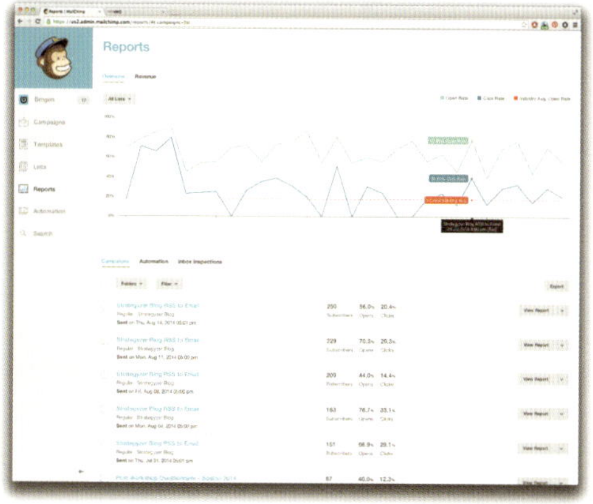
Reports

evo

lve

進化する

4

バリュー・プロポジションキャンバスとビジネスモデルキャンバスを共通言語として使うことで、組織の隅々まで全員が方向性を一致させ p. 260 、常に進化を続けましょう。バリュー・プロポジション（価値提案）とビジネスモデルの計測とモニター p.262 を続け、たゆまぬ改善 p.264 と継続的な自己再生 p.266 に努めましょう。

Create Alignment

方向性を一致させる

バリュー・プロポジションキャンバスは、方向性を一致させるための優れたツールです。あなたが注目する顧客の仕事、ゲイン、ペインをさまざまなステークホルダーに伝え、あなたの製品とサービスがどのようにペインを取り除き、ゲインを生み出すかを具体的に説明することを助けます。

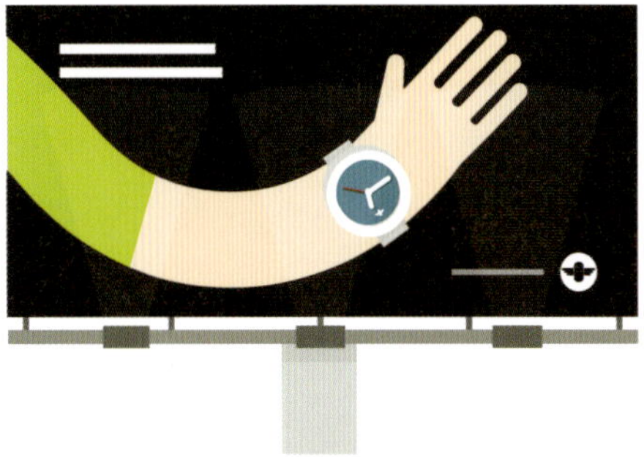

広告

パッケージ

動画

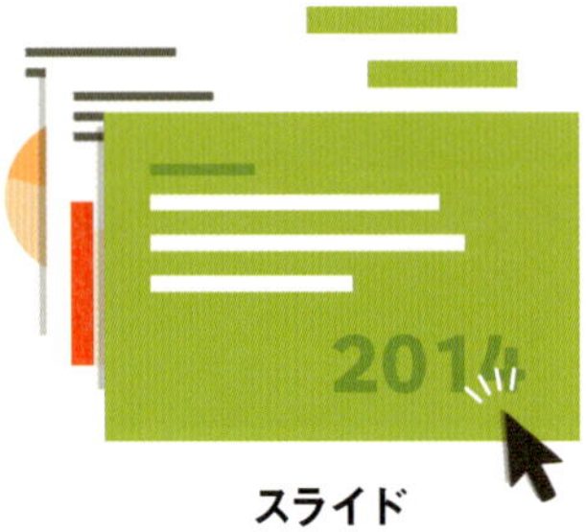

スライド

セールストーク

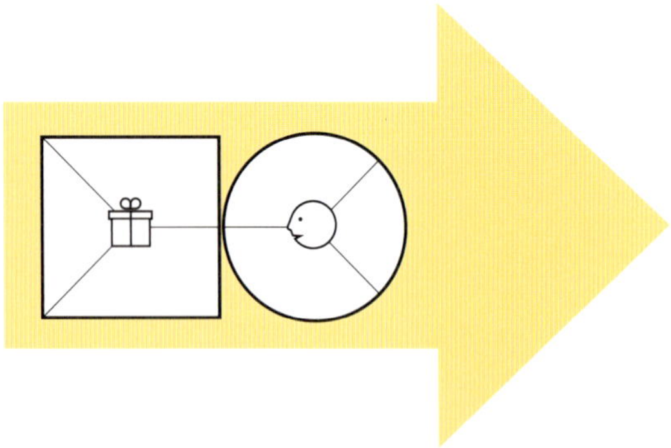

一致したメッセージを作り出す

内部と外部のステークホルダーを一致させる

マーケティング

あなたの製品とサービスが、顧客の仕事、ペイン、ゲインにどう役立つかを伝えるようなマーケティングのメッセージを作りましょう。広告からパッケージのデザインまで、顧客が受け取るメッセージを一致させましょう。注目してほしいペインリリーバーとゲインクリエーターを強調しましょう。

(流通) パートナー

(流通) パートナーに仲間になってもらい、あなたのバリュー・プロポジション (価値提案) を説明しましょう。ペインリリーバーとゲインクリエーターを強調することで、なぜ顧客があなたの製品とサービスを気に入るかを理解してもらうよう努めましょう。

社員

全社員に、ターゲットとする顧客、対応する仕事、ペイン、ゲインを理解させ、その製品とサービスが顧客にどう価値をもたらすかを具体的に示しましょう。価値提案がどうビジネスモデルに合うのかを説明しましょう。

営業

営業部門に、ターゲットとするセグメントと、顧客の仕事、ペイン、ゲインが何なのかを理解してもらいましょう。価値提案のどの要素が、ペインを和らげ、ゲインを生み出すかを強調しましょう。セールストークと売り込みの台本を一致させましょう。

株主

株主に向けて、あなたが顧客にどう価値を生み出すのかを具体的に説明しましょう。(新しい、または改善された) 価値提案がどのようにビジネスモデルの成功と競争優位につながるのかを明確にしましょう。

Measure and Monitor

計測しモニターする

バリュー・プロポジション（価値提案）が市場に出たら、バリュー・プロポジションキャンバスとビジネスモデルキャンバスを使って効果測定の指標を作り、モニターしましょう。ビジネスモデル、価値提案、顧客満足度の成果を追跡しましょう。

ビジネスモデルの業績

価値提案の成果
（定量的な評価）

顧客満足度
（顧客の受け止め方）

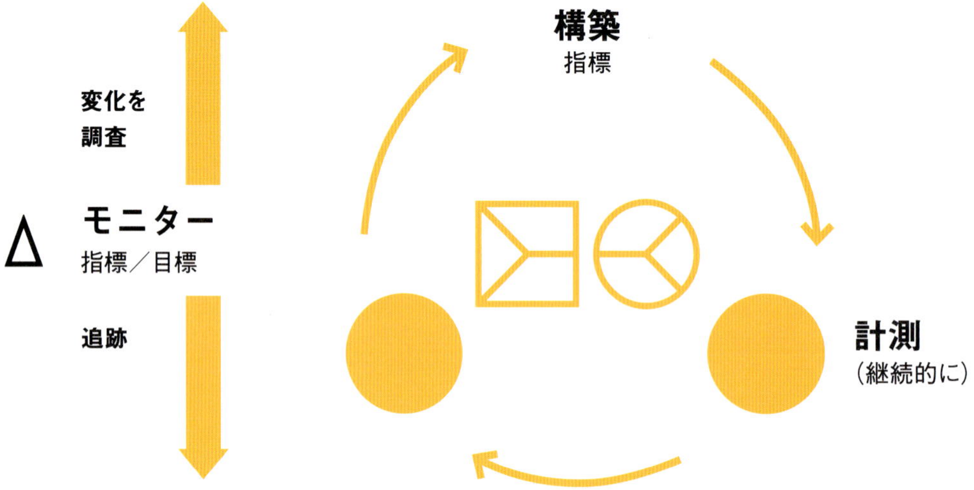

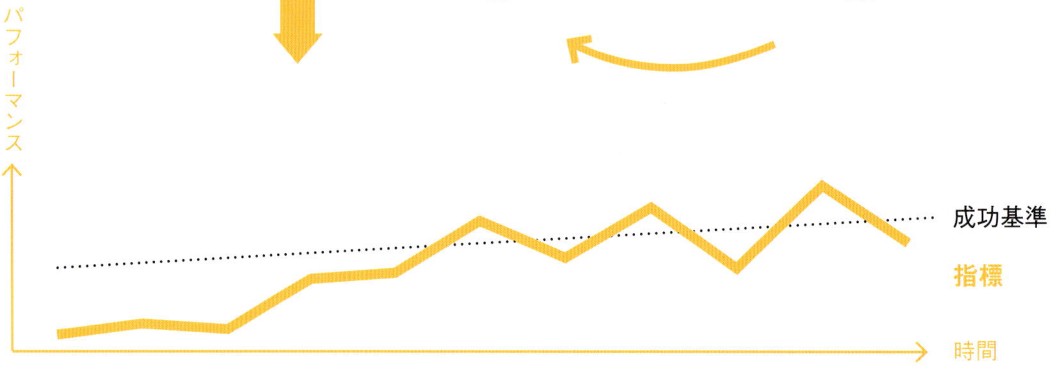

Target
目標

Indicator
指標

Building Block
構築ブロック

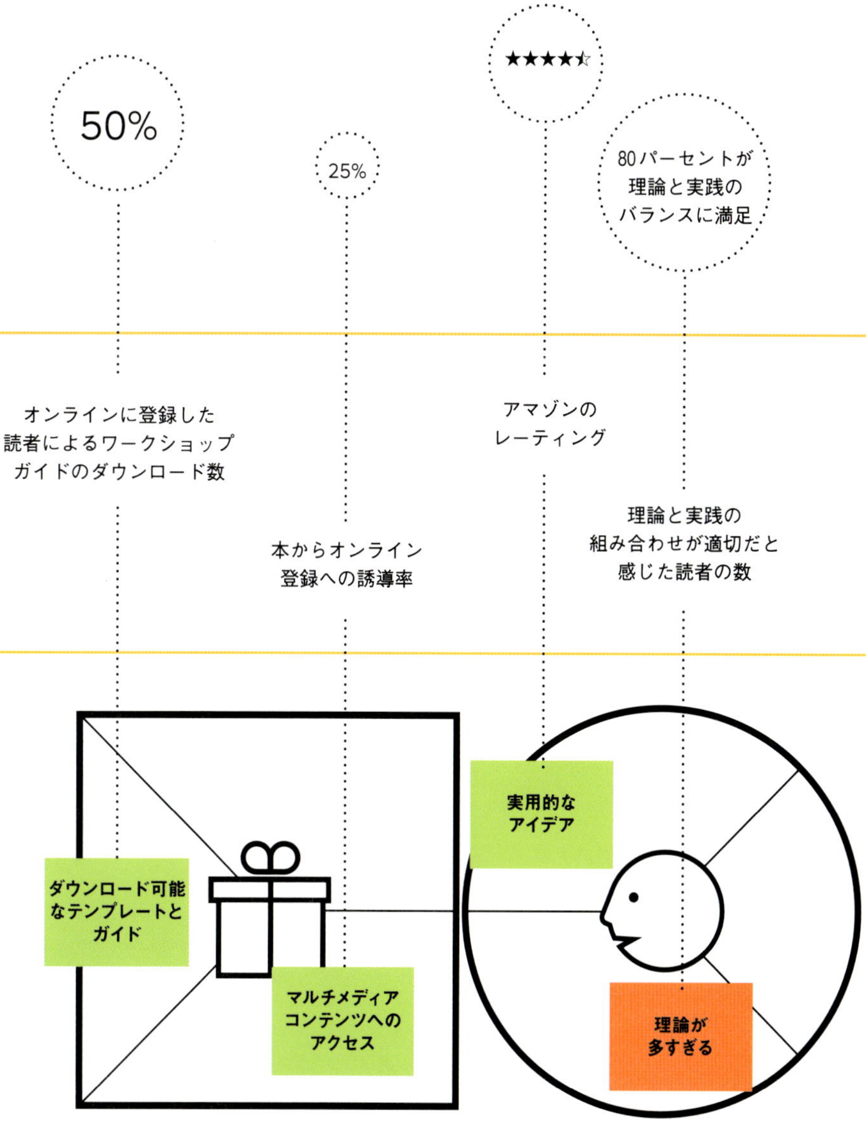

Improve Relentlessly

たゆまず改善し続ける

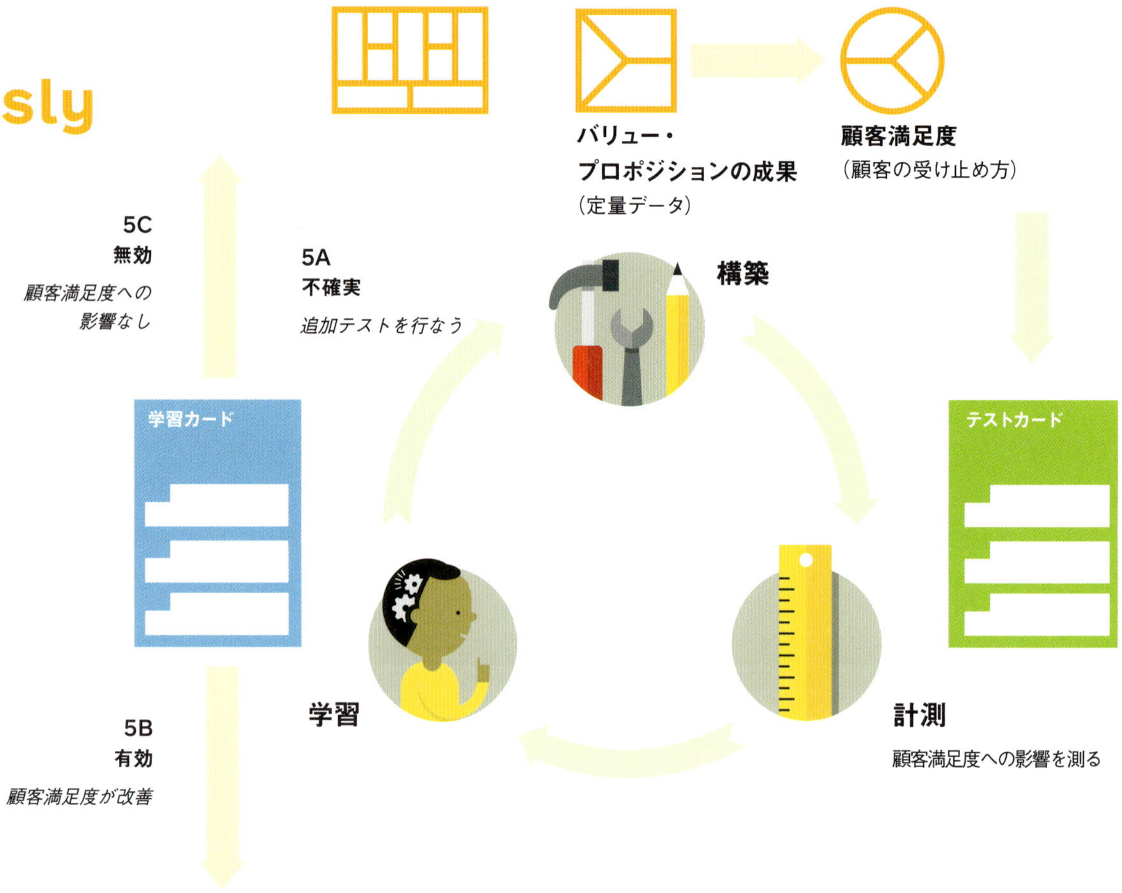

テストとモニタリングに使ったツールとプロセスを利用して、市場に出た価値提案を改善しましょう。「もしこうなったら？」と改善のシナリオをテストし続け、その顧客満足度への影響を測りましょう。

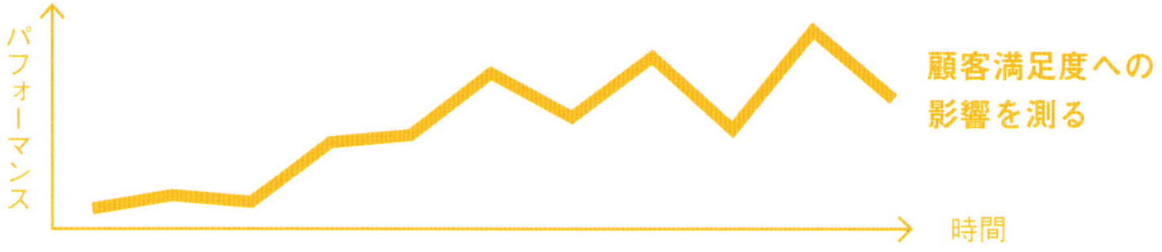

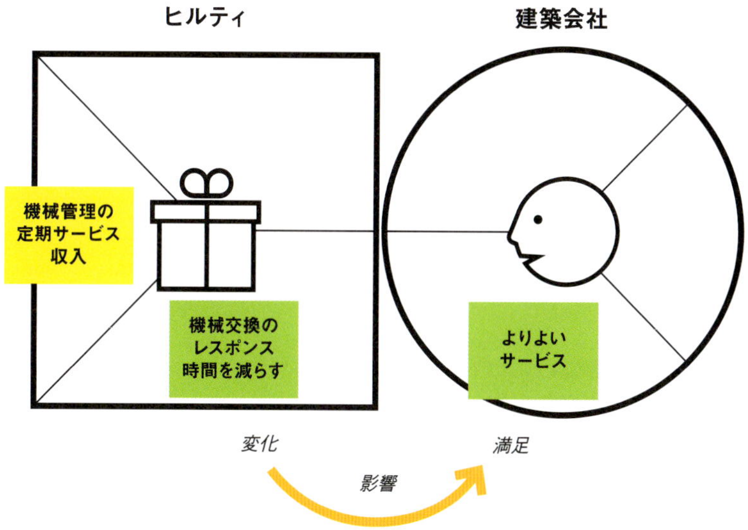
ヒルティ
建築会社
機械管理の
定期サービス
収入
機械交換の
レスポンス
時間を減らす
よりよい
サービス
変化
影響
満足

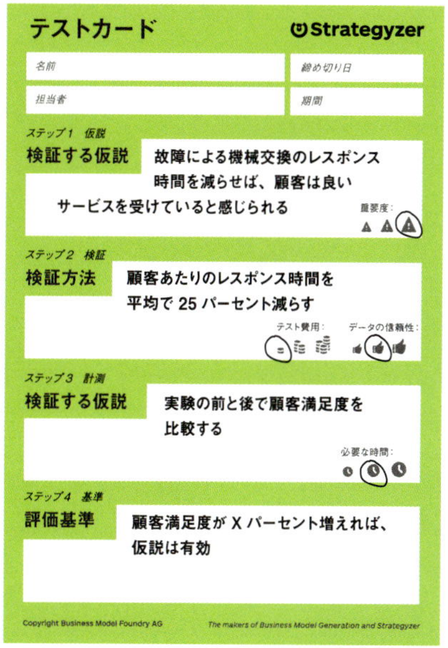
テストカード
Strategyzer
名前
締め切り日
担当者
期間
ステップ1 仮説
検証する仮説
故障による機械交換のレスポンス
時間を減らせば、顧客は良い
サービスを受けていると感じられる
重要度：
ステップ2 検証
検証方法
顧客あたりのレスポンス時間を
平均で 25 パーセント減らす
テスト費用：
データの信頼性：
ステップ3 計測
検証する仮説
実験の前と後で顧客満足度を
比較する
必要な時間：
ステップ4 基準
評価基準
顧客満足度が X パーセント増えれば、
仮説は有効
Copyright Business Model Foundry AG
The makers of Business Model Generation and Strategyzer

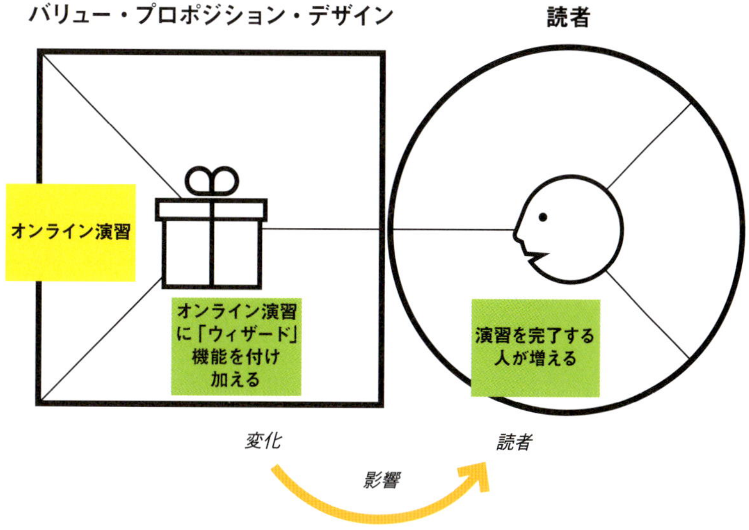
バリュー・プロポジション・デザイン
読者
オンライン演習
オンライン演習
に「ウィザード」
機能を付け
加える
演習を完了する
人が増える
変化
影響
読者

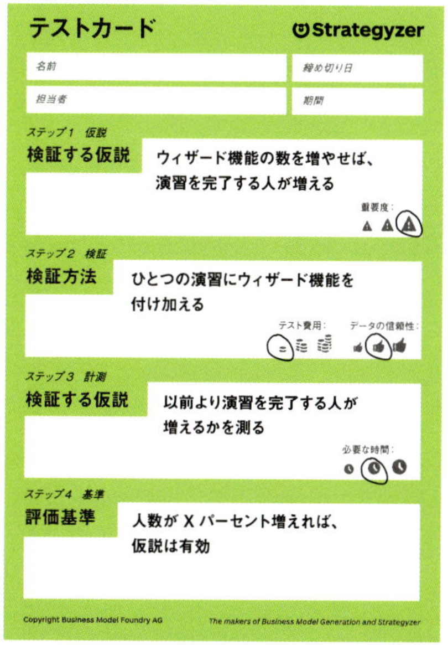
テストカード
Strategyzer
名前
締め切り日
担当者
期間
ステップ1 仮説
検証する仮説
ウィザード機能の数を増やせば、
演習を完了する人が増える
重要度：
ステップ2 検証
検証方法
ひとつの演習にウィザード機能を
付け加える
テスト費用：
データの信頼性：
ステップ3 計測
検証する仮説
以前より演習を完了する人が
増えるかを測る
必要な時間：
ステップ4 基準
評価基準
人数が X パーセント増えれば、
仮説は有効
Copyright Business Model Foundry AG
The makers of Business Model Generation and Strategyzer

Reinvent Yourself Constantly

自己を再構築し続ける

成功企業は、顧客の求めるバリュー・プロポジション（価値提案）を優れたビジネスモデルに組み入れています。偉大な企業はそれを継続しているのです。彼らは成功にあぐらをかかず、新しい価値提案とビジネスモデルを生み出し続けています。

今日の企業は迅速に動けなければなりませんし、コロンビアビジネススクールのリタ・マグレイス教授が『競争優位の終焉』で紹介した、「一時的な競争優位」を育てることが必要です。

企業は長期的な競争優位を探し求めるよりも、新しいビジネスチャンスに素早く対応し続ける能力を育てなければならない、とマグレイス教授は言っています。

この本のツールとプロセスを使って、絶え間なく自己を再構築し、新しい価値提案を優れたビジネスモデルに組み入れましょう。

一時的な競争優位を築くために、
次の5つのことを念頭に置きましょう

- **既存の価値提案を実行する時と同じ真剣さで、新しい価値提案とビジネスモデルを探しましょう**
- **大胆で不確実な大きな賭けに出るよりも、新しい価値提案とビジネスモデルの実験に投資し続けましょう**
- **成功している間に、再構築を行ないましょう。危機によって改革を強いられるまで待っていてはいけません**
- **新しいアイデアやビジネスチャンスを危険な試みと見なさず、社員と顧客を活性化する手段と考えましょう**
- **上司やストラテジストや専門家の意見よりも、顧客への実験を参考にして、新しいアイデアやビジネスチャンスを評価しましょう**

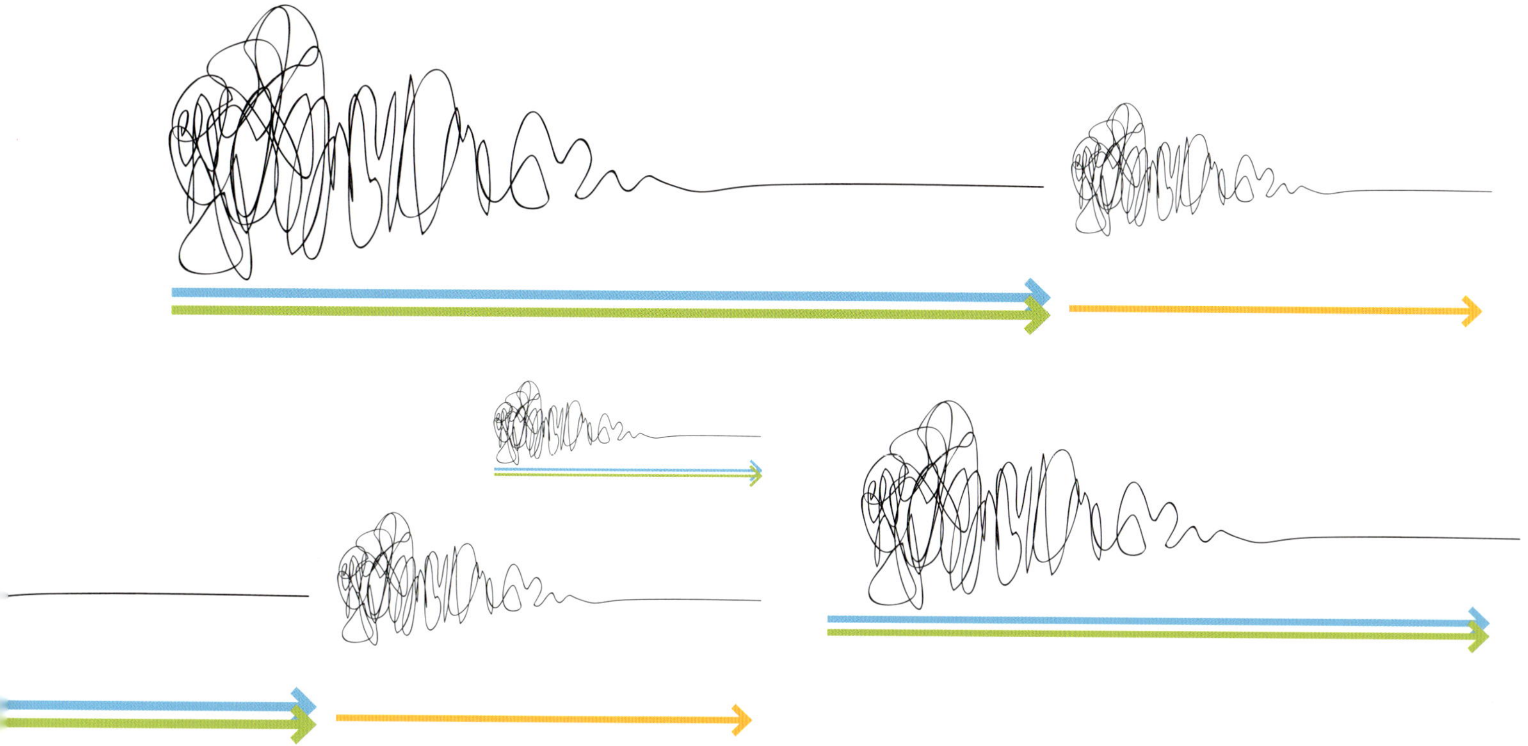

Continuously ask yourself...

自分に問いかけ続けましょう

変わり続ける環境要素は何ですか？　市場、テクノロジー、規制、マクロ経済、または競争上の変化は、あなたの価値提案とビジネスモデルにどのような意味がありますか？　このような変化は新しい可能性を探るチャンスにつながるでしょうか？　それとも、既存の組織を破壊するような脅威でしょうか？

あなたのビジネスモデルは時代遅れになっていませんか？　新しいリソースや活動を付け加える必要がありますか？　既存のモデルは、事業拡大のチャンスを与えてくれますか？　既存のビジネスモデルを拡大するよりも、全く新しいモデルを築いたほうがいいですか？　あなたのビジネスモデルのポートフォリオは未来への備えになりますか？

今日の起業家は迅速に動けなければなりませんし、コロンビアビジネススクールのリタ・マグレイス教授が「競争優位の終焉」で紹介した、「一時的な競争優位」を育てることが必要です。
企業はますます持続が難しくなる長期的競争優位を探し求めるよりも、新しいビジネスチャンスに素早く対応し続ける能力を育てなければならない、とマグレイス教授は言っています。

Taobao: Reinventing (E-)Commerce

タオバオ：e コマースを再構築する

アリババ・グループの一部、タオバオは驚異的な中国のeコマース企業です。取引の信頼性の高いインターネット上の生態系を作り出し、中国での新しい商業の波を生み出しました。10年の間に、タオバオは三度ビジネスモデルを進化させました。プラットフォームの変化と中国経済全体の変化を積極的に受け入れ、それをチャンスに変えています。

タオバオの事例をオンラインでチェックしましょう

2003年
新たなC2Cプラットフォーム

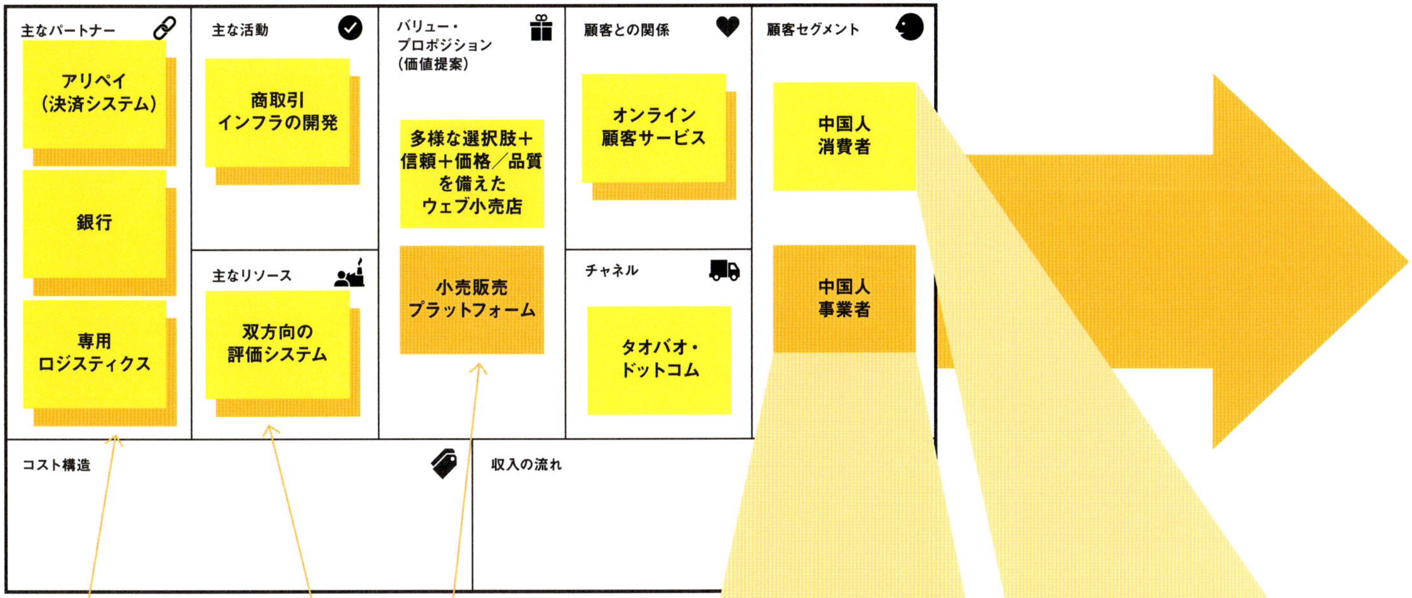

2

信頼できるプラットフォームの創出

決済とロジスティクスのインフラをパートナーと立ち上げ、取引と発送を促す

買い手と売り手のためになる新しい価値提案の創出

評価システムの導入で、これまで現実世界では存在しなかった買い手と売り手の信頼を築く

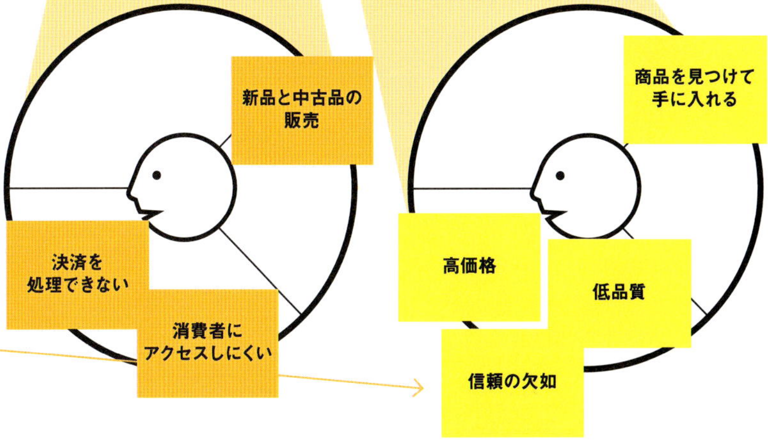

1

中国経済における商取引の障害

商業インフラの欠如

高価格、低品質、信頼の欠如への消費者の失望

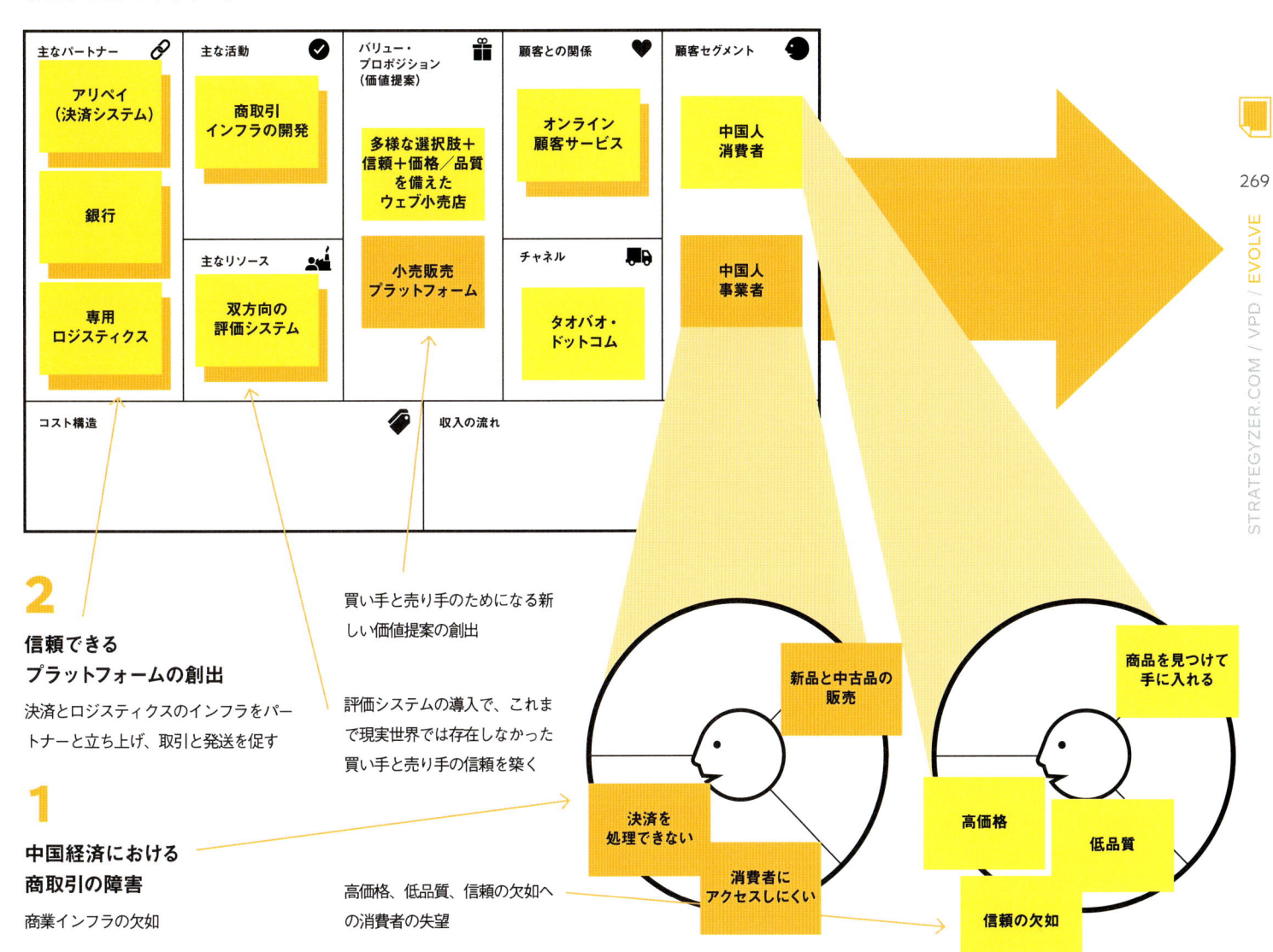

2006 年
タオバオ―中小企業と消費者を結ぶ(B2C)

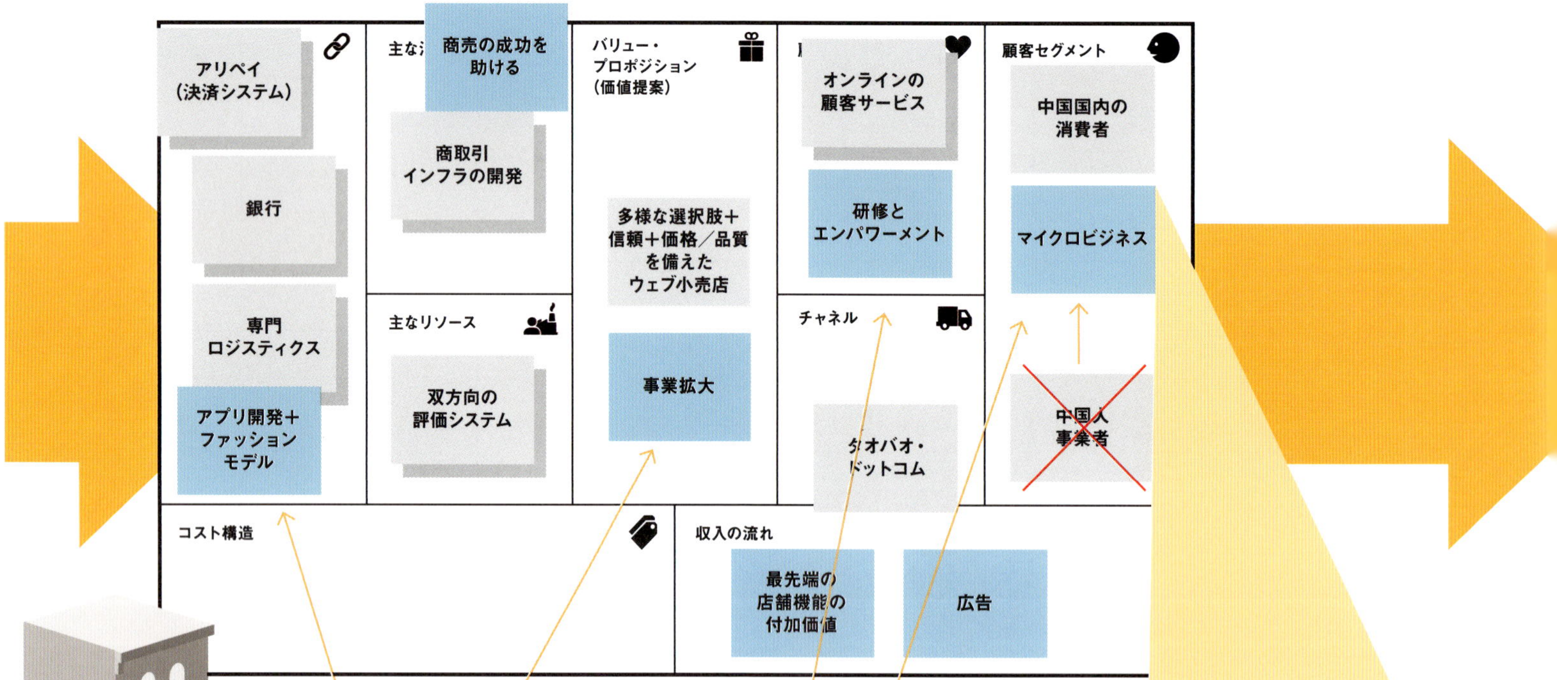

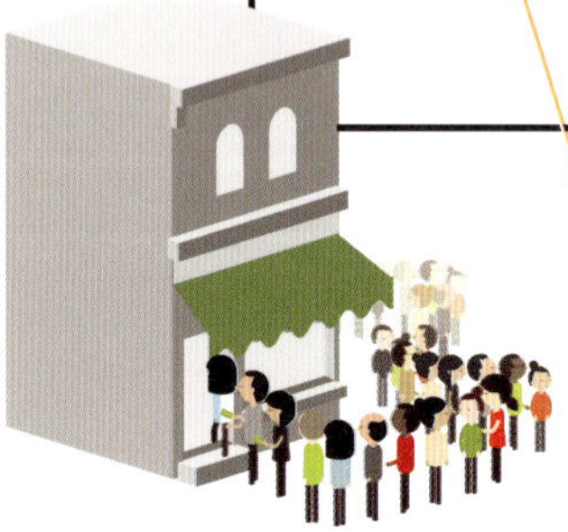

2
マイクロ起業家への方向転換

タオバオは事業の主眼を変え、マイクロ起業家向けのビジネスを築きました

1
マイクロ起業家の誕生

タオバオのプラットフォームが広範囲に普及したことで、数百万の売り手がマイクロ起業家になるチャンスが生まれました

外部のサービスプロバイダーをまき込み、価値提案を強化しました

タオバオ大学を作り、起業家がプラットフォームを利用し、ビジネスについて学ぶことを助けました

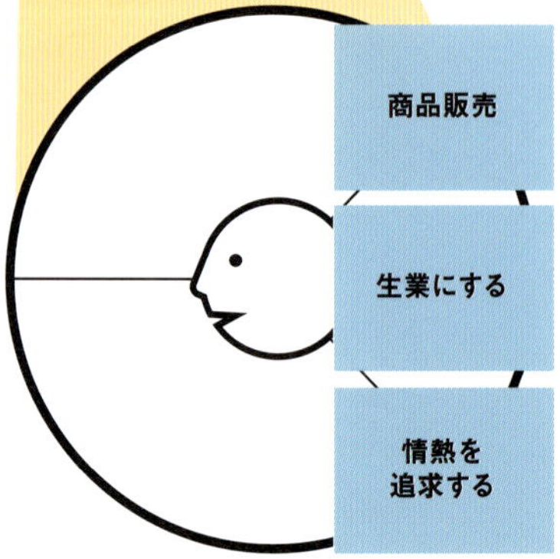

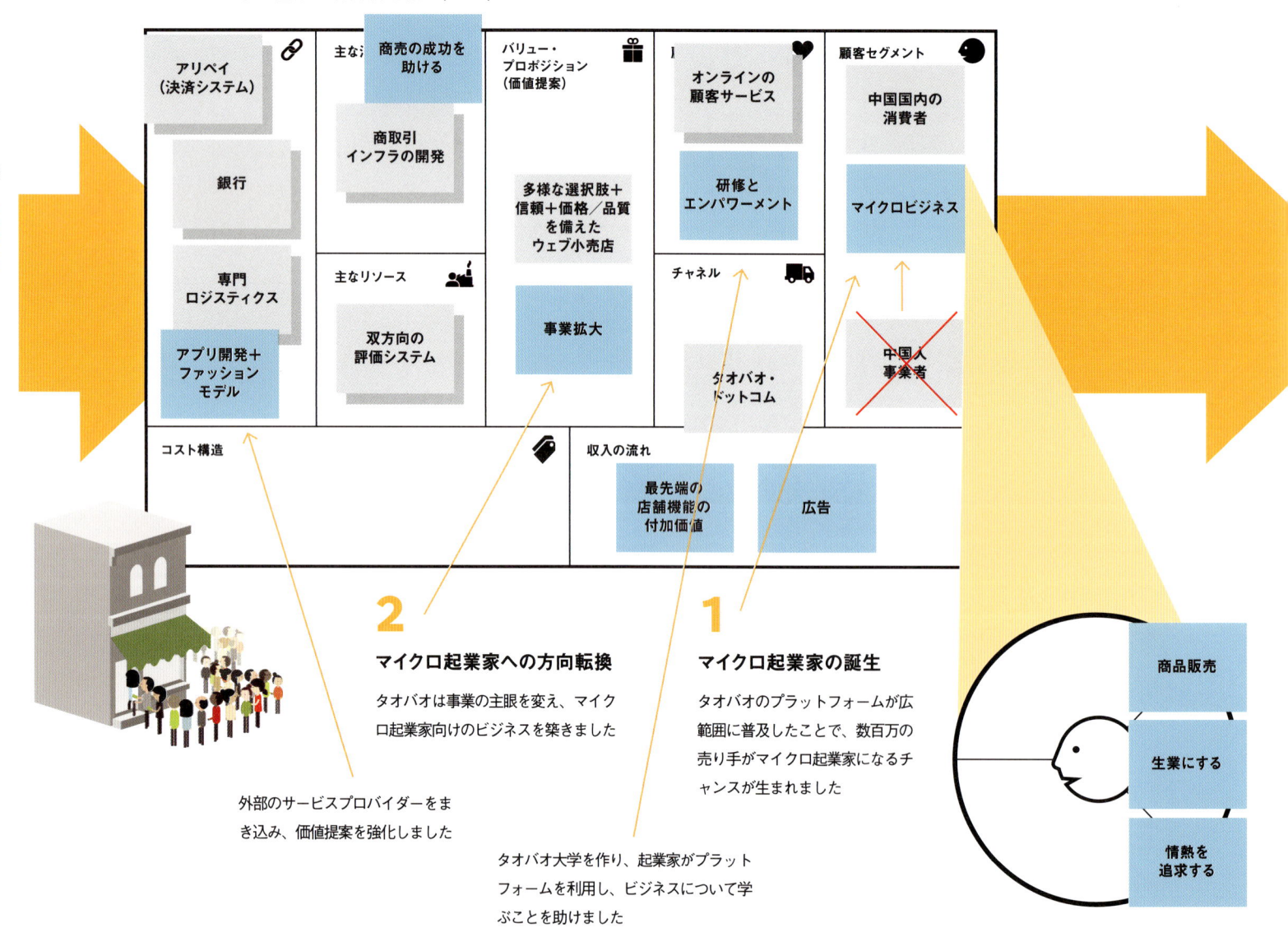

2008 年
タオバオ—中小企業と消費者を結ぶ（B2C）

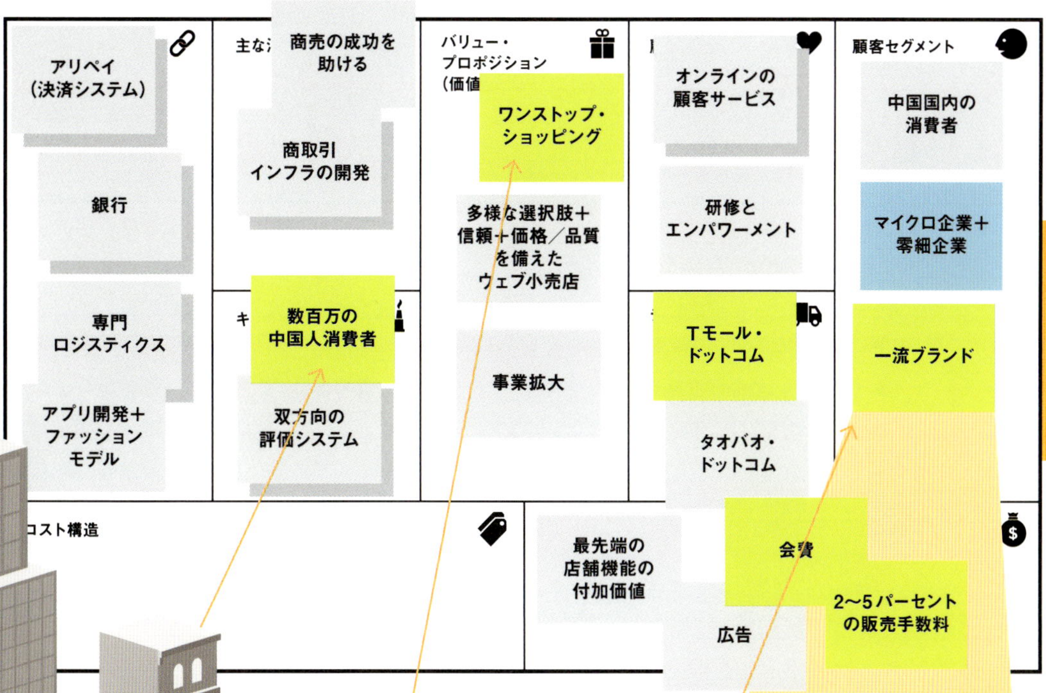

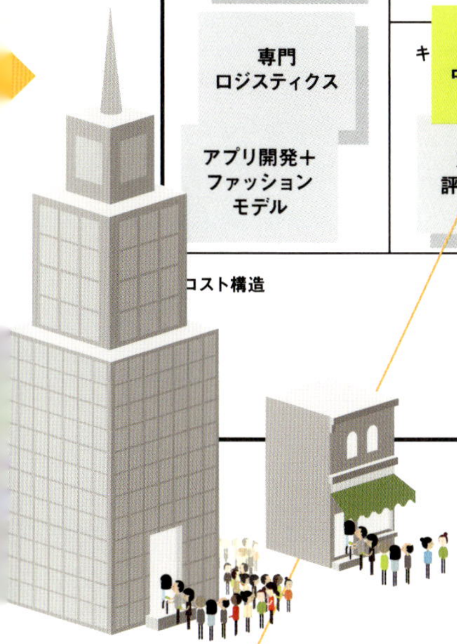

2013 年
タオバオー？

1

隠れた資産

タオバオのビジネスモデルには巨大な資産がある；数億の中国人消費者だ

2

新規事業の立ち上げ

隠れた資産は新しい価値提案の基礎になる

新しい顧客（一流ブランド）を助ける

小売店舗を開いて、速いスピードで中国人消費者を囲い込む

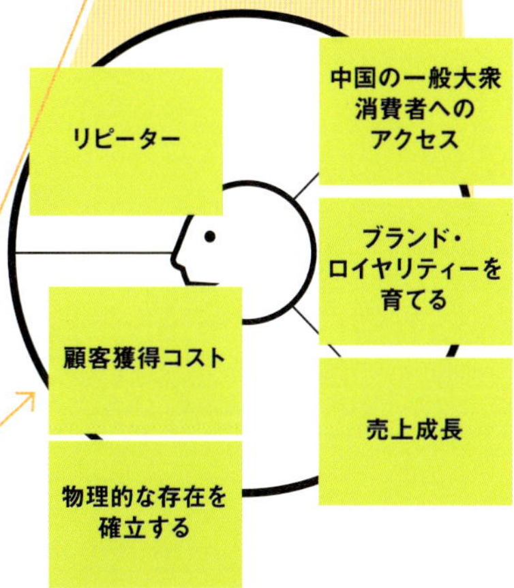

タオバオは10年間で、単純なeコマースのプラットフォームから複雑な生態系に進化しました。その過程で、価値提案を改善し、これに再投資することで、進化を成し遂げました。タオバオはその地位に安住せず、モバイルゲーム、メッセージなどの分野でも新サービスを開発し続けています。たゆまず進化を続けているのです。

Lessons Learned 学んだこと

方向性を一致させる

バリュー・プロポジションキャンバスとビジネスモデルキャンバスは、方向性を一致させるための非常に優れたツールです。これを共通言語にして、組織の異なる部署間でよりよいコラボレーションを作り出しましょう。あなたが顧客とビジネスのために具体的にどう価値を創造するかを、すべてのステークホルダーが理解できるよう助けましょう。

計測し、モニターし、改善する

バリュー・プロポジション（価値提案）の成果を長期にわたって追跡し、市場環境が変化する中で確実に顧客価値を創造し続けるよう努めましょう。価値提案のデザインと同じツールとプロセスを使って、改善を続けましょう。

成功しているうちに再投資する

価値提案とビジネスモデルをたゆまず再構築し続けましょう。市場環境に強いられてやむをえず改革していては間に合いません。それでは遅すぎます。既存の価値提案とビジネスモデルを改善し続け、同時に新しい価値提案を開発できるような組織構造を作りましょう。

after

word あとがき

Glossary 用語集

（ビジネスの）仮説

アイデアの一部または全部がうまくいくために正しくなければばならないことで、まだ証明されていない前提

ビジネスモデル

組織が価値を創造し、届け、取り入れる手法、その原理

ビジネスモデルキャンバス

利益を生みながら規模拡大が可能なビジネスモデルをデザインし、検証し、構築し、管理するための戦略的な経営ツール

CTA（行動の要請）

対象者に行動を促すもの。ひとつ以上の仮説を検証するために実験で使われる

顧客開発

ビジネスモデルの前提となる仮説を継続的に顧客やステークホルダーに検証することで、起業のリスクと不確実性を低減するためにスティーブン・G・ブランクが発明した4段階のプロセス

顧客のゲイン

顧客が必要とし、期待し、望み、夢に見る結果や恩恵

顧客インサイト

よりよい価値提案とビジネスモデルのデザインに役立つような、顧客理解に関する知識、または重要な気づき

顧客のペイン

顧客が避けたい悪い結果、リスク、障害。特に仕事の達成（成功）を妨げるもの

顧客プロフィール

バリュー・プロポジションキャンバスの右側を構成するビジネスツール。価値創造によって対応したい顧客セグメント（ステークホルダー）の仕事、ペイン、ゲインをビジュアル化したもの

環境マップ

価値提案とビジネスモデルをデザインし管理する環境を描いた戦略的な予見ツール

エビデンス（証拠）

価値提案、ビジネスモデル、または環境に関する仮説、顧客インサイト、自分たちの考えを証明または否定するもの

実験／検証

バリュー・プロポジションまたはビジネスモデルの有効性を証明または否定するためのエビデンスを生み出す手続き

フィット（合致）

バリューマップの要素が、顧客セグメントに関連する仕事、ペイン、ゲインと一致し、多数の顧客がその価値提案を使って彼らの仕事、ペイン、ゲインを満たす状況

ゲインクリエーター（恩恵をもたらすもの）

製品とサービスを通して、顧客が必要とし、期待し、望み、夢見る結果や恩恵を得る方法

成すべき仕事

顧客がその仕事と人生で必要とし、求め、成し遂げたいと望むもの

リーン・スタートアップ

継続的な構築、検証、学習の反復による製品開発を通して無駄と不確実性を取り除くような、エリック・リースが提唱する「顧客開発」のプロセス

学習カード

調査と実験から洞察を得るための戦略的学習ツール

MVP（実用最小限の製品）

ひとつかそれ以上の仮説を証明または否定することを目的にデザインされたバリュー・プロポジションの模型

ペインリリーバー（悩みを和らげるもの）

製品とサービスを通して、顧客の仕事の達成を妨げるような悪い結果、リスク、障害を排除するか減らすことで、顧客の悩みを和らげる方法

製品とサービス

（比喩的な意味で）店頭で顧客が目にすることができる、バリュー・プロポジションに基づいたアイテム

進捗表

ビジネスモデルとバリュー・プロポジション・デザインのプロセスを管理追跡し、優れたバリュー・プロポジションとビジネスモデルへの進捗を記録する戦略的経営ツール

プロトタイピング

手早く安価に粗い模型を作り、異なるバリュー・プロポジションやビジネスモデルの人気、実現可能性、実用性を学ぶ試み

テストカード

調査と実験をデザインし構成するための戦略的な検証ツール

バリューマップ

バリュー・プロポジションキャンバスの左側を構成するビジネスツール。製品とサービスが、悩みを取り除き恩恵をもたらすことで、どのように価値を生み出すかを具体的に示すもの

バリュー・プロポジション（価値提案）

あなたの製品とサービスから顧客が期待できるベネフィットを表わすもの

バリュー・プロポジションキャンバス

製品とサービスをデザインし、検証し、構築し、管理するための戦略的経営ツール。ビジネスモデルキャンバスと完全に統合できる

バリュー・プロポジション・デザイン

バリュー・プロポジションをデザインし、構築し、そのライフサイクルを通して管理するプロセス

用語集はPDFで見ることも可能です

Core Team コア・チーム

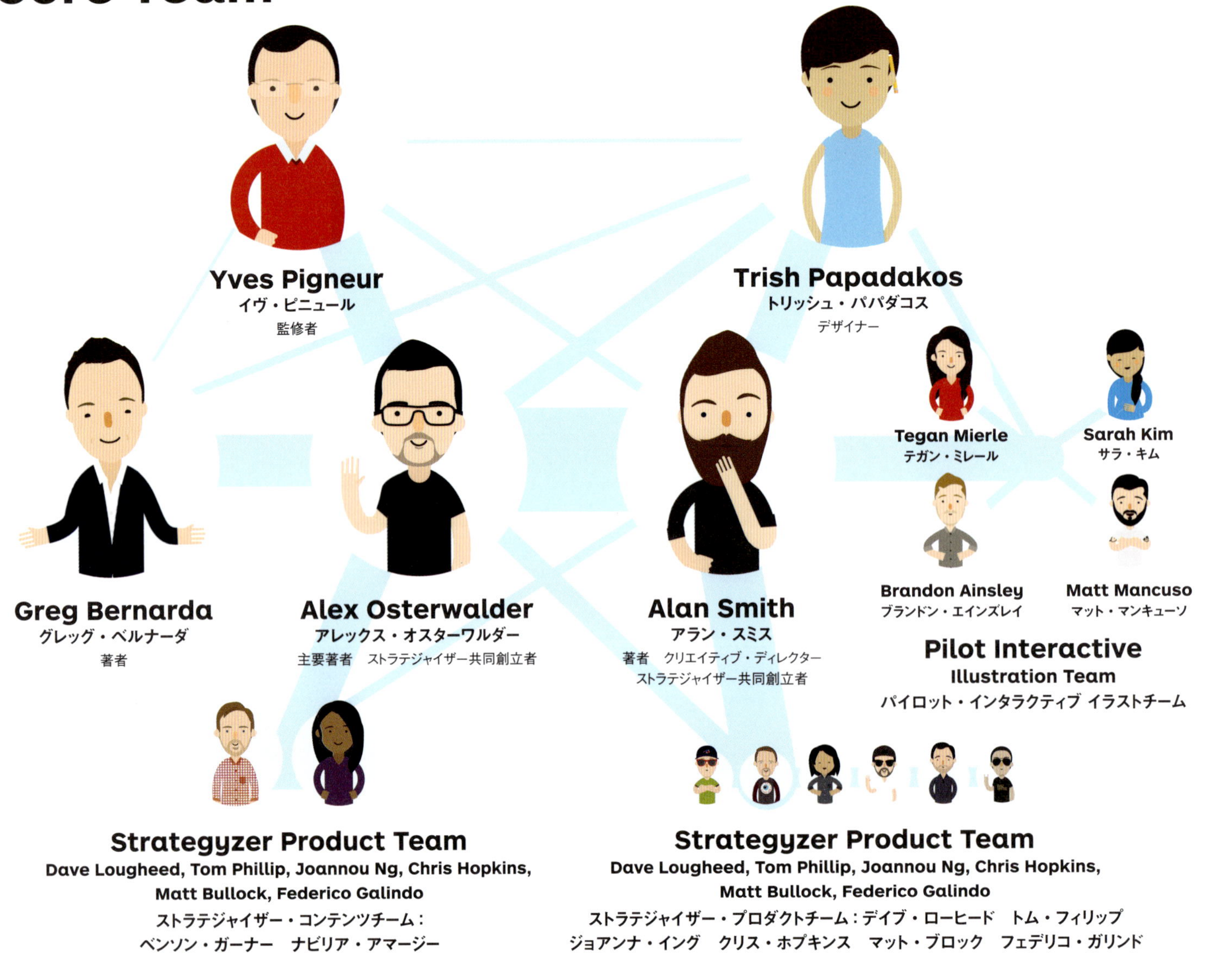
Yves Pigneur
イヴ・ピニュール
監修者
Trish Papadakos
トリッシュ・パパダコス
デザイナー
Greg Bernarda
グレッグ・ベルナーダ
著者
Alex Osterwalder
アレックス・オスターワルダー
主要著者　ストラテジャイザー共同創立者
Alan Smith
アラン・スミス
著者　クリエイティブ・ディレクター
ストラテジャイザー共同創立者
Tegan Mierle
テガン・ミレール
Sarah Kim
サラ・キム
Brandon Ainsley
ブランドン・エインズレイ
Matt Mancuso
マット・マンキューソ
Pilot Interactive
Illustration Team
パイロット・インタラクティブ イラストチーム
Strategyzer Product Team
Dave Lougheed, Tom Phillip, Joannou Ng, Chris Hopkins,
Matt Bullock, Federico Galindo
ストラテジャイザー・コンテンツチーム：
ベンソン・ガーナー　ナビリア・アマージー
Strategyzer Product Team
Dave Lougheed, Tom Phillip, Joannou Ng, Chris Hopkins,
Matt Bullock, Federico Galindo
ストラテジャイザー・プロダクトチーム：デイブ・ローヒード　トム・フィリップ
ジョアンナ・イング　クリス・ホプキンス　マット・ブロック　フェデリコ・ガリンド

Prereaders 事前にこの本を読んでくれた人たち

私たちは自分たちが提唱していることに従って、この本の発売前にアイデアを試してみました。世界中から選ばれた100名を超える人たちが、出来たてのコンテンツの試し読みに参加してくれました。60名を超える読者が積極的にアイデアやコンテンツやイラストを見直してくれました。私たちにアドバイスを与え、内容を隅々まで精査し、間違いや矛盾を容赦なく指摘してくれたのは、この人たちです。本書のタイトルについても、市場でさまざまな選択肢を検証する前に、以下の人々に数回にわたってテストを行ないました。

Gabrielle Benefield
Phil Blake
Jasper Bouwsma
Frederic Briguet
Karl Burrow
Manuel Jose Carvajal
Pål Dahl
Christian Doll
Joseph Dougherty
Todd Dunn
Reinhard Ematinger
Sven Gakstatter
Jonas Giannini
Claus Gladyszak
Boris Golob
Dave Gray
Gaute Hagerup
Natasha Hanshaw
Chris Hill
Luke Hohmann
Jay Jayaraman
Shyam Jha
Greg Judelman
James King
Hans Kok
Ryuta Kono
Jens Korte
Jan Kyhnau
Michael Lachapelle
Ronna Lichtenberg
Justin Lokitz
Ranjan Malik
Deborah Mills-Scofield
Nathan Monk
Mario Morales
Fabio Nunes
Jan Ondrus
Aloys Osterwalder
Matty Paquay
Olivier Perez Kennedy
Johan Rapp
Christian Saclier
Andrea Schrick
Gregoire Serikoff
Aron Solomon
Peter Sonderegger
Lars Spicker Olesen
Matt Terrell
James Thomas
Paris Thomas
Patrick Van Der Pijl
Emanuela Vartolomei
Mauricio
Reiner Walter
Matt Wanat
Lu Wang
Marc Weber
Judith Wimmer
Shin Yamamoto

Bios メンバー略歴

アレックス・オスターワルダー

オスターワルダー博士は、国際的なベストセラーとなった『ビジネスモデル・ジェネレーション』の著者で、情熱的な起業家であり、また人気の講演者です。博士は戦略的マネジメントとイノベーションに特化したソフトウェア企業、ストラテジャイザーの共同創業者でもあります。オスターワルダー博士はビジネスモデルをデザインし、検証し、構築し、管理する戦略的マネジメントツールである「ビジネスモデルキャンバス」を開発し、このツールはコカコーラ、GE、P&G、マスターカード、エリクソン、レゴ、3Mといった企業で使われています。世界的企業だけでなく、スタンフォード、バークレー、MIT、IESE、IMDなど世界中の一流大学に招かれ、講演者としても活躍しています。@alexosterwalderで、オスターワルダー氏をフォローしましょう。

イヴ・ピニュール

ピニュール博士は『ビジネスモデル・ジェネレーション』の共著者であり、ローザンヌ大学の教授として経営情報システムを教えています。アメリカ、カナダ、シンガポールでも客員教授として教鞭をとってきました。博士は大学、大企業、起業イベント、国際会議などのゲストスピーカーとしても活躍しています。

グレッグ・ベルナーダ

グレッグ・ベルナーダ氏は個人、チーム、組織の戦略とイノベーションを助ける思想家であり、クリエーターであり、ファシリテーターです。社員や顧客やコミュニティが自分のものだと思えるような未来を作る（作り直す）ために、志を持ったリーダーと共に努力しています。これまでに、コルゲート、フォルクスワーゲン、ハーバード・ビジネススクール、キャップジェミニなどのプロジェクトに携わってきました。ベルナーダ氏はまた講演者としても活躍しています。北京でサステナビリティーのイベントを共同開催し、パリのユートピアのアドバイザーも勤めています。それ以前には世界経済会議でグローバル問題に対応するプロジェクトの立ち上げに8年にわたって尽力しました。氏はMBA保持者（オクスフォード・サイード）であり、ストラテジャイザー承認のビジネスモデルコーチでもあります。

アラン・スミス

アランはデザインとビジネス、またそれが行なわれる手法について強いこだわりを持つ人物です。デザイン業界出身の起業家である彼は、映画、テレビ、出版、モバイル、インターネットの業界でキャリアを積んできました。それ以前には、ロンドン、トロント、ジュネーブに事務所を持つ国際デザイン事務所のムーブメントを共同創業しています。アランはオスターワルダー博士とピニュール博士によるバリュー・プロポジションキャンバスの開発を助け、『ビジネスモデル・ジェネレーション』の斬新なデザインにも参加しています。アランはストラテジャイザーの共同創立者として、素晴らしいチームと共にツールとコンテンツを作り出し、顧客が求めるプロダクト作りを助けています。@thinksmithでアランをフォローしましょう。

トリッシュ・パパダコス

トリッシュはデザイナーであり、写真家であり、起業家でもあります。トロントのヨークシェリダンジョイントプログラムでデザインの学士号を取得し、その後ロンドンのセントラル・セントマーチンズ大学でデザインの修士号を取得しています。トリッシュは母校でデザインを教え、受賞歴のあるデザイン事務所で働き、いくつかのビジネスを立ち上げています。ストラテジャイザーチームとのコラボレーションはこれで三度目になります。トリッシュのインスタグラムアカウントは@trishpapadakosです。

Index 索引

英字・数字

あ行

か行

さ行

た行

な行

は行

ま行

ら行

解説

本書は著者たちの前作『ビジネスモデル・ジェネレーション』の続編に位置付けられる。周知のように、ビジネスモデル・キャンバスはビジネスモデルブームを巻き起こし「追随市場」も生まれている。その先を行ったのが本書だ。

ビジネスモデル・キャンバスは非常に便利なツールだが、中心のボックスつまり顧客価値には、ハード（機能的）なものからソフト（感情的・社会的）なものまでさまざまな要素がある。もう少し突っ込んだ研究が必要だとは感じていた。まさにこの問題（ペイン）をフィックスしたとともに、顧客価値を起点にいかに「顧客開発」を行ってビジネスをローンチするか、といったところ（ゲイン）まで進化させたというわけだ。

ビジネスモデル・キャンバスの一枚には多様な先人の知恵が背後にあったが、今回の価値創造キャンバスにも、デザイン思考におけるエスノグラフィー的な顧客洞察の方法（IDEOやスタンフォード大学のd.schoolが培ってきたもの）や、リーンスタートアップなどの実践的方法（スティーブン・G・ブランクやエリック・リースが開発してきたもの）が統合されている。ちょうどスイス・アーミーナイフのように実用的で詳細なツールボックスである。ワークショップの仕方なども嬉しい（結構多くのワークショップは実用的にデザインされておらず、その場限りの結果しかでないことが多い）。

このように一見非常に有用なマニュアルのように見える本書だが、実は経営者や起業家をはじめ実践者にとって、それ以上の意味合いがあると思う。これは著者の一人、イヴ・ピニュール教授との会話でも気づいたことだ。

昨今の戦略本の趣味化などの事象とともに、各所で従来の戦略論の限界が指摘されている。最も深刻なのは戦略と実践の乖離だ。論理分析的・計画的に戦略を立て、それから実行する、という線形アプローチが現在のビジネス環境に合っていないのだ。リーンスタートアップなどのベンチャー企業の手法がいまや大企業にも採用されつつあるが、デザイン思考やプロトタイピング、リーンローンチングなど、顧客起点でフィードバックを得ながらイノベーションを試行錯誤する仕方が主流になりつつある。そういう意味で本書はこれからの経営理論・方法論のあり方にとっても重要である。

さて、本書ではビジネスモデル・キャンバスを中心に、ズームアウトして環境分析を行ない、ズームインして価値創造キャンバスで顧客価値を考察する「三層」構造が提言されている。もちろんこれらを単にマニュアル的に追うだけではイノベーションは起きない。不可欠なのは一体「何のために」という上位の目的を追求する読者や企業の姿勢・生き方だ。これが備われば真に大きな変化を生み出せるのではないかと思う。

紺野 登_Noboru Konno
多摩大学大学院教授／
Japan Innovation Network代表理事

日本語版制作協力者について（五十音順・敬称略）

本書の翻訳は皆様に内容をスムーズに実践いただくため、言葉の選択につきましては今津美樹氏、小山龍介氏、紺野登氏に貴重なご意見をいただきました。

今津美樹_Miki Imazu

ウィンドゥース 代表取締役　ITアナリスト。米国系IT企業にてマーケティングスペシャリストとしての長年の実績と20カ国以上におよぶグローバルでの経験による、マーケティングアウトソーサーWinDo'sの代表を務める。ITアナリストとしてラジオ解説、執筆活動・解説・書評等多数。BMGおよびBMYワークショップのファシリテーターとして国内外の数多くの企業研 修を手掛けるほか、Business Model You 日本代理店として原著者ティム・クラークと日本におけるBusiness Model You の普及推進を行う。ウィンドゥース代表取締役、ITアナリスト。明治大学リバティアカデミー講師。

小山龍介_Ryusuke Koyama

京都大学文学部哲学科美学美術史卒業。大手広告代理店勤務を経て、サンダーバード国際経営大学院でMBAを取得。卒業後、大手企業のキャンペーンサイトを統括、2006年からは松竹株式会社新規事業プロデューサーとして歌舞伎をテーマに新規事業を立ち上げた。翻訳を手がけた『ビジネスモデル・ジェネレーション』に基づくビジネスモデル構築ワークショップを実施、多くの企業で新商品、新規事業を考えるためのフレームワークとして採用されている。著書に『IDEA HACKS!』、訳書に『ビジネスモデル・ジェネレーション』など。名古屋商科大学大学院客員教授。一般社団法人ビジネスモデルイノベーション協会代表理事。

紺野 登_Noboru Konno

早稲田大学理工学部（現・理工学術院 創造理工学部）建築学科卒業。株式会社博報堂マーケティング・ディレクターを経て、現在KIRO株式会社（旧株式会社コラム）代表、多摩大学大学院教授（知識経営論）。博士（経営情報学）。多摩大学・知識リーダーシップ総合研究所（IKLS: Institute of Knowledge Leadership Studies）・所長（2008-2010）の後現在同教授。京都工芸繊維大学新世代オフィス研究センター（NEO）特任教授。同志社大学ITEC（技術・企業・国際競争力研究センター ）客員フェロー、東京大学i.schoolエグゼクティブ・フェロー。

●本書内容に関するお問い合わせについて

このたびは翔泳社の書籍をお買い上げいただき、誠にありがとうございます。弊社では、読者の皆様からのお問い合わせに適切に対応させていただくため、以下のガイドラインへのご協力をお願い致しております。下記項目をお読みいただき、手順に従ってお問い合わせください。

●ご質問される前に

弊社Webサイトの「正誤表」をご参照ください。これまでに判明した正誤や追加情報を掲載しています。

正誤表　http://www.shoeisha.co.jp/book/errata/

●ご質問方法

弊社Webサイトの「刊行物Q&A」をご利用ください。

刊行物Q&A　http://www.shoeisha.co.jp/book/qa/

インターネットをご利用でない場合は、FAXまたは郵便にて、下記“翔泳社愛読者サービスセンター”までお問い合わせください。電話でのご質問は、お受けしておりません。

●回答について

回答は、ご質問いただいた手段によってご返事申し上げます。ご質問の内容によっては、回答に数日ないしはそれ以上の期間を要する場合があります。

●ご質問に際してのご注意

本書の対象を越えるもの、記述個所を特定されないもの、また読者固有の環境に起因するご質問等にはお答えできませんので、予めご了承ください。

●郵便物送付先およびFAX番号

送付先住所　〒160-0006　東京都新宿区舟町5

FAX番号　03-5362-3818

宛先　（株）翔泳社　愛読者サービスセンター

※本書に記載されたURL等は予告なく変更される場合があります。

※本書の出版にあたっては正確な記述につとめましたが、著者や出版社などのいずれも、本書の内容に対してなんらかの保証をするものではなく、内容に基づくいかなる結果に関してもいっさいの責任を負いません。

※本書に掲載されているイメージは、特定の設定に基づいた環境にて再現される一例です。

※本書に記載されている会社名、製品名はそれぞれ各社の商標および登録商標です。

訳者紹介

関 美和_Miwa Seki

慶應義塾大学文学部卒業。電通、スミスバーニー勤務の後、ハーバード・ビジネススクールでMBA取得。モルガン・スタンレー投資銀行を経てクレイ・フィンレイ投資顧問東京支店長を務める。現在は杏林大学外国語学部准教授。『ハーバード式「超」効率仕事術（ハヤカワ文庫）』『ゼロ・トゥ・ワン—君はゼロから何を生み出せるか』『MAKERS—21世紀の産業革命が始まる』（NHK出版）など翻訳書多数。

バリュー・プロポジション・デザイン　顧客が欲しがる製品やサービスを創る

2015年4月16日　初版第1刷発行
2022年6月10日　初版第5刷発行

著者　**アレックス・オスターワルダー**
イヴ・ピニュール
グレッグ・バーナーダ
アラン・スミス
訳者　**関 美和**
発行人　**佐々木幹夫**
発行所　**株式会社翔泳社**

印刷・製本　日経印刷株式会社　

STAFF

装丁　**本多晋介（shinhondadesign.com）**
デザイン　**和田陽介**
翻訳協力（五十音順・敬称略）　**今津美樹　小山龍介　紺野 登**
編集　**江種美奈子　斎藤澄人**
松田利也　近藤真佐子
協力　**上野郁江**

ISBN978-4-7981-4056-8　Printed in Japan

Don't risk wasting your time, energy, and money working on products and services nobody wants— Flip the book over!

汝よ、誰も欲しがらない
製品やサービスに
時間やエネルギー、お金を
費やすことなかれ。
——本をひっくり返して見よ！